黑龙江大学文化哲学研究中心
黑龙江大学文化发展战略研究基地
黑龙江大学哲学学院
中共中央编译局黑龙江大学文化发展战略研究基地

黑龙江大学文化哲学研究中心文库

文化哲学

Philosophy of Culture No.2

第二辑

丁立群◇主编

黑龙江大学出版社
HEILONGJIANG UNIVERSITY PRESS

图书在版编目（CIP）数据

文化哲学．第二辑 / 丁立群主编．-- 哈尔滨：黑龙江大学出版社，2019.1
ISBN 978-7-5686-0249-5

Ⅰ．①文… Ⅱ．①丁… Ⅲ．①文化哲学－文集 Ⅳ．①G02-53

中国版本图书馆 CIP 数据核字（2018）第 157349 号

文化哲学·第二辑
WENHUA ZHEXUE·DI-ER JI
丁立群　主编

责任编辑　马续辉　宋丽丽
出版发行　黑龙江大学出版社
地　　址　哈尔滨市南岗区学府三道街 36 号
印　　刷　哈尔滨市石桥印务有限公司
开　　本　787 毫米×1092 毫米　1/16
印　　张　20.75
字　　数　307 千
版　　次　2019 年 1 月第 1 版
印　　次　2019 年 1 月第 1 次印刷
书　　号　ISBN 978-7-5686-0249-5
定　　价　63.00 元

序:文化哲学的双重含义

丁立群

文化哲学无疑已成为当今学术界的显学,就其影响来说,已远远不只在哲学界,而且已经在相关一些学科领域引起较大的反响,如文学、艺术、法学和历史学等领域。但对文化哲学本身的性质来说仍然存在着不同理解:一是认为,文化哲学就如科学哲学、历史哲学、经济哲学、社会哲学一样,从学科上来说,属于哲学的下属门类;二是认为,文化哲学属于一种新的哲学形态,就此而言,它与历史上各种哲学形态处于同一层面;三是认为,文化哲学是一种新的哲学范式,就其为一种哲学范式而言,它是各种现代哲学形态的灵魂和基本背景。

我明确反对这样一种学科定位:文化哲学是与科学哲学、历史哲学并列的哲学下属门类。这与我们对文化的理解相关。我们所理解的文化不是狭义的精英文化形态,如文学、艺术、宗教等。实际上,在外延上,文化的广泛意义包括所有的人类造物,在这种意义上,“文化”实际上就是“人化”;在内涵上,它是人类历史地凝结成的生存方式和社会历史运行的内在机理。在此理解意义上,文化就其外延和内涵来说可以等同于人和人类世界。以此为对象的哲学思考形成的思想成果，其意义是普遍的。

我认为，文化哲学既是一种新的理解范式，也是一种新的哲学形态。

何谓范式？范式作为哲学概念，是西方科学哲学历史学派的主要代表人物T.库恩首先提出来的。在库恩的理论中，范式概念有多种规定。但一般来说，它有三个层面：首先，它是一种形而上学的设定，一种信念；其次，它是一种科学习惯和学术传统；最后，它是由基本定律、基本理论及其应用以及相关的仪器设备等构成的系统。范式为科学研究提供了可供模仿的先例。从范式的内涵可以看出，严格意义上，范式主要是在科学，特别是自然科学研究中形成并在科学中使用的，库恩正是在论述科学革命时提出了科学范式概念。然而，实践哲学家A.麦金太尔却扩充了"范式"的应用范围，在某种意义上，建立了文化范式理论。"范式"在A.麦金太尔那里，变成了"共同体"（T.库恩有时也把"范式"称作"科学共同体"）或"传统"，这种文化范式在演变中，同样经历了传统的确立、传统的危机和传统的重构三阶段。但是，与T.库恩不同的是，A.麦金太尔强调了"共同体"或"传统"的连续性。在一个特定文化传统的危机中，该传统可以借助于另一个富有生命力的传统构建一个新的认知构架和理论来解决危机，从而使传统继续存留下来。

哲学研究中使用范式概念并非严格地遵循T.库恩使用的意义。毋宁说，其意义更接近A.麦金太尔所说的"传统"或"共同体"。它主要是指一种形而上学设定，一种研究的基本背景、习惯和传统。我们说文化哲学是一种研究范式，就是说文化哲学已经在形成一种哲学理解的基本背景、一种新的哲学研究传统。这种基本背景和研究传统规定了现时代哲学研究的基本内容，规定了问题的基本提出方式，及解决问题的基本条件方式。一句话，文化哲学作为范式，是当代哲学的"问题框架"。

文化哲学之所以成为一种理解范式，是由于文化总体性已经成为人类观念中的基本经验，成为一种基本的世界观。文化随着人类认识的发展曾经经历了分化过程，在这种分化中形成了不同的文化门类。卡尔·曼海姆指出，在这种分化中，个别文化领域摆脱了对整个系统的依附，它们就试图以自给自足为目标来构建自己，以自己的价值来组织世界，这是一种从自主化到绝对化的过程。

可见，这些文化门类虽然是我们深入理解世界的直接凭借，但是，它同时也构成了我们的存在方式。这里，理解方式和存在方式是一致的。法国哲学家 G. 马塞尔明确指出，人以什么方式理解和认识世界，人就以什么方式存在着。所以，在这种意义上，文化具有一种世界观意义。换言之，在文化分化的情况下，这种存在方式也在限制着我们的眼界，遮蔽了文化的整体感。在人们的理解里，“文化”从总体的角度来说，仅仅意味着各种文化门类、文化现象的机械堆砌，是诸多文化现象的种类标志。

随着文化的发展，出现了一种文化的总体化倾向。在这种日益强化的文化总体化趋势中，文化本身逐渐具备了独立的内涵，而其作为组织生活的“经纬线”已经成为人们的一种迫切的经验感受，在人们的心理、意识中逐渐形成关于文化的整体经验：人们已经能够或者有条件打破原有的门类、学科的局限，感受到文化本身。这说明，文化本体的经验日益凸显，文化的总体性已由生活世界的“隐背景”凸显为生活世界的“显背景”。而这种文化的整体经验一旦形成，就将成为一切哲学形态的基本背景，成为哲学的主题：完整的文化实际上就是一种完整的世界观。由于这种世界观，卡尔·曼海姆认为，我们所有的哲学都已变成文化的哲学。

同时，随着经济全球化的推进，全球不同文化形态的冲突、交流和融合亦将成为一种必然趋势。有西方学者断言，在全球化时代，文明的冲突将成为理解世界的主要框架。一方面，不同文化形态的冲突、交流和融合将打破人们身处一种特定文化形态所形成的传统和价值观念的坚硬外壳，使人们直接经历到一种类似欧洲探险时期和殖民时期的文化经验，形成文化视域的融合，从而促成传统的创新；另一方面，全球化亦能较大幅度地改变人们的时空观念，大大缩短时间的绵延、缩小空间的延展，形成一种在质上全新的时空观——这不单单是感觉形式的变化，它将直接影响人们的存在方式。这两方面会彻底改变人们的生存方式：使人们的生存方式由民族化生存方式转换为全球化生存方式。在这种新的生存方式中，世界文化这一几乎可以理解为单纯的外延性概念，在历史上第一次具有了独立的内涵，成为一种超文化形态。这已经构成了任何哲学研究无法摆脱的独特背景。

我认为，文化本体经验作为一种完整的世界观的形成，人的全球性生存方式的转换，构成一切思想和观念之隐隐的地平线，它是一切哲学思考不可回避的背景，我们可以在不十分严格的意义上，借用L. 阿尔都塞的“问题框架”概念来表述这个背景。作为“问题框架”，这种文化背景和人的存在方式，决定着现代哲学研究的基本预设和旨趣，决定着现代哲学的理论视野、提出问题的方式和解决问题的途径。在这种意义上，文化哲学的产生是必然的。文化哲学作为一种理解范式，已成为当代各种哲学形态所蕴含的潜流和底蕴。

卡尔·曼海姆所言“所有的哲学都已成为文化的哲学”，就是说文化哲学是所有现代哲学的理解范式。这应是卡尔·曼海姆预言的本质意义。

文化哲学是现代哲学的理解范式，但它同时也是一种新的哲学形态。一是，作为范式理解的文化哲学应该含有作为具体形态的文化哲学之意。二是，文化哲学也不能仅仅停留在理解范式的抽象阶段。三是，文化哲学也同一切具体的哲学形态一样，有着特殊的元哲学设定，传统哲学对象、问题的特殊的转换方式，这些足以使它成为一种具体的哲学形态。

所以，文化哲学既是一种哲学理解范式，又是一种新的哲学形态。文化哲学的理论形态，或者说文化哲学的系统研究只是这种范式、底蕴和视野的集中体现和自觉形态。

如此说来，文化哲学实际上具有两重含义：作为理解范式的文化哲学和作为具体哲学形态的文化哲学，亦可以理解为广义的文化哲学和狭义的文化哲学。从广泛意义上说，现代哲学的诸多形态都有着共同的文化经验和文化世界观，因而都有着共同的“问题框架”和理论基底，都具有文化哲学意义。从另一方面来说，现代哲学的诸多形态亦不过是对这文化经验和生存方式，对这一新的世界观的不同形式、不同方面的，或者直接或者间接的，甚至是隐喻的反映和揭示。而从狭义上说，文化哲学的具体形态却由于集中于这种文化经验和文化背景研究，所以，它可以揭示现代哲学诸形态之基本根源和背景问题。它与现代哲学的诸形态并不矛盾，它只是更为集中地思考这种背景性的“生活世界”问题，对现代哲学的诸形态具有“源始哲学”的意义。

黑龙江大学的文化哲学及一般的文化研究有着很好的基础。今天，我们出版《文化哲学》,力图为国内文化哲学理论研究以及以文化哲学为基础的现实问题研究,提供一个高水平的平台。我们欢迎国内同道就文化哲学理论和现实问题研究"百家争鸣,百花齐放",为文化哲学的理论建设和社会主义文化大繁荣、大发展做出贡献!

目录

文化哲学基础理论

现代化与日常生活批判

西方文化批判理论

海外译稿

文化哲学基础理论

毛泽东文化理论研究论纲

胡长栓

一、毛泽东新民主主义文化理论反帝反封建的革命品性

马克思、恩格斯指出:“一切划时代的体系的真正的内容都是由于产生这些体系的那个时期的需要而形成起来的。所有这些体系都是以本国过去的整个发展为基础的,是以阶级关系的历史形式及其政治的、道德的、哲学的以及其他的后果为基础的。”①毛泽东新民主主义文化理论形成于中国近代反帝反封建的新民主主义革命中,反映了新民主主义革命的历史使命与诉求,推动着中国近代新民主主义革命的进步与发展。

在《新民主主义论》中,毛泽东坚持历史唯物主义立场,他认为一定的文化(当作观念形态的文化)是一定社会的政治和经济的反映,又给予伟大影响和作

① 《马克思恩格斯全集》第3卷,人民出版社1960年版,第544页。

用于一定社会的政治和经济;而经济是基础,政治则是经济的集中的表现。这里,毛泽东不仅揭示了经济、政治对文化的决定作用,而且也强调了文化对经济、政治的影响及指导作用。毛泽东从“不是人们的意识决定人们的存在,相反,是人们的社会存在决定人们的意识”①出发,深入分析了新民主主义革命时期应当建立的中华民族新文化,指出,我们要建立的中华民族新文化是与中华民族的新政治、新经济相适应的新文化,这就是反映并决定于新民主主义政治、新民主主义经济的新民主主义文化。因为中国革命的历史进程已经进入中国革命必须分两步走的第一步,即民主主义革命和社会主义革命的民主主义革命这一步,这里的民主主义已不是旧范畴的民主主义,而是新范畴的民主主义,是新民主主义。为此,我们要革除殖民地、半殖民地半封建的旧政治、旧经济,以及反映并决定于这种旧政治、旧经济,同时又服务于这种旧政治、旧经济的旧文化,即殖民地、半殖民地半封建的文化。

文化的性质决定着文化发展的方向、服务的对象和历史使命。在新民主主义革命时期,我们要建立中华民族的新文化,但是这种新文化究竟是一种什么样的文化呢?对此,毛泽东在《新民主主义论》中,从新民主主义革命的实际出发,指出:“民族的科学的大众的文化,就是人民大众反帝反封建的文化,就是新民主主义的文化,就是中华民族的新文化。”②这里,毛泽东首先明确提出了新民主主义文化反帝反封建的实质,指出:“现阶段上中国新的国民文化的内容,既不是资产阶级的文化专制主义,又不是单纯的无产阶级的社会主义,而是以无产阶级社会主义文化思想为领导的人民大众反帝反封建的新民主主义。”③因为,就新民主主义革命时期整个政治、经济和文化情况来看,当时革命的主要任务是反对外国的帝国主义和本国的封建主义,新民主主义文化的实质也必然决定并服务于这一革命的主要任务,把反对外国的帝国主义和本国的封建主义作为自身最重要的历史使命与本质。同时,毛泽东也明确指出了新民主主义文化民族的、科学的、大众的基本特征。

---

① 《马克思恩格斯文集》第2卷,人民出版社2009年版,第591页。
② 《毛泽东选集》第2卷,人民出版社1991年版,第708~709页。
③ 《毛泽东选集》第2卷,人民出版社1991年版,第706页。

第一,新文化必须具有反帝反封建的民族性特质。毛泽东指出:"这种新民主主义的文化是民族的。它是反对帝国主义压迫,主张中华民族的尊严和独立的。它是我们这个民族的,带有我们民族的特性。"①新民主主义文化是新民主主义革命时期的文化,反映着新民主主义革命时期半殖民地、半封建社会的历史现实,表达着反对帝国主义压迫的现实需要与根本诉求,这就使这种新文化首先必须把反对帝国主义压迫、主张中华民族的尊严和独立作为自身最重要的历史使命。而新民主主义文化作为"我们这个民族的,带有我们民族的特性"的文化,也必然要根植于中华民族的土壤之中,从内容上反映我们这个民族自身的政治、经济、文化和人民生活等的基本精神,从形式上具有我们这个民族自己的形式,即能够满足中华民族自身革命需要,有利于表达中国革命现实诉求的形式。

第二,新文化必须满足反帝反封建的科学性要求。毛泽东指出:"这种新民主主义的文化是科学的。它是反对一切封建思想和迷信思想,主张实事求是,主张客观真理,主张理论和实践一致的。"②新民主主义文化是以马克思主义理论为指导的文化,它不仅要反对外国的帝国主义,也要彻底反对国内的封建主义。马克思主义是科学的世界观和方法论,为无产阶级和全人类的解放指明了科学的道路,提供了科学的思想基础。新民主主义文化理论必须继承马克思主义理论的科学性,以马克思主义的世界观和方法论为基础,坚持科学性的要求,在内容上要反对一切封建思想和迷信思想,主张实事求是,主张客观真理,主张理论与实践的统一,在对待外来文化和传统文化的态度上,要坚持批判与继承相结合的辩证法。

第三,新文化必须坚持反帝反封建的大众化立场。毛泽东指出:"这种新民主主义的文化是大众的,因而即是民主的。它应为全民族中百分之九十以上的工农劳苦民众服务,并逐渐成为他们的文化。"③新民主主义革命是无产阶级领导的人民大众反对帝国主义和封建主义的革命,这就决定了新民主主义文化的

① 《毛泽东选集》第 2 卷,人民出版社 1991 年版,第 706 页。

② 《毛泽东选集》第 2 卷,人民出版社 1991 年版,第 707 页。

③ 《毛泽东选集》第 2 卷,人民出版社 1991 年版,第 708 页。

大众化立场,也是民主的立场。对此,毛泽东批判了资产阶级的文化专制主义,指出:“资产阶级顽固派,在文化问题上,和他们在政权问题上一样,是完全错误的。他们不知道中国新时期的历史特点,他们不承认人民大众的新民主主义的文化。他们的出发点是资产阶级专制主义,在文化上就是资产阶级的文化专制主义。”“他们不愿工农在政治上抬头,也不愿工农在文化上抬头。”①由此看来,新民主主义文化既是大众的,也是民主的,这里的大众与民主是统一的。它不但要反映和代表全民族中90%以上的工农劳苦民众的需要和利益,为实现他们在政治文化上的需要和利益服务,而且要以工农劳苦民众为主体,教育革命大众掌握革命文化,并把革命大众作为“革命文化的无限丰富的源泉”。因为“革命文化,对于人民大众,是革命的有力武器”②。

毛泽东的新民主主义文化理论确立了新民主主义革命的文化纲领,这就是无产阶级领导的人民大众的反帝、反封建的文化,也即民族的、科学的、大众的文化。同时,毛泽东明确强调:“这种文化,只能由无产阶级的文化思想即共产主义思想去领导,任何别的阶级的文化思想都是不能领导了的。”③从而确立了共产主义思想在新民主主义文化中的指导地位,并因此与旧民主主义的文化理论从根本上区别开来。以此为基础,毛泽东进一步明确了新民主主义文化的领导力量、建设主体、主要方法和目标任务。

关于新民主主义文化的领导力量,毛泽东指出:“在‘五四’以前,中国的新文化,是旧民主主义性质的文化,属于世界资产阶级的资本主义的文化革命的一部分。在‘五四’以后,中国的新文化,却是新民主主义性质的文化,属于世界无产阶级的社会主义的文化革命的一部分。”因而,“在‘五四’以前,中国的新文化运动,中国的文化革命,是资产阶级领导的,他们还有领导作用。在‘五四’以后,这个阶级的文化思想却比较它的政治上的东西还要落后,就绝无领导作用,至多在革命时期在一定程度上充当一个盟员,至于盟长资格,就不得不落在

---

① 《毛泽东选集》第2卷,人民出版社1991年版,第704页。
② 《毛泽东选集》第2卷,人民出版社1991年版,第708页。
③ 《毛泽东选集》第2卷,人民出版社1991年版,第698页。

无产阶级文化思想的肩上”①。而中国共产党作为中国政治生力军无产阶级的代表，就必须担当起领导新民主主义文化的历史使命，掌握新民主主义文化建设的领导权。

关于新民主主义文化建设的主体，毛泽东从人民群众是社会历史和精神财富创造者的立场出发，强调：“中国历来只是地主有文化，农民没有文化。可是地主的文化是由农民造成的，因为造成地主文化的东西，不是别的，正是从农民身上掠取的血汗。”②人民大众是文化的无限丰富的源泉，是新民主主义文化建设的根本，新民主主义文化必须来源于人民大众，同时又服务于人民大众。

关于新民主主义文化建设的方法，毛泽东则坚持辩证的方法，提出要广泛吸收和借鉴其他民族的文化，要“同一切别的民族的社会主义文化和新民主主义文化相联合，建立互相吸收和互相发展的关系，共同形成世界的新文化；但是决不能和任何别的民族的帝国主义反动文化相联合”，要“大量吸收外国的进步文化，作为自己文化食粮的原料”。③ 对于本民族的传统文化则要批判地继承，把中国无产阶级的科学思想和中国还有进步性的资产阶级的唯物论者和自然科学家结合起来，建立反帝反封建反迷信的统一战线，但决不能和任何反动的唯心论建立统一战线。因为“中国现时的新文化也是从古代的旧文化发展而来，因此，我们必须尊重自己的历史，决不能割断历史。但是这种尊重，是给历史以一定的科学的地位，是尊重历史的辩证法的发展，而不是颂古非今，不是赞扬任何封建的毒素”④。

关于新民主主义文化的目标任务，毛泽东指出：“在现时，毫无疑义，应该扩大共产主义思想的宣传，加紧马克思列宁主义的学习，没有这种宣传和学习，不但不能引导中国革命到将来的社会主义阶段上去，而且也不能指导现时的民主革命达到胜利。”⑤这里毛泽东即为新民主主义文化提出两个总体目标，一是指导“现时的民主革命达到胜利”，二是“引导中国革命到将来的社会主义阶段上

---

① 《毛泽东选集》第2卷，人民出版社1991年版，第698页。
② 《毛泽东选集》第1卷，人民出版社1991年版，第39页。
③ 《毛泽东选集》第2卷，人民出版社1991年版，第706页。
④ 《毛泽东选集》第2卷，人民出版社1991年版，第708页。
⑤ 《毛泽东选集》第2卷，人民出版社1991年版，第706页。

去”,同时,又给明确提出了两项主要任务,即“加紧马克思列宁主义的学习”和“扩大共产主义思想的宣传”。而后者则表现为前者的前提。

毛泽东的新民主主义文化理论作为新民主主义政治、经济等的反映,对于促进中国政治、经济、社会的变革具有重要的历史作用和现实意义。它是新民主主义革命时期中国共产党领导中国人民争取民族独立、人民解放和国家富强的重要思想武器,是马克思主义文化理论在中国新民主主义革命条件下的继承和发展。作为毛泽东新民主主义革命理论的重要内容,它有力推动了中国新民主主义革命的历史进程,成功解决了文化发展中的一系列重大问题,确立了当代中国马克思主义文化理论发展的基本构架。

二、毛泽东社会主义文化建设理论

毛泽东社会主义文化建设理论是毛泽东思想体系的重要组成部分,它是新中国成立后,随着新民主主义革命的胜利和社会主义革命与建设的到来,在社会主义革命和建设实践过程中逐渐形成的,正确反映并服务于社会主义革命和社会主义建设的马克思主义文化理论。毛泽东主要在《论十大关系》《同音乐工作者的谈话》《关于正确处理人民内部矛盾的问题》等重要著作和讲话中,集中论述了社会主义文化建设的重要地位、指导思想、目标任务、基本方针和方法途径等。

1949 年 10 月 1 日,中华人民共和国的成立标志着我国进入新民主主义社会,但新民主主义社会并不是作为我们的奋斗目标而长期存在的一种社会形态,它只是我们实现逐步走向社会主义社会的过渡阶段,是过渡到社会主义的准备阶段。这一阶段,政治上是以工人阶级为领导的各革命阶级联合的人民民主专政,民族资产阶级作为一个阶级在国家政权中占有一定地位;经济上是以国营经济为主导,合作社经济、个体经济、私人资本主义和国家资本主义等经济成分并存;文化上仍然是以马克思主义为指导,民族的、科学的、大众的新民主主义文化。这一阶段,社会的主要矛盾仍然是广大人民群众同帝国主义、封建主义、官僚资本主义之间的矛盾,主要任务是彻底完成民主革命遗留下来的任务,迅速恢复国民经济,努力争取国家财政经济状况的根本好转。具体说来,就是“要在一个相当长的时期内,逐步实现国家的社会主义工业化,并逐步实现国家对农业、对手工业和对资本主义工商业的社会主义改造”①,奠定社会主义的物质基础、经济条件、政治保障和国际环境。

1956年底,农业、手工业、资本主义工商业社会主义改造的基本完成,标志着社会主义革命的完成和社会主义基本制度在我国的初步确立,我国经济社会发展开始进入社会主义建设时期,进入社会主义初级阶段。这一时期,中国共产党领导的人民民主专政的社会主义政治制度已经基本确立,社会主义经济成分占绝对优势,社会主义公有制已成为我国社会的经济基础,阶级关系发生根本变化,广大劳动人民摆脱了被剥削被奴役的地位,成为国家和社会的主人,人民对于经济文化迅速发展的需要同现实经济文化不能满足人民需要的状况之间的矛盾成为社会的主要矛盾。社会主义建设面临的主要任务就是集中力量发展社会主义社会的生产力,尽快把我国从落后的农业国变成先进的工业国,切实满足人民群众的物质文化需要。毛泽东社会主义文化建设理论就是在这样的历史条件下,继承和发展马克思主义的文化理论,尤其是列宁的社会主义文化建设理论而逐步形成的。

社会主义文化建设作为社会主义现代化建设的本质内容,对于社会主义国家屹立于世界具有重要意义。在新民主主义革命时期,毛泽东就十分重视文化的重要地位和作用,指出:“革命文化,在革命前,是革命的思想准备;在革命中,是革命总战线中的一条必要和重要的战线。而革命的文化工作者,就是这个文化战线上的各级指挥员。‘没有革命的理论,就不会有革命的运动’,可见革命的文化运动对于革命的实践运动具有何等的重要性。”②社会主义制度确立以后,对于文化建设在整个社会主义现代化建设中的重要地位和作用,毛泽东坚持从马克思主义的基本观点出发加以把握,认为“诚然,生产力、实践、经济基础,一般地表现为主要的决定的作用,谁不承认这一点,谁就不是唯物论者。然

① 《建国以来重要文献选编》第4册,中央文献出版社1993年版,第700~701页。

② 《毛泽东选集》第2卷,人民出版社1991年版,第708页。

而,生产关系、理论、上层建筑这些方面,在一定条件之下,又转过来表现其为主要的决定的作用,这也是必须承认的"①。毛泽东以对文化与政治、经济等辩证关系的科学分析为基础,在中华人民共和国成立初期就明确指出,"随着经济建设的高潮的到来,不可避免地将要出现一个文化建设的高潮。中国人被人认为不文明的时代已经过去了,我们将以一个具有高度文化的民族出现于世界"②。由此,毛泽东不仅客观揭示了我国进入社会主义社会以后出现"文化建设的高潮"的历史必然性,而且也指出了文化建设作为社会主义现代化建设的重要组成部分,以及社会主义文化作为社会主义社会的本质内容,对于社会主义国家"出现于世界"的重要意义,也即与资本主义国家相比,社会主义国家的优越性不只体现为经济的更加强大与更快发展,同时也体现为文化的更加繁荣与更好进步。

社会主义文化建设必须坚持马克思主义指导和中国共产党领导的根本要求。一个社会倡导什么样的文化,弘扬什么样的价值观,体现着这个社会占统治地位的政党的性质,反映着这个社会占统治地位的指导思想。而一个社会占统治地位的政党的性质,通常也决定着这个社会占统治地位的指导思想,反之,一个社会占统治地位的指导思想,也决定着这个社会占统治地位的政党的性质。一个社会占统治地位的指导思想与占统治地位的政党性质的这种相互关联,反映着指导思想与政党性质的内在统一性。因此,一个社会文化建设的健康发展不仅必须坚持正确的指导思想,而且也要坚持正确的政党领导,二者紧密联系,合二为一,统一为一个社会文化建设健康发展的根本要求。"领导我们事业的核心力量是中国共产党,指导我们思想的理论基础是马克思主义。"③在中国革命和建设的各个历史时期,毛泽东始终重视强调中国共产党在我国革命和社会主义建设各项事业中的领导地位,始终重视强调马克思主义的指导地位。1939 年冬季,毛泽东在《中国革命和中国共产党》中就明确指出:"中国革命是包括资产阶级民主主义性质的革命(新民主主义的革命)和无产阶级社会

① 《毛泽东选集》第 1 卷,人民出版社 1991 年版,第 325 页。
② 《毛泽东文集》第 5 卷,人民出版社 1996 年版,第 345 页。
③ 《毛泽东文集》第 6 卷,人民出版社 1999 年版,第 350 页。

主义性质的革命、现在阶段的革命和将来阶段的革命这样两重任务的。而这两重革命任务的领导,都是担负在中国无产阶级的政党——中国共产党的双肩之上,离开了中国共产党的领导,任何革命都不能成功。"①在 1945 年 4 月中国共产党第七次全国代表大会的政治报告中,毛泽东又指出:"我们的党从它一开始,就是一个以马克思列宁主义的理论为基础的党,这是因为这个主义是全世界无产阶级的最正确最革命的科学思想的结晶。马克思列宁主义的普遍真理一经和中国革命的具体实践相结合,就使中国革命的面目为之一新。"②坚持中国共产党的领导地位和马克思主义的指导思想,是毛泽东在长期的革命实践中总结出来,为社会主义文化建设确立的根本要求。

在马克思主义看来,共产主义"将是这样一个联合体,在那里,每个人的自由发展是一切人的自由发展的条件"③。人的全面发展作为共产主义的根本特征和马克思主义的终极追求,具体到毛泽东的社会主义文化建设理论中,就是对社会主义国家拥有现代科学文化的实践诉求。毛泽东认为:"我们中国是处在经济落后和文化落后的情况中。在革命胜利以后,我们的任务主要地就是发展生产和发展文化教育。"④在 1954 年 9 月召开的第一届全国人民代表大会第一次会议上,毛泽东明确提出,我们要"准备在几个五年计划之内,将我们现在这样一个经济上文化上落后的国家,建设成为一个工业化的具有高度现代文化程度的伟大的国家"⑤。之后,毛泽东多次强调建设具有"现代科学文化的社会主义国家"的目标任务。1957 年 2 月,他在《关于正确处理人民内部矛盾的问题》讲话中提出,要"将我国建设成为一个具有现代工业、现代农业和现代科学文化的社会主义国家"⑥。3 月,在全国宣传工作会议讲话中,毛泽东又强调:"我们一定会建设一个具有现代工业、现代农业和现代科学文化的社会主义国

---

① 《毛泽东选集》第 2 卷,人民出版社 1991 年版,第 651 页。
② 《毛泽东选集》第 3 卷,人民出版社 1991 年版,第 1093 页。
③ 《马克思恩格斯文集》第 2 卷,人民出版社 2009 年版,第 53 页。
④ 《毛泽东文艺论集》,中央文献出版社 2002 年版,第 130 页。
⑤ 《毛泽东文集》第 6 卷,人民出版社 1999 年版,第 350 页。
⑥ 《毛泽东文集》第 7 卷,人民出版社 1999 年版,第 207 页。

家。"①为此,毛泽东要求,"我国人民应该有一个远大的规划,要在几十年内,努力改变我国在经济上和科学文化上的落后状况,迅速达到世界上的先进水平"②。这就意味着我们必须坚持社会主义文化建设为人民服务,为整个社会主义事业服务的发展方向,"有步骤地谨慎地进行旧有学校教育事业和旧有社会文化事业的改革工作,争取一切爱国的知识分子为人民服务"③,必须"领导全国人民克服困难,进行大规模的经济建设和文化建设,扫除旧中国所留下来的贫困和愚昧,逐步地改善人民的物质生活和提高人民的文化生活"④。这里,毛泽东始终坚持在文化建设和经济建设二者的统一中认识和把握整个社会主义建设事业。

社会主义文化建设"百花齐放,百家争鸣""古为今用,洋为中用"的基本方针。生产资料私有制的社会主义改造完成,标志着我国社会主义制度的基本建立,从此,落后的社会生产同人民日益增长的物质文化需要之间的矛盾成为我国社会的主要矛盾,适应生产力快速发展的要求,积极建设社会主义政治、迅速发展社会主义经济和大力繁荣社会主义文化成为我国社会主义建设面临的主要任务。其中文化自身的复杂性和特殊性,使社会主义文化建设在人们的思想观念上面临一系列困惑,毛泽东从文化发展的客观规律出发,坚持马克思主义唯物辩证法关于对立统一的方法论立场,结合"国家需要迅速发展经济和文化的迫切要求"⑤,针对文化发展的不同领域,为我国社会主义文化建设提出了"百花齐放,百家争鸣"和"古为今用,洋为中用"的基本方针。事实上,1942 年 5 月,毛泽东在延安文艺座谈会上的讲话中,就提出过"应该容许各种各色艺术品的自由竞争"。1956 年 4 月,在中共中央政治局扩大会议上的总结讲话中,毛泽东提出:"艺术问题上的百花齐放,学术问题上的百家争鸣,我看应该成为我们的方针。"并强调讲学术,要"这种学术也可以讲,那种学术也可以讲,不要拿一

① 《毛泽东文集》第 7 卷,人民出版社 1999 年版,第 268 页。
② 《毛泽东文集》第 7 卷,人民出版社 1999 年版,第 2 页。
③ 《毛泽东文集》第 6 卷,人民出版社 1999 年版,第 71 页。
④ 《毛泽东文集》第 5 卷,人民出版社 1996 年版,第 348 页。
⑤ 《毛泽东文集》第 7 卷,人民出版社 1999 年版,第 229 页。

种学术压倒一切”①。对于“百花齐放，百家争鸣”的方针，毛泽东指出，就是要提倡“艺术上的不同形式和风格可以自由发展，科学上的不同学派可以自由争论”。要反对“利用行政力量，强制推行一种风格，一种学派，禁止另一种风格，另一种学派”，因为“学术和科学中的是非问题，应当通过艺术界科学界的自由讨论去解决，通过艺术科学的实践去解决，而不应当采取简单的方法去解决”。简单的行政的方法都会“有害于艺术和科学的发展”②。对当时一些人关于坚持“百花齐放，百家争鸣”的方针会不会削弱马克思主义在思想文化上的指导地位，会不会造成对马克思主义、共产党和人民政府过多的批评等人们思想上的担忧等问题，毛泽东运用对立统一的辩证法分析指出：“正确的东西总是在同错误的东西作斗争的过程中发展起来的。真的、善的、美的东西总是在同假的、恶的、丑的东西相比较而存在，相斗争而发展的。”③“实行百花齐放、百家争鸣的方针，并不会削弱马克思主义在思想界的领导地位，相反地正是会加强它的这种地位。”④毛泽东还强调：“马克思主义是科学真理，不怕批评，它是批评不倒的。共产党、人民政府也是这样，也不怕批评，也批评不倒。”⑤

马克思指出：“历史不外是各个世代的依次交替。每一代都利用以前各代遗留下来的材料、资金和生产力；由于这个缘故，每一代一方面在完全改变了的环境下继续从事所继承的活动，另一方面又通过完全改变了的活动来变更旧的环境。”⑥这里，马克思不仅给我们揭示的是历史发展的继承性和超越性法则，而且也给我们揭示了文化发展的继承性和超越性本质，即任何文化的发展都必须利用以前各代创造的文化，包括其他各民族的各代文化，因为任何文化都不能是任意展开的、没有任何历史条件的，而是有其现实前提的、在一定的历史条件下进行的。因此，如何对待以前各代的文化，如何对待其他各民族的文化，也就是外来文化，就是文化发展的一个重要问题。毛泽东的社会主义文化建设理

① 《毛泽东文集》第7卷，人民出版社1999年版，第54－55页。
② 《毛泽东文集》第7卷，人民出版社1999年版，第229页。
③ 《毛泽东著作选读》下册，人民出版社1986年版，第785页。
④ 《毛泽东著作选读》下册，人民出版社1986年版，第787页。
⑤ 《毛泽东文集》第7卷，人民出版社1999年版，第278～281页。
⑥ 《马克思恩格斯文集》第1卷，人民出版社2009年版，第540页。

论,从历史的逻辑出发,提出了对待传统文化和外来文化的基本方针,即“古为今用,洋为中用”。在如何对待中国传统文化的问题上,毛泽东提出要坚持“向古人学习是为了现在的活人”的“古为今用”方针。因为“中国的长期封建社会中,创造了灿烂的古代文化。清理古代文化的发展过程,剔除其封建性的糟粕,吸收其民主性的精华,是发展民族新文化提高民族自信心的必要条件”;“学习我们的历史遗产,用马克思主义的方法给以批判的总结,是我们学习的另一任务。我们这个民族有数千年的历史,有它的特点,有它的许多珍贵品。对于这些,我们还是小学生”,因此,“我们必须尊重自己的历史,决不能割断历史”①。毛泽东强调:“我们必须继承一切优秀的文学艺术遗产,批判地吸收其中一切有益的东西,作为我们从此时此地的人民生活中的文学艺术原料创造作品时候的借鉴。有这个借鉴和没有这个借鉴是不同的。”②在如何对待外来文化的问题上,毛泽东提出要坚持“向外国人学习是为了今天的中国人”的“洋为中用”方针。毛泽东指出:“我们的方针是,一切民族、一切国家的长处都要学,政治、经济、科学、技术、艺术的一切真正好的东西都要学。”“世界上所有国家的有益的东西,我们都要学。”③毛泽东特别强调,“对于外国文化,排外主义的方针是错误的,应当尽量吸收进步的外国文化,以为发展中国新文化的借镜”④。因为,“每个民族都有它的长处,不然,它为什么存在?为什么发展?”无论是对待传统文化还是外来文化,毛泽东都强调要坚持一分为二的批判继承原则,坚持“排泄其糟粕,吸收其精华”,坚决反对全盘照搬或全盘否定的错误做法,包括在传统文化上的复古主义和虚无主义,在外来文化上的排外主义和全盘西化等。毛泽东指出:“继承中国过去的思想和接受外来思想,并不意味着无条件地照搬,而必须根据具体条件加以采用,使之适合中国的实际。我们的态度是批判地接受我们自己的历史遗产和外国的思想。我们既反对盲目接受任何思想也反对盲目抵制任何思想。我们中国人必须用我们自己的头脑进行思考,并决定什么东

---

① 《毛泽东选集》第2卷,人民出版社1991年版,第707~708页。
② 《毛泽东选集》第3卷,人民出版社1991年版,第860页。
③ 《毛泽东文集》第7卷,人民出版社1999年版,第41页。
④ 《毛泽东选集》第3卷,人民出版社1991年版,第1083页。

西能在我们自己的土壤里生长起来。”①

关于社会主义文化建设，毛泽东针对不同领域还提出了不同要求，如：就整个国家和全民族的文化水平来说，发展社会主义文化要坚持普及和提高相结合的原则；就文化发展的手段上来说，社会主义文化建设要正确开展文化批评。此外，毛泽东还提出在社会主义文化建设中要团结知识分子，发挥知识分子的作用，建设一支强大的知识分子队伍等。毛泽东的社会主义文化建设理论，在社会主义建设条件下进一步丰富和发展了马克思主义文化理论，在很大程度上推动了社会主义建设时期文化的发展繁荣，并从总体上为中国特色社会主义文化理论的不断丰富发展明确了思路，奠定了基础。

三、贯穿于毛泽东文化理论始终的革命逻辑

在毛泽东的文化理论中，始终伴随着革命的逻辑。这种革命的逻辑，严格说来，是与其对文化在人类社会发展中的重要作用的认识紧密相关的。从根本上看，是近代中国革命在文化上的要求、反映和具体体现。因为近代中国革命承载的历史使命不仅是民族的独立和解放，不仅是政治上埋葬封建专制主义的变革，也不仅是在经济上以工业化的现代经济关系取代以农业文明为根基的封建经济关系，在更深层的意义上，近代中国革命实际上蕴含着必须进行的文化启蒙和革命，必须承担起实现文化由传统农业文明向现代工业文明转型的根本历史使命。对此，毛泽东曾指出：“我们共产党人，多年以来，不但为中国的政治革命和经济革命而奋斗，而且为中国的文化革命而奋斗；一切这些的目的，在于建设一个中华民族的新社会和新国家。在这个新社会和新国家中，不但有新政治、新经济，而且有新文化。”②文化的启蒙和革命与民族的独立和解放，以及政治上、经济上的历史性变革统一为近代中国革命的主题，而文化的启蒙与革命则是其中最基础性的因素，文化变革则是近代以来中国社会发展更为长期和复

① 《毛泽东文集》第3卷，人民出版社1996年版，第192页。

② 《毛泽东选集》第2卷，人民出版社1991年版，第663页。

杂的历史使命。在不同的历史时期,由于毛泽东对形势与任务的实际认识不同,毛泽东文化理论中的革命思想对我国社会历史的发展也起了不同的作用。我们必须全面地、历史地认识毛泽东文化理论中的革命思想,不能把他晚年的错误实践与其关于文化启蒙与革命的思想简单等同起来。

毛泽东文化理论中的革命观念的形成是与毛泽东在中西文化比较中,对中国近代社会积贫积弱、屡遭外侵的文化"由来"诊断紧密相关的。早在1912年6月的《商鞅徙木立信论》中,毛泽东就指出:"吾于是知吾国国民之遇也,吾于是知数千年来民智黑暗,国几蹈于沦亡之惨景有由来也。"①在1917年8月《致黎锦熙信》中,毛泽东又明确提出:"欲动天下者,当动天下之心,而不徒在显见之迹。""天下之心皆动,天下之事有不能为者乎?天下之事可为,国家有不富强幸福者乎?"从而主张"从哲学、伦理学入手,改造伦理学,根本上变换全国之思想"②。此后,毛泽东不断以各种形式提倡并贯彻这一思想。1918年,毛泽东和蔡和森、萧子升在长沙成立"新民学会",最初的宗旨就是要"革新学术,砥砺品行,改良人心风俗",培育有文化的"新民"。1919年8月,在《民众的大联合》一文中,毛泽东又提出"思想的解放,政治的解放,经济的解放,男女的解放,教育的解放,都要从九重冤狱,求见青天"③。其中不仅"思想的解放""教育的解放"从本质上来讲就是文化方面的革命,而且"思想的解放"被放在首位。毛泽东这一时期形成的文化领域的革命观念在其后的文化理论发展中虽有变化,但却未易其根,时有表现。新民主主义革命时期,毛泽东继承了马克思主义关于社会存在决定社会意识、社会意识又反作用于社会存在的思想,坚持文化与政治、经济之间的辩证关系,坚持在与政治革命和经济革命的辩证统一中认识和把握文化的革命问题,指出"文化革命是在观念形态上反映政治革命和经济革命,并为它们服务的"④。其时,毛泽东文化思想中的革命逻辑一

① 《毛泽东早期文稿》,湖南人民出版社1990年版,第2页。
② 《毛泽东早期文稿》,湖南人民出版社1990年版,第86页。
③ 《毛泽东早期文稿》,湖南人民出版社1990年版,第393页。
④ 《毛泽东选集》第2卷,人民出版社1991年版,第699页。

方面是整个新民主主义革命理论的重要内容之一，另一方面又服务于新民主主义的政治革命和经济革命。因此，毛泽东强调要开展“文化运动”，开展“农民的文化运动”，普及和提高农民的文化教育，因为“中国有百分之九十未受文化教育的人民，这个里面，最大多数是农民”①，而历来只有地主能够真正接受文化教育，成为有文化的人。在《中华苏维埃共和国中央执行委员会与人民委员会对第二次全国苏维埃代表大会的报告》中，毛泽东把苏维埃文化教育的总方针确定为“在于以共产主义的精神来教育广大的劳苦民众，在于使文化教育为革命战争与阶级斗争服务，在于使教育与劳动联系起来，在于使广大中国民众都成为享受文明幸福的人”。因此，“为着创造革命的新时代，苏维埃必须实行文化教育的改革，解除反动统治阶级所加在工农群众精神上的桎梏，而创造新的工农的苏维埃文化”②。毛泽东的这一文化的革命思想构成了毛泽东新民主主义革命理论的重要内容，对于新民主主义革命的胜利起到了重要的推动作用。中华人民共和国成立后，毛泽东文化的革命思想在其社会主义文化建设理论中，主要体现为文化繁荣与教育发展的实践，即“无产阶级取得政权以后，发展教育、科学和文化事业，提高人民的科学文化水平，在落后的国家中还有一个扫除文盲的问题”③。

毛泽东的文化理论中的革命逻辑既包含着对马克思主义的文化理论，尤其是列宁关于社会主义文化理论的继承发展，也显现出中国传统文化的深刻影响，并且在新民主主义革命、社会主义革命和建设的不同历史时期，具有并不完全相同的内涵。早期主要侧重于人们思想观念上移风易俗的新民教育，新民主主义革命时期主要突出在文化与政治、经济的辩证关系中实现新民主主义革命，社会主义革命和建设时期则分别强调了发展教育、科学和文化事业，提高人民的科学文化水平，以及后来作为根本转变的“世

---

① 《毛泽东选集》第1卷，人民出版社1991年版，第39页。

② 《毛泽东同志论教育工作》，人民教育出版社1992年版，第8~12页。

③ 《关于建国以来党的若干历史问题的决议注释本》（修订），人民出版社1985年版，第382页。

界观的转变”。基于此,我们对毛泽东文化理论中的革命思想要做历史的和具体的分析,既要看到在“文化大革命”中出现的片面性,吸取深刻教训,又要避免把毛泽东文化理论中关于革命的思想与“文化大革命”的具体实践完全等同,从而完全否定毛泽东文化理论与思想在中国近代革命和建设时期所发挥的重要作用。

从“实体”到“间性”：一种形而上学思维的范式转换

李金辉

“间性”这个概念在哲学史上一直受到忽视，即使受到关注也是被作为实体（主体）的属性。“间性”表现为“实体间性”或“主体间性”。“间性”概念仍然从属于实体或主体概念，“间性”概念自身存在的独立性就被抹杀了。我们认为“间性”是存在的实事，存在就是“间性”的存在而不是“实体”或主体的存在。“间性”是一种不断生成、不断变易的存在论的“矛盾关系”（不同于同认识论的关系），自然界、人类社会和思维都处在这种“矛盾关系”中，表现为一种“间性”存在。这种“间性”使自然界、人类社会和思维形成一个“有机的整体”。在某种意义上，关于“间性”范畴的思考可以为我们提供一种“间性存在论”，这种存在论强调“关系”“过程”“时间”“流变”等现象的重要性，反对实体论的形而上学。对间性存在论的研究可以使我们摆脱实体论的、原子论的思维方式，超越主体性哲学造成的“独断理性”，获得一种关系论的、整体性的“间性”思维（交往理性）方式，获得一种“间性”实在的（更确切地说，是“间性主体”）哲学。

一

实体是亚里士多德形而上学的核心概念。亚里士多德的形而上学就是实体论的哲学。实体作为本体,是存在于物理现象背后的不变的本质,是世界的始基和本原。物理学一直追求对实体的属性的科学研究,形而上学则超越物理学追求"物理学之后"不变的本体。简言之,在亚里士多德那里,物理学是可变的"属性之学""现象之学",形而上学是不变的"实体之学""本质之学"。亚里士多德对形而上学的表述也是"实体 + 属性"的"主词 + 系词 + 宾词"的古典形式逻辑。因此,可以说西方哲学从亚里士多德开始一直局限于实体论的哲学思维模式,这种模式后来被黑格尔发展为主体论模式。

实体论哲学模式在认识论上坚持主体、客体二元对立的认识论模式,在语言的逻辑表述上遵循"主词 + 宾词"的古典形式逻辑。值得注意的是,认识论的主体概念和语言学中的主词在英语中是同一个词"subject",认识论的客体和语言学中的宾词是同一个词"object",可见,西方哲学从本体论、认识论和语言学是一以贯之的,都遵循"实体和属性"模式。这种模式的"实体"在认识论上表现为"主体",在语言学中表现为"主词"。"主体性哲学"的兴起就是实体哲学的一种合逻辑的发展,"实体即主体","主体即实体"。总之,亚里士多德开创的"实体论"思维方式占据了西方哲学史的主导地位。当然,亚里士多德的"实体"学说也包括关于时间和空间等"间性"问题的探讨,不过他对"间性"问题(时间和空间)的探讨从属于实体问题,没有关注"间性"本身的"存在"问题(时间性和空间性)。"在亚里士多德的思想中,'空间'是'实体'的'位置''大小';'时间'更是'实体'之所以'自身同一'的重要条件",因此,时间和空间"是与'实体'分不开的"①。实体的显现方式本身即实体的(时间和空间的)"间性存在"问题在亚里士多德那里被实体问题"遮蔽"了。

我们认为,实体论的思维方式将实体理解为"自因"的不受外界影响的、不

---

① 叶秀山:《永恒的活火——古希腊哲学新论》,广东人民出版社 2007 年版,第 246 页。

可入的、封闭(无“间性”的)的莱布尼茨式的“单子”。这种实体是没有任何矛盾关系“纯形式”上的“同一性”,是斯宾诺莎式的“实体”。黑格尔认为这类“不预先经过辩证的中介而直接为斯宾诺莎所把握的实体,作为普遍的否定性力量,仿佛仅仅是黑暗的、无形的深渊,它把一切特定的内容都作为子虚乌有的东西吞噬到自身之内,却从没有从自身创造出任何具有肯定的持续存在的东西来”①。黑格尔对斯宾诺莎的批评是有道理的。斯宾诺莎所理解的“实体”是绝对的“形式”和“抽象同一性”,其内部不包含差别和矛盾,没有与外部和其他实体相互联系和转化的时机和空间。实体(单子)之间是一种外在的、偶然的和从属的关系。实体和实体之间没有真正的联系和相互作用,实体之间的关系是“虚”的、“空”的关系。实体之间没有“内在”的矛盾和联系,“关系外在于关系项”(罗素语)。如果说作为“单子”的实体之间有关系的话,也是上帝设定的“先定的和谐”。总之,整个宇宙都是处在“先定和谐”关系中。这是一个由上帝创世时就安排好的等级森严的、秩序井然的世界,万事万物“各就各位”,“各得其所”。这个世界一经形成便万古不变、永恒如斯。

我们认为“实体论”的思维方式忽视了实体内部和实体之间的“空”和“间”,这样的“空”“间”是由实体内部的“差别”和“矛盾关系”造成的。没有“差别”和“矛盾关系”,实体自身就没有运动、变化、发展的“空间”,实体就变成了永恒的“死”体。没有“空间”就无法发展。没有发展,就没有时间、变化和“活”力。我们认为,实体首先是一个“矛盾关系”造成的“间性体”,是一个(时)间性和(空)间性的存在。实体是一个(时)间性的、过程性的、(空)间性的“时体”和“空体”,实体并不“实”,实体内部是充满矛盾和差别的。实体不是“死”体,是时间性的、有机的“活”体。无论是“时间”体还是“空间”体,实体首先是一“具有”由矛盾关系造成的“间性”存在。

“间性”作为一种本体的、存在论的范畴,揭示了整个世界都处在一种相互影响、相互制约、相互作用的关系中。世界从整体上说就是相互关系中的世界,是“间性”关系中的世界。世界具有“间性”的特征,世界远未完成,还在进化和

① 黑格尔:《逻辑学》,梁志学译,人民出版社 2002 年版,第 281 页。

生成中“间”。世界的“间性”表现为不确定性、模糊性、二义性。用黑格尔的辩证法观点来说,世界是充满矛盾的。矛盾本身是同一性和斗争性“之间”的对立统一关系,矛盾即同一和斗争“之间”的“间性”关系。这个关系作为同一性来说,是包含着“不”(否定)的“是”(肯定),是“不”的“是”,是“不是”,简言之,“不是”也“是”。“是”是在“是”与“不是”之“间”的“间性”关系;作为斗争性来说,“不是”(否定)以“是”(肯定)为前提,“不是”是对“是”的“不”(否定),即“不是”是,简言之,“不是”也“是”。“不是”是“不”与“是”之间的“间性”关系。这种“间性”关系既不单纯是“是”,也不单纯是“不是”,而是在“是”与“不是”之间的“变易”和矛盾,一会儿“是”,一会儿“不是”。在这个(地)方面“是”,在那个(地)方面“不是”。这种关系与时间、地点(空间)有关系,“一切以时间、地点(空间)为转移”正说明了这种关系是一种由时间和空间决定的、随时间和空间而变化的“间性”关系。不过这种时间和空间也不是不变的、固定的时间和空间,它是在不断“变易”和矛盾中生成的“时机”(时间和机缘),它是随“时”到来的机“缘”。时机到了,“是”才是其所“不是”,“不是”才是其所“是”,“是”与“不是”才具有了“转化”的“空间”。是时机造成了“是”与“不是”之间的“空”,使二者之间具有了沟通和转化的“间性”。因此,“间性”本质上是一种“时机”成熟造成的矛盾对立面相互转化的“空”和“间”,是“时空性”和“时间性”。这种时机是处在时间的“绵延”(柏格森的术语)中的生命进化的“契机”,也是不同物种相互联系的“契机”。

任何一个实体都是包含着“矛盾关系”即“间性”关系的统一“总体”,实体包含着自身转化和向其他实体转化的“时机”和“空间”,实体是包含着“变化”可能性的时间和空间的“间性体”。作为这种“间性体”,实体自身表现为一定时间和空间内的“现实机缘”(怀特海的概念),它既是一定“时(间)机(缘)”造成的“结果”,又蕴含着新的“时(间)机(缘)”。它处在过去的旧时机和尚未到来的新时机之间,它只不过是因“时(间)机(缘)”的“机缘巧合”而在此的“此在”或“缘在”(海德格尔的概念)。实体是随时(间)机(缘)到来而存在的“(时)间性体”,而时机一到就有了实体自身转化的“空”间,实体就具有了向其他实体开放的“空”间。总之,实体是随“时(间)机(缘)”的“变化”而存在的

"间性"(矛盾对立面之间相互转化的)关系"总体",实体只不过是"时(间)机(缘)"的"到时"(时机成熟了)"间性"关系的"总体""绽出"(海德格尔语)的特定"状态"。实体是由"矛盾"造成的"间性关系体",实体是有"间性"的随时间机缘变化的"有机体"和"活"的存在,具体地说,是有生成变化的、过程性、历史性的"间性存在"。

对实体的"间性"关系分析以海德格尔、黑格尔、柏格森以及怀特海等人为代表。

二

海德格尔抓住了"系动词""是"的本体性展开了对实体本身"间性"的概念分析。"'实体'原本是从'是'动词变化而来的名词,从这个意思来说,问实体是什么,也就是问'是'是'什么'。"①反之,海德格尔对"是"的分析也就是对实体的分析。"系动词""是"仅仅是一个主词和宾词之间的连接词,它没有独立地位。"系动词"作为"间性"连接词完全省略也丝毫不影响表达的意义。形式逻辑中只关注主词,只有主词才是实体。只有主词(实体)作为"存在者"存在,而"系动词""是"作为"存在"是不存在的。系词"是"作为"存在"本身被"遗忘"了。"系动词"是不存在的,是"无"。而海德格尔给整个西方形而上学提出的问题是:"为什么存在者(作为"实体"的"主词"即"有"——引者注)在而无(作为"系动词"的"是"的存在——引者注)反倒不在?"②海德格尔给出的回答是"无"(系动词"是")是存在的。"系动词""是"(即实体)是什么? 是"是",是"是(实体)本身"。"是"(实体本身)不是一个"是者"(存在者),不是一个实体也不是一个属性(亚里士多德称属性为第二实体)。"是"(实体本身)是"实体"和"属性"(实体)之间的"存在"和"无"(就其作为非实体的"间性"而言是"无")。"是"是实体(属性)所没有的"虚"的"无"性、"空"的"间"性,这种

① 叶秀山:《永恒的活火——古希腊哲学新论》,广东人民出版社2007年版,第229~230页。

② 海德格尔:《形而上学导论》,熊伟、王庆节译,商务印书馆2010年版,第1页。

"无"性和"间"性是"是"(实体)的"存在本身"。这种"无"性和"间"性是实体性思维所无法把握的"空""间",这个"空""间"是任何实体都无法占有的、不断生成和变易的过程和流动。这个"空""间"是一种"是"(存在)显现自身的"时机",是一种"是"(存在)随时(时机到了、到时候了)到来的不确定的、可能性的"机缘"。在这样一种随(时到来)"机"(机缘)的、偶然的在"此"存在("此在"或"缘在")中间(一个随时间性展开的空间),"是"或"存在"才得以现身(当然是有所"遮蔽"的)。但是一当你试图把握"是"或"存在"的给它以认识论规定的时候,你就失去了对"是"或"存在"领会的"机缘","是"("存在")就失去了"空"性、"无"性和"时"(机)"间"性,"是"变成了"是者","存在"变成了"存在者","间性"存在就被"实体"化为存在者,被实体所"遮蔽"了。总之,海德格尔关于系动词"是"或"存在"的探讨扭转了西方形而上学的实体性(有)的思维方式,使西方哲学开始关注存在的"空""无"性问题和实体的"间性存在"问题。

海德格尔关于"系动词""是"的"间性存在"的探讨,揭示了实体本身作为"有(生)无(死)之间"的"间性"的现象。此外,"是"还有"存在"、出现的意思。"此时的'is'(是)就是'存在'动词。"①"是"揭示了实体的"存在","是"使实体的全部属性作为"整体"显现出来。"是"是实体的存在的"真理","真理"就是实体的存在的"显现"。"是"作为实体的"存在"和"真理"需要"发展"和"展开",表现为一个过程。"这样,'真理'—'实体'就是一部'历史'。"②海德格尔通过对"是"做"存在"动词的分析,揭示了实体(作为存在和真理)的历史性和时间性问题,即存在和真理的"间性"问题。

存在和真理的这种"间性"特征要求一种特定"间性"现象即作为"此在"存在者才能得到"显现"。"此在"这一特殊的存在者,作为"间性",是处于无(存在)和有(存在者)之间的"现象"。"此在"作为间性现象是"分岔的"存在。"分岔是非真理之可能性的条件,但同样也是真理之可能性的条件;两者处于同一种条件之下。分岔意味着什么呢?它是人之此在的基本状态的象征,是其本

① 叶秀山:《永恒的活火——古希腊哲学新论》,广东人民出版社2007年版,第230页。
② 叶秀山:《永恒的活火——古希腊哲学新论》,广东人民出版社2007年版,第233页。

质结构的象征。”①此在的“分岔”结构本质上是一种时间性的结构。此在的“分岔”结构本质上是一种时间性的“绽出”结构,关于这种时间性的分析主要体现在《存在与时间》中。

在《存在与时间》中,海德格尔给自己提出的任务是:“如何对时间性的这一到时样式加以阐释?从源始时间到存在的意义有路可循吗?时间本身是否公开自己即为存在的视野?”②显然,海德格尔对存在的理解和此在的生存论分析都聚焦于“时间性”问题。

海德格尔将此在的存在理解为“操心”。此在的“操心”具有实际的“在此性”和“空间性”。此在在世界之中、在实际性和沉沦中向自己的“本真能在”“操心”。“操心”是一种生存论存在的基本现象。这种现象有着“曾在、将在和当前化”的时间性结构。每一种结构都揭示了一种“源始的”时间性的“时机”的“到来”(“到时”)。“源始的”时间性揭示了此在的基本生存结构的整体性,揭示了此在作为“曾在—此在—将在”的时间性的绽出的(分岔的)、历史性的、整体性的存在结构。此在作为“在世存在”具有“操心”的源头和“时间性”的烙印。海德格尔将“时间性现象”作为一种比操心更“源始”的现象,“这种更源始的现象从存在论上担负着操心的多样性结构的统一与整体性”③。操心作为此在的“能在整体”,具有(曾在、此在和将在)“分岔”和时间性“绽出”的结构。此在的“操心结构”作为时间性的本真存在寓于非本真的时间样态中,即曾在(过去)、当前化(现在)和将来的现象中,这些现象仅仅是作为时间性的此在的“时间性的绽出(分岔)”和“到时”。“时间性的本质即是在诸种绽出的统一中到时。”④从这种时间性的“到时”中,我们可以对此在进行生存论分析,既包括“本真”的分析,也包括“非本真的”分析,二者无法分开。因为二者都是“时间性绽

① 海德格尔:《论真理的本质——柏拉图的洞喻和〈泰阿泰德〉讲疏》,赵卫国译,华夏出版社2008年版,第303页。

② 海德格尔:《存在与时间》(修订版),陈嘉映译,生活·读书·新知三联书店2000年版,第494页。

③ 海德格尔:《存在与时间》(修订版),陈嘉映译,生活·读书·新知三联书店2000年版,第227页。

④ 海德格尔:《存在与时间》(修订版),陈嘉映译,生活·读书·新知三联书店2000年版,第375页。

出(分岔)"的"时机"。因而,此在的时间性是各种非本真时间的来源,时间性既可以按照"本真"时间"到时"(分岔),也可以按照"非本真"的时间"到时"(分岔)。时间性是"本真"时间和"非本真"时间的"源泉"。"时间性可以在种种不同的可能性中以种种不同的方式到[其]时[机]。此在的本真状态与非本真状态这两种基本的生存可能性在存在论上根据于时间性的诸种可能的到时。"①在海德格尔看来,此在的一切存在结构(本真的和非本真的)都可以理解为"时间性的""到时"绽出和分岔,理解为"时间性"到时的各种不同"分岔"样式。"时间性"是"源始"的现象和操心的意义。

海德格尔此在的时间性的分析并没有忽视"空间性",他认为此在也是具有"空间性"的。只不过他将此在的空间性的分析从属于时间性。"因为此在作为时间性在它的存在中就是绽出视野的,所以它实际地持驻地能携带它所占得的一个空间。"②以时间性"绽出"取得的空间,是时间性的非本真的"到时"("沉沦")。此在的空间性依赖于时间性,空间是时间性的非本真的"到时"方式和时间性的"沉沦"。这种空间本质上是一种传统意义上的流俗的"时间"。

综上,此在是既"源始"的(本真)时间性的存在,又是空间性(非本真的时间性)的存在,这个存在通过"面向自己本真存在"(作为"向死存在"的"决心")的"操心",获得了它的"源始"的存在意义——一种时间性的视野和"时机",在这个"时机"中,存在的意义得以显露。在这个意义上,海德格尔的《存在与时间》揭示了此在作为操心是一种"生死之间"的"间性"的存在。"在被抛境况与逃遁或先行着向死存在的统一中,出生与死亡以此在方式'联系着'。作为操心,此在就是'之间'。"③海德格尔对此在作为时间性的、在"生死之间"存在的"间性"现象的现象学分析,为我们理解"间性"范畴提供了一个极好的范例。此在作为"在世界之中"生存的特定存在者是"有",作为存在的领会的"操

---

① 海德格尔:《存在与时间》(修订版),陈嘉映译,生活·读书·新知三联书店2000年版,第347页。

② 海德格尔:《存在与时间》(修订版),陈嘉映译,生活·读书·新知三联书店2000年版,第418页。

③ 海德格尔:《存在与时间》(修订版),陈嘉映译,生活·读书·新知三联书店2000年版,第424页。

心”和“向死存在”的能在是“无”，此在兼具“有无之间”的“间性”，它具有“分岔”的时间结构。

三

黑格尔在逻辑学中也关注了实体的“间性”问题。这种实体“间性”表现为一种真正的“矛盾关系”，即“辩证的关系”，也就是矛盾着的对立面之间的“对立统一”关系。黑格尔将实体理解为一种具体的“矛盾统一体”。实体作为“矛盾统一体”是包含着差别和对立的“间性”存在。正是这些差别和对立打开了实体（由抽象同一性控制的）自身转化和向其他实体转化的“空间”和“时机”，使实体表现为由矛盾的差别和对立展开的具有转化“时机”和“空间”的“间性体”。“实体是各个偶性构成的总体，它在各个偶性里，将自身显现为它们的绝对否定性，就是说，显现为绝对的力量，同时也显现为一切内容的丰富性。”①实体作为由偶性、差别构成的“间性总体”，不仅仅表现为实体自身的同一性和“绝对力量”，还表现为“内容的丰富性”，即“在（向其他实体的——引者注）过渡的过程中，在与其他独立的现实性（实体——引者注）的同一性中，才具有自己的实体性。”②实体处在和其他实体的“间性”过渡关系当中，并在这种“间性”过渡关系中才获得自己的“实体性”。在此，实体“现在是真正的**关系，即因果性关系**”③。实体不再是“自因”的、封闭的、不可入的“单子”，相反，它是具有由内（因）而外（果）的相互作用和相互转化的“时机”和“空间”的“时—空”“间性关系”和因果关系。这是黑格尔在本质论当中对实体作为“间性”关系的理解。

在存在论中，“间性”关系表现为一种有（存在）和无之间的“转化关系”，即“变易”。“变易”是存在（有）和无之间的关系，是有和无的统一，是存在（有）和无的真理。“存在和无的真理是两者的统一；这种统一就是变易。”④在黑格尔

① 黑格尔：《逻辑学》，梁志学译，人民出版社 2002 年版，第 279 页。
② 黑格尔：《逻辑学》，梁志学译，人民出版社 2002 年版，第 290 页。
③ 黑格尔：《逻辑学》，梁志学译，人民出版社 2002 年版，第 282 页。
④ 黑格尔：《逻辑学》，梁志学译，人民出版社 2002 年版，第 172 页。

看来,变易是第一个具体的思想规定。通过变易,“我们在存在中得到了无,在无中得到了存在;而这种在无中依然在自身的存在就是变易”①。通过变易这一“间性”范畴,存在具有了向“无”转变的“间性”,“无”具有了向“存在”转变的“间性”。变易提供了无和存在彼此向对方转化的“时机”和“空间”,变易是包含着矛盾变化的“时机”和“空”间的“间性”概念。“变易在自身包含着存在和无,而且这两者完全相互转化和彼此扬弃。”②变易的结果导致“纯存在”(与无对立的、没有包含“无”性的)变为“特定存在”,即包含着“无”的存在,也就是“间性存在”。特定存在是具有规定性的存在,是具有一定质的某物的存在。特定存在是包含着否定性的规定性,它是有限的、可变的、未完成的“质”。它有待于发展到作为“业已完成的质”的自为存在。“自为存在”是“自相联系”的直接性,是“自身无(扬弃了)差别”的“一”。总之,我们以黑格尔逻辑学中存在论中“质”的部分的探讨为例就可以看出,无论是存在概念、特定存在概念还是自为存在概念都是包含着“变易”和“变化”的“间性”概念。通过“变易”这一概念,存在和特定存在之间具有了“间性”关系,通过“变化”概念,特定存在和自为存在概念具有了“间性”关系。这些概念通过“间性”关系构成了一个统一的“总体”和“圆圈”。当然,这仅仅是存在论中“质”的部分的“总体”和“圆圈”。

经过存在论和本质论的准备,在概念论中,黑格尔对绝对理念的论述进一步展开了对实体“间性”问题的解释。他认为,绝对理念作为实体是包含着“内容”的“绝对形式”。理念的内容是理念自身的活生生的发展过程,“绝对理念的真正内容不是别的,而正是我们迄今考察过其发展过程的整个系统”③。黑格尔将绝对理念作为一个经过不同阶段发展达到的过程性“整体”,“任何一个阶段都不断力求达到整体”。④ 这个整体“的意义在于理念全部的运动过程”。⑤显然,黑格尔的绝对理念作为实体是由不同中介环节构成的、内容丰富的“总体”,这是一个由许多中间过渡环节构成的过程性、历史性的和时间性的“间性

① 黑格尔:《逻辑学》,梁志学译,人民出版社 2002 年版,第 175 ~ 176 页。
② 黑格尔:《逻辑学》,梁志学译,人民出版社 2002 年版,第 178 页。
③ 黑格尔:《逻辑学》,梁志学译,人民出版社 2002 年版,第 375 页。
④ 黑格尔:《逻辑学》,梁志学译,人民出版社 2002 年版,第 376 页。
⑤ 黑格尔:《逻辑学》,梁志学译,人民出版社 2002 年版,第 375 页。

总体”。

黑格尔逻辑学想建立的是“存在论、本质论和理念论”之间“间性”(矛盾)关系构成的理念“总体”——“绝对理念”。“理念表现为系统的总体,这个总体仅仅是**唯一**的理念,它的各个特殊环节既**自在地**是同一个理念,又通过概念的辩证法得出理念的简单**自为存在**。”①黑格尔的逻辑学终结于“自在自为的绝对理念”,但黑格尔的哲学并未终结。黑格尔的逻辑学作为“研究自在自为的理念的科学”仅仅是他的哲学全书的一个“自在”的环节,他的逻辑学还要进展到自然哲学,“即研究他在的或异在的理念的科学”,最后返回到精神哲学,“即研究由他在返回到自身的理念”。总之,黑格尔的哲学本质上是在一种“间性”(对立统一)关系中展开的“总体”,这个“总体”是“绝对理念”自身的展开,这种展开是一种时间性、历史性的“间性”“关系”,没有这种“间性”关系,“绝对理念”自身就是抽象的同一性(不包含差异、对立和变易的“间性”)的“封闭”的“圆圈”——实体(“死体”)。

柏格森在《时间和自由意志》《创造进化论》等著作中以时间性为例对“间性”概念进行了分析。他认为人是一种生活在时间单位(时间间隔)中的“居间性存在”。“对我们这些有意识的生物来说,重要的却正是这些单位,因为我们并不去计算间隔的端点,而是感觉这些间隔,生活于这些间隔。”②对柏格森来说,人是“时间性的”、机缘性的“间性”的存在,绵延中的存在,进化中的存在。人是“连续性的存在”。人是生活在一种“具体的绵延”之中,生活在不同的、创造性的瞬“间”。人生活在过去、现在、未来之“间”组成的绵延之“流”和进化之“变”中,更确切地说,人就是时间之流或流动的时间。时间之流是创造性进化之流,它创造了不同的“瞬”间和空间位置。时间是有力量的存在本身,它使人卷入时间的“流变”之中,而不能抽出身来认识时间(人本身),毕竟人不能“两次踏入同一河流”。人在追问“时间是什么”的时候,将时间作为对象加以显现和认识的时候,时间已经“流走”了和“变化”了。时间逃避人的追问,人对时间

① 黑格尔:《逻辑学》,梁志学译,人民出版社2002年版,第379页。

② 亨利·柏格森:《创造进化论》,肖聿译,译林出版社2011年版,第318页。

的"显现"本身就是对时间的"遮蔽"。当我们试图让时间的真理显现时,我们恰恰处在时间的非真理当中,我们"看错"了时间。这是由人的此在的"分岔结构"决定的。此在的"分岔结构"(时间性的绽出结构)揭示了人是在存在和存在者之间的"居间"现象,人是存在和存在者之间的绵延之"流"和持续之"变"。人的存在居于存在和存在者"之间",人不是任何一种特定的存在者,同时也不是存在本身,人是有(存在者)无(存在)之间的"此在"。人是被"存在"抛弃"在此"(作为存在者)的而又不断谋划回到"存在"的"非存在",这种"非存在"作为面向存在的"无"而存在(作为在此的存在者),此在的这种作为"非存在"的"存在",或者说作为"存在"的"非存在"的存在状态,既作为存在又作为非存在的"分岔"结构,我们称之为"居间性存在"。这种"居间性存在"使存在永远处在"时间"的"流变"当中,此在正是承载着"时间"的"流变"而在此并"流向"存在。在此在"流向"存在的过程中,此在变得不再"在此"存在,此在变成了"或此或彼"的"分岔"存在和"彼此之间"的"居间性存在"。值得注意的是,在此在"流向"存在的过程中,存在也流向"此在",并在"此"存在。不过存在本身也是在"流向"此在的过程中"分岔"的"居间性"存在。当我们局限于"此"并试图把握"存在之流"和"此在之流"时,存在和此在已经"流向"了"彼"岸,存在和此在都"分岔"了。因此,"此在"并不在"此",存在并不"存在","此在"通过时间之"流"、绵延之"变","分岔"为"彼在",存在也通过时间变为"非存在",存在的真理通过时间变为存在的"非真理"。显然,人(此在)、存在者、存在本身都是在时间中"流变"的、在绵延中"分岔"的,都是"居间性"存在。任何试图从这种"时间之流"和绵延之变中抽象出一个"阿基米德点"(作为永恒的、无时间的"实体")都是不可能的,因为"一切皆流",无物(实体)常在。总之,在柏格森那里,"间性"表现为绵延的"生命之流",它造成了不同物种之间的"间性"过渡和变易。

柏格森关于时间的"绵延"思想被怀特海所继承并发展为有机哲学。怀特海认为每一个存在(包括人)都是一种现实机缘,是一种时间性的发生事件和创造性过程,是一种有机的"现实实有"。"有机哲学把'实体'概念转变为'现实实有'(即现实机缘——引者注)的概念。"①有机哲学说明了实体是"有"一个过程和时(间)机(缘)的创造性的事件,实体是"上帝"创造出来的一个现实机缘。"上帝"说(这是一个"有"的现实机缘,问题是上帝什么时候说、说什么、怎么说却是一个"时机"和"天机",它是一种无法把握的纯粹可能性)要"有",于是就"有"了各种"现实实有"。现实实有一旦"有"(存在)了,便成了"包容"一定其他现实实有(包括上帝这一"永恒客体"的形式)的主体,使其他现实实有(包括上帝)"进入"自己的主体性"合生"过程中。这时"现实实有"表现为"自身生成"的主体,它对应一个和自我生成关联的"现实世界"。不过,对于有机哲学来说,"现实实有"作为主体,首先是一种作为"超体"的主体。"一个现实实有是经验着的主体同时又是它的经验的超体。它是主体—超体,这两方面的描述无论哪一方面都丝毫不能忽视。"②主体总是作为"主体—超体"的缩略语加以使用的。主体总是作为"超越"主体自身的"超体"指向并"进入"其他主体的"合生",作为其他主体的"客体"和材料而存在。因此,每一个现实实有都是处在不同的其他现实实有"之间",是一个自身"合生"主体过程和被其他主体"合生"的"客体化"过程之间的"间性存在"。"间性"范畴是比实体或主体范畴更基本的范畴,实体或主体首先是处在"间性"关系中的"间性实体"或"间性主体"。实体或主体是有着变化、过渡和生成关系的"时"机和"空间"的"间性体"。实体或主体是处在不断"流动"、生成和变易的"间性"关系中的"持续的存在",是一个"过程性的实在"。怀特海认为,实体作为主体是"主体性自身"的"合生"的"时间性"的、"过程性的存在",实体作为"超体"是"空间性的""广延性的存在"。实体(现实实有)是"主体—超体",是"时—空"的"间性体"。

综上所述,"间性"存在论(本体论)揭示了人类社会、自然界和思维即整个世界都处在一种不断流动、变易和创造性进化的"间性"关系中的"绵延"整体。黑格尔通过逻辑学,为我们揭示了思维的"间性"问题;海德格尔通过时间性和存在关系的探讨,为我们揭示了人(此在)的"间性"问题;柏格森、怀特海则通

① 怀特海:《过程与实在》,李步楼译,商务印书馆2011年版,第32页。

② 怀特海:《过程与实在》,李步楼译,商务印书馆2011年版,第47页。

过对宇宙论的广延性的分析,为我们解释了自然界的“间性”问题。总之,在这些哲学家看来,“间性存在论”能为我们提供一条不同于实体论、原子论形而上学的“关系论”“整体论”“系统论”和进化论的“有机的”世界观。

文化科学与自然科学的区分

——从李凯尔特谈起

刘振怡

19 世纪末 20 世纪初，哲学发展的重大转变是：关于价值和意义问题的思考重新成为哲学关注的中心问题。自然科学与人文科学之间的分裂日益严重，文德尔班和李凯尔特都区分文化科学和自然科学：自然科学为了获得一般规律，在方法上倾向于抽象（思想过程是从特殊过渡到一般），所得到的是舍弃了许多具体事物特性的"类概念"；而历史文化为了描述事件的具体形态，在方法上倾向于直观（思维过程是执着于特殊性上），试图在观念中再现关于过去事物的形象，尽可能多地包容事物的独特性质。文德尔班认为必须把自然知识和历史知识视为知识中同等重要的因素，并从它们的相互关系中取得确证。他区分了个别性与普遍性，仍然希望在个别性当中获得康德式的普遍性东西成为价值普遍效用性。李凯尔特继承了文德尔班的思想，但是很快他就发现了两种对立形式不能截然分开，理论上设定的界限不断被修改。因此，李凯尔特提出了另一参照系统——价值概念系统，以此来取代自然科学的种属概念和法则概念的普遍性。

作为弗赖堡学派的重要代表人物,李凯尔特认为自然科学与文化科学二者之间的区别不在于研究对象不同,而在于认识兴趣和方法的不同,他把文德尔班的历史科学与自然科学区分理论进一步系统化,发展出了一种新的文化哲学,形成了独具特色的文化科学和自然科学理论,使新康德主义的文化哲学理论达到了一个新的高度。

一、科学概念的形成问题

与文德尔班的研究视角不同,李凯尔特更关注科学概念和历史概念的形成性质问题。“他声明他对自然科学的研究,并非为了显示科学研究过程或科学证明过程的逻辑结构,而主要是为了从逻辑角度研究科学的一种表达手段,这就是自然科学的概念。”①概念的形式始终构成一种研究的结论,因此,概念的形成是自然科学中一切研究的目标。李凯尔特试图说明按照自然科学方法形成概念,在什么范围内是有意义的,超出什么范围就会失去意义。他坚决反对把自然科学的概念形成方法适用于一切学科领域。因为这种做法会带来这样一种后果:“一切科学概念形成的实质在于,人们力求形成普遍的概念,各种个别的事物都可以作为事例隶属于这种概念之下。事物和现象的本质就在于它们与同一概念中所包摄的对象具有相同之处,一切纯粹个别的东西都是非本质的。”②在这种情况下,概念的内容就是由一些反映着普遍性的规律组成的,抛弃了一切现实所具有的个性和特殊性的偶然呈现。这样,关于个别的特殊的事物的科学是不能成立的,即从对象的个别性和特殊性方面去阐述对象的科学是不能成立的。所以,我们必须对自然科学概念的界限进行重新规范。自然科学概念的形成原则只能在自然科学的领域内有效,但它不适用于历史领域或文化领域。

① 李凯尔特:《李凯尔特的历史哲学》,涂纪亮译,北京大学出版社2007年版,第3页。
② 李凯尔特:《李凯尔特的历史哲学》,涂纪亮译,北京大学出版社2007年版,第4页。

二、历史思维与科学思维的基本区别:普遍化方法和个别化方法

这是处理许多重要的哲学问题或世界观问题的首要条件。

自然科学的主旨是研究能总结出普遍适用规律的事物,它所运用的是“一般化”的方法,以便形成普遍的规律。历史科学的兴趣在于个别的东西,运用的是“个别化”的方法,它记述的是特殊的事件。自然科学中的个别东西可以被视为一般概念或普遍规律的特例,历史科学中个别的东西则绝不能这样理解。李凯尔特严格界定历史学与自然科学的界限,为此他提出科学划分的两个重要原则,即质料分类原则和形式分类原则。在质料上,这种区别表现为自然与文化的对立;在形式上,则表现为普遍化方法与个别化方法的对立。李凯尔特把质料分类原则和形式分类原则联系起来,以证明这种科学分类的合法性。下面,我们从两个方面分别来进行阐述。

(一)质料上自然与文化的对立

同文德尔班一样,李凯尔特也倡导从主体的研究方法和观点来进行科学分类,认为这样可以克服“精神科学”不能把“历史文化科学”与心理学区别开来的缺陷。但是,他并不完全排斥按内容材料分类的可能性。由于科学既可以从它所研究的对象的角度,也可以从它所采用的方法的角度而相互区别,因此,既可以从质料的观点,也可以从形式的观点来对科学进行分类。这两种分类原则是一致的。①

从质料的层面上对研究内容材料进行划分,也不应该像过去那样区分为自然和精神的对立,因为从传统的自然和精神的对立出发进行的分类研究,不能真正认识经验科学之间实际存在的差别。他认为,应该从质料分类原则出发,说明自然和文化的对立。李凯尔特在《自然与文化》一文中认为:“自然产物是自然而然地由土地里生长出来的东西。文化产物是人们播种之后从土地里生长出来的。根据这一点,自然是那些从自身中成长起来的,‘诞生出来的’和任

① 李凯尔特:《李凯尔特的历史哲学》,涂纪亮译,北京大学出版社2007年版,第24页。

其自生自长的东西的总和。与自然相对立,文化或者是人们按照所估计的目的直接生产出来的,或者是虽然已经是现存的,但至少是由于它们所固有的价值而为人们特意地保存着的。”①从李凯尔特的这段描述中,我们可以看出,文化都必须与一定的价值相联系才能存在,它是与人紧密相关的,是经过人们主体加工、创造的,浸透了人的意识的东西,没有人,没有人所赋予对象的价值,就没有文化;而与价值无关的东西只能被视为自然的,即自然的存在是独立于人之外的(李凯尔特在这里所谓的“自然”,并非唯物主义所指的那种客观实在的自然,而是指客观实在的自然在人的意识中的“表现”,即没有经过主体有意识地加工的表现,是“经验的自然”)。因此,整个现实的存在就可以被划分为文化现象与自然现象。这里,显然把自然与文化区别开来的东西是价值。因此,自然不但包括物理现象,而且还包括某些心理现象;同样,文化不但存在于精神的领域,而且也存在于物质的领域。因此,“在一切文化现象中都体现出某种为人所承认的价值,由于这个缘故,文化现象或者是被产生出来的,或者是即使早已形成但被故意地保存着的;反之,一切自行生长出来或成长起来的东西,却可以不从价值的观点加以考察,而如果这种东西的确不外是上述意义的自然,那就必须不从价值的观点加以考察”②。

李凯尔特在这里强调的价值特性,并不是指它的现实性,而是指它的有效性。如果把文化现象与价值分开,那么文化现象就变为自然现象了。反过来,如果把自然现象与价值联系起来,那么自然现象也就变为文化现象了。因此,李凯尔特认为:“通过与价值的这种联系(这种联系或者存在或者不存在),我们能够有把握地把两类对象区别开来,而且我们只有通过这种方法才能做到这一点,因为撇开文化对象所固有的价值,每个文化现象都可以被视为与自然有联系的,而且甚至必然被看作是自然。”③自然科学与文化科学在质料上的对立,实质上是指各自研究的对象是否与价值相联系这一点上的对立。在这里,李凯尔特强调的是,文化价值依据它被公认为是有效的,或者至少被文化人认为是

① 李凯尔特:《李凯尔特的历史哲学》,涂纪亮译,北京大学出版社2007年版,第29页。
② 李凯尔特:《李凯尔特的历史哲学》,涂纪亮译,北京大学出版社2007年版,第29~30页。
③ 李凯尔特:《李凯尔特的历史哲学》,涂纪亮译,北京大学出版社2007年版,第30页。

有效的，使价值附着于其上的对象显现出来的价值摆脱了主观随意性，获得了普遍的价值赋予价值的存在。这样，文化对象既与那些仅仅是本能地被评价和追求的东西区别开来，也使文化对象与由于情绪的突然激动而被评价为财富的东西区别开来。

（二）形式上普遍化方法与个别化方法的对立

在从质料上分析了自然与文化的区分之后，李凯尔特从形式上指出了自然科学与文化科学的对立，即它们在各自形成自己的科学概念时所采用的方法的对立——自然科学的普遍化方法与文化科学的个别化方法的对立。

李凯尔特指出，从形式的分类原则来看，概念并不能如实地再现无限杂多的现实，对现实的所有认识（无论是自然科学还是历史文化科学）都只能是对直接经验材料的改造、对现实本身的简化。概念是普遍的，我们不可能将现实的、无限的、个别的东西都纳入概念之中。概念与现实之间永远有一条鸿沟，希望概念像镜子一样完全反映出现实之物是不可能的。因此，“认识不是反映，而是改造；不仅如此，我们还可以补充一句：与现实本身相比，认识总是一种简化（Vereinfachen）”①。科学的概念是如何把握现实的呢？

（三）真实的对象：异质的间断性

首先，从概念与现实的关系入手，提出现实的“异质连续性原理”。在提出这个原理之前，李凯尔特首先区分了现实事物的“连续性原理”和“异质性原理”。他认为，“自然界中没有任何飞跃，一切都在流动着。这是一个古老的原理，而且事实上这个原理适用于物理的存在及其特性……适用于我们直接认识的一切真实的存在。每一个占有一定空间和一定时间的形成物，都具有这种连续性。我们可以简要地把这一点称为关于一切现实之物的连续性原理（Satz der Kontinuität alles Wirklichen）”②。“但是，此外还有另外的情况。世界上没有任何事物和现象是与其他的事物和现象完全等同，而只是与其他的事物和现象或多或少相类似；而且，在每个事物和现象的内部，每个很小的部分又是与任何一

① 李凯尔特：《李凯尔特的历史哲学》，涂纪亮译，北京大学出版社2007年版，第38页。

② 李凯尔特：《李凯尔特的历史哲学》，涂纪亮译，北京大学出版社2007年版，第38页。

个不论在空间和时间方面离得那么近或者离得那么远的部分不同的。因此，正如人们所说的，每个现实之物都表现为一种特殊的、特有的、个别的特征。至少任何人都不能够说，他在现实中曾经遭遇到某种绝对同质的东西。一切都是互不相同的。我们可以把这一点表述为关于一切现实之物的异质性原理（Satz der Heterogeneität alles Wirklichen）。”①

李凯尔特认为，正是现实的这种连续性和异质性的结合，使得现实自身不能完全统摄在概念之中。“不论我们往哪里看，我们都发现一种连续的差异性（stetge Andersartigkeit）。正是异质性和连续性的这种结合在现实之上盖上了它自己固有的‘非理性’的烙印，……如果人们给科学提出精确地再现（Reproduktion）现实的任务，那只会显现出概念的无能为力……”②既然这样，认识如何简化现实？这就要求对现实的“异质连续性”进行改造。连续性，只要它是同质的，就可以从概念上加以把握；而异质的东西也能成为可以把握的，只要我们能够把它分开，把连续性变成间断性。于是，经验科学向我们呈现了两种彼此相反的形成概念的方法，我们可以在概念上把连续的异质性或者改造为“同质的连续性”，或者改造为“异质的间断性”，然后再把它们纳入概念中加以把握。李凯尔特举了两个例子：数学就是对现实的“同质连续性”的把握，它是从排除了异质性开始的。但是，对于数学来说，这种“同质连续性”的世界只是一个纯粹的量的世界，这个世界是绝对“非现实性”的，因为这种做法所获得的同质形成物仅仅是观念的存在，而不是真实的存在。“我们这里不需要对纯数量的东西做广泛的探索，因为我们只限于研究那些希望形成关于真实对象的概念的科学。”③如果我们想去把握具有质的规定性的现实，那就必须需要另外一种方法，李凯尔特提出了自然科学和文化科学之间的区别仅仅对真实对象的科学才是适用的，它是对一切经验科学则是现实的“异质间断性”的把握。因而，数学既不属于文化科学，也不属于自然科学。

---

① 李凯尔特：《李凯尔特的历史哲学》，涂纪亮译，北京大学出版社2007年版，第38页。
② 李凯尔特：《李凯尔特的历史哲学》，涂纪亮译，北京大学出版社2007年版，第9页。
③ 李凯尔特：《李凯尔特的历史哲学》，涂纪亮译，北京大学出版社2007年版，第40页。

(四)一般与个别——异质间断性的改造

将经验现实改造为“异质的间断性”以后,自然科学与文化科学各自对这“异质的间断性”的把握方法又是不同的。“……由此得出了一个对于方法论具有决定性意义的观点。要使科学所进行的改造活动不是主观随意的,科学就需要有一种‘先天的’判断或预先判断;……这就是说,科学需要一个选择原则,根据这个原则,科学就能像人们所说的那样把所有材料中的本质成分和非本质的成分区分开来。……方法论的任务就按照专门科学的形式的特点清楚地说明专门科学家在进行科学研究时往往不自觉地引为依据的那些在形成本质中作为标准的观点,而在这里对于我们重要的完全在于这种研究的结果。”①因此,要弄清楚文化科学与自然科学之间本质的区别,就必须找到在这两门科学中把科学概念的因素联系起来的原则。

李凯尔特在《自然科学方法》中批判了传统的科学概念。受亚里士多德的逻辑学影响,科学的概念一直被误认为是由绝对的、无条件的、普遍的判断构成的。这种观念舍弃了使现实成为单一和特殊之物的东西。因此,传统的“科学不仅由于它具有概念性而与直观性相对立,而且,由于它具有的普遍性而与现实的个别性相对立”②。李凯尔特指出,自然科学使用普遍化的方法,它的兴趣在于揭示现实事物和现象中普遍的、规律性的东西,从而形成普遍概念。对于自然科学方法而言,或者说从形式或逻辑的意义上,对以上的理解可以持肯定态度。认识自然要求我们把普遍因素抽象概括成普遍概念,自然规律的概念就是现实的、绝对普遍的判断。当然,其中不会包含任何单一和个别的现象。在形成这个概念的时候,我们也不会去考虑普遍概念得以形成的那个过程当中的差异,它是完全普遍的。但是,自然科学用于认识对象普遍化的方法,绝不排斥对个别特殊之物与细枝末节的深入考察。我们要排除这样的假象:“仿佛自然科学在把个别事物省略去时,从事物中纳入自己概念之内的东西少于我们对于事物的认识,或者仿佛普遍化的方法恰好意味着‘对于现实的规避’。对于科学

① 李凯尔特:《李凯尔特的历史哲学》,涂纪亮译,北京大学出版社2007年版,第41页。

② 李凯尔特:《李凯尔特的历史哲学》,涂纪亮译,北京大学出版社2007年版,第45页。

必须简化这个命题,不能从这个意义上去理解。毋宁说,任何一门科学都力求更加深入地洞察现实,对于现实获得比现在已经知道的更多的了解。这一点是毋庸赘言的。因此,也不能把普遍化和'分析'对立起来。这只是意味着,任何分析不论多么详尽都不能穷尽现实的内容上的多样性,自然科学在其对分析结果的最终表述中并不考虑所有那些只能在这个或那个特殊对象中发现的事物,因此,自然科学即使沿着分析个别事例的道路前进,也能达到普遍的概念。"①

我们可以认识和支配世界,原因在于自然科学概念通过普遍化的方法对世界进行了简化。否则个别和特殊之物会让我们感到头晕目眩。"自然科学概念的普遍性以及在这些概念和一次性现实之间的鸿沟(我们在其中发现了这些概念的理论本质),恰恰也就是自然科学概念的实际运用的必要前提。"②**现实的特殊性是任何自然科学概念形成的界限**。李凯尔特是这样论证的:当人们不去注意现实的个别性的时候,就会忽视自然科学和现实之间的鸿沟。但是,一旦试图把自然科学概念应用于个别之物本身,就会碰到一条无法逾越的鸿沟。例如,再高明的医生,在给病人看病的时候,都必须了解普遍化。因为,在他的活动中,仅仅利用自然科学方法所提炼出来的"疾病一般"是不够的,他还要了解"疾病的个体"。"不仅自然科学概念应用于现实生活的可能性,而且这些概念利用所含有的界限,都再一次证明普遍化方法是自然科学概念形成的特征。用柏格森的一个巧妙的比喻来说,自然科学只缝制一套对保罗和彼得都同样适合的现成的衣服,因为这套衣服并不是按照这两个人的体形裁剪的。"③自然科学如果关注个别之物,那它就必须对所研究的每个对象构成新的概念。它只是在从个别之物中发现那种可以把个别之物归属于其普遍性的情况下,才去注意个别之物。所以说,认为自然科学不关注个别之物,这种判断是不对的。(注意:心理学的最终目的仍然是把特殊、个别的现象归属于普遍概念之下,并且研究心理生活的规律。)

既然现实的特殊性是自然科学的界限,那么,在自然科学终止之处,便是文

① 李凯尔特:《李凯尔特的历史哲学》,涂纪亮译,北京大学出版社 2007 年版,第 47 页。
② 李凯尔特:《李凯尔特的历史哲学》,涂纪亮译,北京大学出版社 2007 年版,第 49 页。
③ 李凯尔特:《李凯尔特的历史哲学》,涂纪亮译,北京大学出版社 2007 年版,第 49 页。

化科学产生的开始。与自然科学方法对立的就是历史的个别化方法。这种方法在把所研究的对象作为一个整体来看时，力图揭示现实中个别的、特殊的、一次性的东西，从而形成个别化概念，也就是说，它想从现实的个别性方面去说明现实。这里值得注意的是，这并不否认文化科学也会采用一些普遍概念，其目的也只是把那些在任何地方都不重复的、一次性的、特殊的事件纳入叙述中，其最终目的在于形成历史的个别化概念。例如，每个历史学家都不拒绝使用普遍的词、概念，甚至还借用自然科学的一些适当的普遍概念，但任何历史学家都知道：一般的东西对于历史来说仅仅是手段，也就是说，这一般的东西形成了一条弯路，历史想通过这条弯路重新回到作为自己本来对象的个别事物上去。因此，这样的文化科学只能采用个别化的方法。“当我们从普遍性的观点来观察现实时，现实就是自然；当我们从个别性和特殊性的观点来观察现实时，现实就是历史。”①

那么，文化科学这种个别化的方法到底有怎样的特征呢？它是怎样形成的呢？其实，在李凯尔特看来，要想真正明确自然科学与文化科学之间的区分，就要把质料分类原则与形式分类原则联系起来考察。从某一方面来说，普遍的、规律的东西是独一无二的，因此，普遍化方法既为自然科学提供了科学方法，同时也为其概念的形成提供了选择材料的原则，即只要是普遍的东西都是自然科学概念要把握的，都是本质组成要素。而与价值相联系的文化现象的文化意义则是依据于文化现象的特殊性和个别性，这就决定了“只有个别化的历史研究方法才是适用于文化事件的方法”②。但是，个别化方法尽管为文化科学提供了形成概念的方法，但却不能提供形成概念时用来选择材料的原则。李凯尔特强调，必须给文化科学找到一个标准，以便使它与一般经验区别开来。“……普遍化的科学在其概念中不仅消除了它的对象的个别性，而且消除了它们的直接的直观性。历史学就其作为一门科学来说，同样也抛弃了直接的直观性，把直观性转变为概念，但它力求保存个别性。”③因此，李凯尔特认为，经验与科学的

① 李凯尔特：《李凯尔特的历史哲学》，涂纪亮译，北京大学出版社2007年版，第58页。

② 李凯尔特：《李凯尔特的历史哲学》，涂纪亮译，北京大学出版社2007年版，第78页。

③ 李凯尔特：《李凯尔特的历史哲学》，涂纪亮译，北京大学出版社2007年版，第87页。

对立并不在于普遍性和个体性的区别,而是在于概念性与直观性的区别。对于任何科学来说,经验直观只是一种达到目的的手段,科学的标准最终都要形成概念。当然,历史的文化科学也不能例外。"只有在历史学由以形成它的往往非直观的观念的那种方式中,才能发现历史学的科学性质。只有从研究历史学如何把直观改造为概念这样一种观点出发,才能从逻辑学上对历史学有所理解。"①

那么,历史的文化科学形成概念的原则是什么呢?这里,李凯尔特给出了这样的解释:"在无限众多、个别的即异质的对象中,历史学家首先研究的,只是那些在其个别特征中或者体现出文化价值本身或者与文化价值有联系的对象;而在任何一个单一的对象从其异质方面向历史学家提供的那无限众多的成分中,历史学家又选择那些作为文化意义的根据、构成历史的个别性并与纯粹的异质性不同的成分。"②从中我们可以看出,因为现实的个别性纷繁复杂,文化科学不可能一一去研究,只能去探讨其中发生的一部分内容。在这种情况下,李凯尔特认为,文化科学选择材料的原则虽不能从"个别化方法"中直接得到,但却可以由"文化"概念中得到,即通过文化所固有的价值以及通过与价值的联系,我们得到了可叙述的、历史的个别性概念。同时,也只有通过"与价值联系"的原则,才能把"有意义的个别"与"纯粹异质性的个别"(对文化科学无意义的个别)区别开来。与价值相联系的个别事物才是文化科学的对象,"历史的个别化方法"也就是"与价值联系的方法"。这样,就可以把个别的"文化概念"的内容与自然科学的普遍概念的内容区别开来。在这一点上,李凯尔特比他的老师文德尔班向文化哲学贴得更近,指出对于历史的文化科学来说,研究方法并不仅仅是"表意化"(即描述性)的,作为历史的文化科学,并不是对个别事实单纯的"描述",一切对个别事物的"表意"(初步描述),只能被视为进一步普遍构成概念的准备工作而已。

这样,李凯尔特提出了历史的文化科学研究方法是个别化的方法。这种方

① 李凯尔特:《李凯尔特的历史哲学》,涂纪亮译,北京大学出版社2007年版,第75页。
② 李凯尔特:《李凯尔特的历史哲学》,涂纪亮译,北京大学出版社2007年版,第79页。

法必须与价值相联系。虽然文化价值是挑选历史上本质成分的标准,却并不排除历史学家们各自按照自己所确认的价值来选择历史材料,从而使文化科学陷入主观随意性的可能。李凯尔特对此进行了说明,认为这种可能性并不存在,因为历史学并非用随便的什么文化价值来选择材料,而是与"**普遍的文化价值**"相联系。"当价值实际上被主体加以评价,因而某些对象实际上被看作财富的时候"才考察价值,但这并不说明它是一种评价的科学,它研究的焦点不在于价值的有效性,即不对其对象做肯定的或否定的评价,换句话说,文化价值具有普遍性,就是说文化价值具有"事实上被普遍地、即被所有的人评价为有效的,或者至少被文化集团的全体成员期望为有效的(gültig)"①性质,因此,文化价值的普遍性消除了历史学的主观性。"文化价值的这种普遍性,使历史概念的形成排除了个人的主观随意性,因而是历史概念形成的'客观性'的依据。历史上的本质成分不仅对于这个或那个个别的个人,而且对于所有的个人,都一定是有意义的。"②

在这个意义上而言,李凯尔特认为文化科学也具有客观性。它的客观性保证来自文化价值事实上被普遍承认而且文化科学与这种价值保持着关系。

三、个别化原则之上的普遍文化价值确立

尽管李凯尔特相信:"只要专门研究立足于它的作为指导原则的价值事实上已获得普遍的承认这个基础之上,而且牢牢地保持与理论价值的联系,那么专门研究的客观性是不会受到主观随意性的影响的。"③但是,我们必须承认,一定历史概念的形成都是对一定的时间有效,不具有普遍的有效性。所以,历史科学的客观性有别于普遍化的自然科学的客观性,是一种特殊的客观性。文化科学承认存在普遍的文化价值,但是它的方法原则却是个别化的方法。二者之间是否存在矛盾呢?李凯尔特是这样解释的:"为了被纳入科学之中,特殊之

---

① 李凯尔特:《李凯尔特的历史哲学》,涂纪亮译,北京大学出版社 2007 年版,第 90 页。
② 李凯尔特:《李凯尔特的历史哲学》,涂纪亮译,北京大学出版社 2007 年版,第 90 页。
③ 李凯尔特:《李凯尔特的历史哲学》,涂纪亮译,北京大学出版社 2007 年版,第 122 页。

物必须同时具有普遍的意义;而且,在特殊之物中加以科学叙述的只是它的普遍意义所依据的那个部分。……不要由此造成一种假象,仿佛历史就在于单纯地'描写'单个的事实。和自然科学一样,历史学也使特殊之物隶属于'普遍之物'。但是,尽管如此,同样肯定的是,自然科学的普遍化方法和历史学的个别化方法之间的对立却依然没有受到影响。历史上的'普遍之物',并不是普遍的自然规律或者普遍的概念(对于它们来说,每个特殊之物只不过是随便任何其他许多'事例之一'),而是文化价值。只有文化价值才能在一次性的个别之物中逐步发展,也就是说,它与现实如此地联系着,以致使现实由此变成文化财富。因此,虽然我把个别现实和普遍价值联系起来,但是个别现实并没有由于这个缘故而变成普遍的类的事例,反之,它始终是由于其个别性而具有意义。"①

既然语言、判断和概念的要素都是一般的,而一切科学思维都必须使用一般概念的思维,那么,把自己的任务规定为只讲个别的内容的历史科学的概念,不就陷入了自相矛盾当中了吗?李凯尔特认为,之所以会出现前后矛盾,是因为忽视了文化历史概念与自然科学概念之间的区别。尽管任何思维都需要一般性的东西,但它在历史文化科学中的运用和在自然科学中的运用是截然相反的。"首先,对于自然科学来说,一般的东西是目的,而对历史学来说,它只不过是手段。历史学也使用一般的东西,因为它要作出判断,但历史学是借助于一般的东西来叙述个别的东西。其次,就推论的过程来看,自然科学是从个别到一般,而历史科学则是从一般到个别。自然科学概念是从许多个别事物中抽出它们所共同的东西,撇开它们的单一、个别的东西;历史概念则通过一系列一般判断来表示这些个别事物赖以相互区别的那些东西,而撇开它们所共同具有的东西。"②

那么,既然文化科学所表现的是一次性的、特殊和个别的事物,它如何可能成为科学?《文化科学与自然科学》指出:历史概念的形成不能把所有人和任何

① 李凯尔特:《李凯尔特的历史哲学》,涂纪亮译,北京大学出版社2007年版,第90页。
② 韩震:《西方历史哲学导论》,北京师范大学出版社2008年版,第383~384页。

文化领域都作为本质成分囊括进去,对于历史的文化科学来说,并不是所有个体事物都具有本质的意义。因此,文化价值的普遍性并不是依据任何经验的普遍性。他所假定的这个价值"并不是与绝对有效的价值没有任何联系",这样的先验假定,才能要求别人同意他对本质成分的选择。也正是由于这种先验性,文化概念不仅能规定文化科学的对象以及它的概念形成原则,而且它还能给予文化科学"统一的联系"。"文化科学中的重大进步,就其客观性、普遍性和系统联系而言,是依据于在形成一种客观的、系统的排列的文化概念方面所获得的进步,也就是依据于向作为有效价值体系的基础的那种价值意识的接近,简言之,文化科学的统一性和客观性是受我们的文化概念的统一性和客观性决定的,而后者又是受我们所评价的价值的统一性和客观性决定的。"①

那么,这是否说明价值的指导原则就不能给历史的科学提供坚实的基础了呢?李凯尔特并没有直接回答这个问题,而是认为,只要我们把专门的历史研究综合为一个统一的整体,从叙述整个人类发展的普遍历史的角度来看,那就显然会发现:每个历史学家都必须假定一种"超历史的价值",这种价值是"绝对有效的",而它用来选择历史材料的文化价值是与这种"超历史的价值"有联系的。因此,他的历史研究也是客观的、科学的。

总之,李凯尔特认为,历史学以普遍的文化价值为标准来选择材料,其使命是借助普遍的概念、词汇来形成历史的、特殊的个别化概念,从而正确地、客观地叙述历史上的个体,而不是揭示历史所谓的普遍规律。在李凯尔特的哲学中,价值和有效性是核心概念。通过他关于价值和有效性的探讨,我们看到他否认这些概念的实体性本质,反对从形而上学的意义上去理解这些概念。因此,他反对生存哲学,反对把现实生存同价值形式的联系当作实体对象的传统哲学看法。在自然主义、唯科学主义威胁人类文化价值的情形下,李凯尔特把价值域从经验现实领域分离出来的做法,有助于维护人作为具体存在的价值尊严。在这一点上,他的观点与其老师文德尔班是一脉相承的。

但另一方面,李凯尔特在某些观点上与文德尔班有明显的不同:文德尔班

---

① 李凯尔特:《李凯尔特的历史哲学》,涂纪亮译,北京大学出版社2007年版,第125页。

对历史与自然科学的区分主要是集中在形式的直观概念的区分上。对此,李凯尔特在《自然科学概念形成的界限》中提出了不同的观点:“经验直观是不能为任何科学所表述的,因为它在任何情况下都是无限多样的,不可能纳入任何概念。而个别性则有所不同。尽管它是由直观给予的,却不能由此就推论出它必定与直观相等。所以历史概念的构成问题就在于:能不能对直观的现实作出一种科学的处理和简化,而又不至于像在自然科学的概念中那样,在处理和简化中同时失掉了个别性;而且经过处理和简化所得到的并不是一个还不能视为科学表述的单纯事实‘描述’。我们现在也可以换句话来问:有没有办法从现实的无限多样的内容中提取某些成分,综合成一些科学概念,使它们并不表达多数事物、过程所共有的东西,而仅仅表达一个个体中所存在的东西呢?只有这样,才会形成一些具有个别内容的、堪称历史概念的概念。个别事实的单纯描述当然随时可以作出,却不配称为历史概念……我们愿意称之为‘概念’的,只是那种用来总结科学表述的东西。”

从这里我们可以看出,李凯尔特已经明显地超越了文德尔班和狄尔泰(文德尔班受狄尔泰的影响)。文德尔班把个体性停留在描述性上,强调在经验科学范围(文德尔班认为哲学和数学属于理性科学)历史科学与自然科学的区分,因而不能把历史科学与经验性描述区别开来。狄尔泰则把历史认识归结为纯粹的体验,因而不能把历史与人们当下的心理活动区别开来。因而,李凯尔特提出,历史认识必须超出经验直观,并上升为关于个体事物的概念。但是,文化科学中的概念与自然科学中的概念有着不同的意义。它们盲从于现实,把本质的东西与非本质东西划分开来。从这个意义上说,李凯尔特又陷入了自然科学的研究范式中,因为它们毕竟也是“概念”。而这一思想,与后来的柯林武德关于历史都是思想史的观念是非常接近的。另外,无论是文德尔班还是李凯尔特,他们关于两类科学划分的思想远不如狄尔泰的观点影响深远。狄尔泰的《精神科学引论》深入探讨了精神科学的基础、来源和结构,并没有局限于表面特征的简单分析和描述。

文化哲学的问题域限

王国有

文化哲学问题域限的晦暗不明是目前影响文化哲学学科定位和理论深化的重要原因:人们无法把文化哲学区别于其他的部门哲学,也无法把文化哲学区别于其他文化研究,似乎有关文化的研究就是文化哲学研究,有关人的哲学都是文化哲学。人们在纷乱的文化哲学问题视域下,无法进行有效的对话,这不仅影响到了文化哲学的学科合法性,而且影响了文化哲学研究的进一步深化。文化哲学的问题域限之所以晦暗不明,一个重要原因在于,人们对文化和哲学的概念尚未达成基本的共识性理解,也就是说,人们不能从文化的角度出发去理解文化,不能从哲学的角度出发去理解哲学,当然也就无法以文化哲学的方式理解文化哲学。本文试图通过对文化和哲学概念的梳理、分析和界定,为确定文化哲学的问题域限提供理论思考。

一、文化:文化哲学的问题所指

文化哲学首先是关于文化的哲学。因此,“什么是文化”便构成了文化哲学的对象性前提。如果不理清“文化”的概念,就无法界定“文化哲学”的概念,也就容易将文化哲学等同于自然哲学、思辨哲学或其他部门哲学。

于是,对文化哲学对象性前提的追问便首先归结为对文化概念的追问。目前,对文化概念的界定和理解存在三种主要趋向。

一是在与自然对立的意义上,把文化等同于文明,泛指人类征服自然活动的所有成果。这种理解以泰勒为代表,泰勒认为:“文化……就其在民族志中的广义而论,是个复合的整体,它包含知识、信仰、艺术、道德、法律、习俗和个人作为社会成员所获得的其他能力及习惯。”①把“文化”等同于“文明”,看到了文化的超自然性,然而,这种理解割裂了文化与自然的内在关联,使文化失去了自然基础。片面强调文化的超自然性,就会贬损人作为文化存在的自然性,使人幻化。

二是在与物质文明相对立的意义上,把文化等同于意识形态,泛指人类的精神活动及其成果。这种理解以古典理性主义的集大成者黑格尔为代表,黑格尔认为,“人的一切文化之所以是人的文化,乃是由于思想在里面活动并曾经活动”②,文化的进步实质在于精神的自我反思,绝对精神代表着文化发展的顶峰。在这里,“文化”既不同于自然,也不同于文明,“文化”指“文明”的精神层面。“文化”被等同于科学、艺术、宗教、哲学等社会意识形式,或者被等同于社会、民族心理。另外,在狄尔泰的“精神科学”、李凯尔特的“文化科学”、尼采的文化哲学、卡西尔的符号学文化哲学、伽达默尔的“哲学解释学”中,文化的意识形态意义也得到了强化。把“文化”等同于意识形态,标志着人类精神的成长壮大,同时也昭示了人类理性的狂妄自大。文化的意识形态化理解意味着精神文化与物质文化的疏离,意味着文化与人的进一步疏离,使人的自然的丰富性游离于文化之外。然而,意识毕竟只是人的一部分,自我意识不能代替人,对于意识形态的过分执着,必然使文化哲学陷于软弱和虚幻。

三是从人的对象化活动出发,把文化理解为人的生活方式。这种理解以文

---

① 哈里斯:《文化人类学》,李培茱、高地译,东方出版社1988年版,第7页。

② 黑格尔:《哲学史讲演录》第1卷,贺麟、王太庆等译,商务印书馆1959年版,第10页。

化人类学家柯亨、哈里斯为代表。柯亨认为,“文化是历史上所创造的生存式样的系统”①;哈里斯视文化为“社会成员通过学习从社会上获得的传统和生活方式”②。这种理解建立了文化与人的对象化活动的总体的、本质的关联,克服了文化与自然和人的自然性的疏离,因为在人的生活方式中,文化与自然、物质文化与精神文化是内在统一的,正是在对生活方式的不断创造和归依过程中,人不断创造和回归人本身。虽然柯亨和哈里斯并没有进一步梳理生活方式的概念,但他们给我们指出了一条更加合理地理解和阐释文化概念的视野。

以对文化的第三种理解为基础,本文认为,文化就是指在人的对象化活动中凝结成的相对稳定的生活方式。人的对象化活动包含三个重要层面:一是人指向自然的生产、消费活动,包括物质资料的生产、消费活动和人口的生产、消费活动;二是人指向人的交往活动,即人与人之间进行的物质、能量、信息的交流与共享活动;三是人指向思想的思维活动,包括常识、科学、宗教、艺术和哲学思维活动。文化,作为人的生活方式,就是蕴含在生产、消费、交往和思维活动中的生产方式、消费方式、交往方式和思维方式的统一体。

既然文化指谓人的相对稳定的生活方式,那么文化哲学就不能简单停留于物质产品、社会制度、意识形态等文化的符号层面,而是指向文化符号背后的生产方式、消费方式、交往方式和思维方式(见表1)。

表1 作为生存方式的文化

<table>
<tr><th>文化性质 / 文化层面</th><th>自在的文化</th><th colspan="4">自为的文化</th></tr>
<tr><td>思维方式</td><td>常识</td><td>科学</td><td>宗教</td><td>艺术</td><td>哲学</td></tr>
<tr><td>交往方式</td><td>日常礼仪、习俗</td><td colspan="4">社会化交往</td></tr>
<tr><td>生产、消费方式</td><td>基本生活资料和人口的生产、消费</td><td colspan="4">社会化大生产和非日常消费</td></tr>
</table>

① 庄锡昌、顾晓鸣、顾云深等:《多维视野中的文化理论》,浙江人民出版社1987年版,第116页。

② 哈里斯:《文化人类学》,李培茱、高地译,东方出版社1988年版,第6页。

在文化哲学的诸研究对象中，具有最高层次、处于核心地位的是作为思维方式的文化，因为人的思维方式蕴含在生产方式、消费方式和交往方式之中，既是生产方式、消费方式和交往方式的升华，又是生产方式、消费方式和交往方式的前提，在很大程度上决定着人的生产方式、消费方式和交往方式。因此，文化哲学的核心就在于对人类的思维方式进行哲学追问，即把常识、科学、宗教、艺术、哲学等作为文化的重要层面进行哲学研究和追问，文化哲学涵盖常识哲学、科学哲学、宗教哲学、艺术哲学和元哲学的研究。

对人的生活方式的哲学研究，保证了文化哲学作为文化哲学的合法性，这使文化哲学区别于自然哲学、精神哲学以及其他诸如政治哲学、经济哲学、社会哲学、历史哲学等部门哲学。然而，指向人的生活方式的文化哲学不仅仅是一种部门哲学，毋宁说，文化哲学代表了一种新的哲学范式，它克服了人与自然、人的自然性和精神性的二元对立，从人的生活方式出发理解和把握人的存在，是哲学理性对人的现实生活的回归。哲学之所以要关注文化，并以文化为对象，是因为哲学看到了人作为文化存在的现实性，人既不是抽象的自然存在，也不是抽象的精神存在，而是现实的文化存在。在这一点上，文化哲学超越了自然哲学和精神哲学把人与自然、人的自然性和精神性对立起来的传统哲学范式，从现实的人的生活方式出发理解和把握人的存在，是日益关注人类生存的当代哲学的题中应有之意。

二、哲学：文化哲学的提问方式

文化哲学是对文化开展哲学研究，这意味着，当面对文化问题的时候，文化哲学的提问方式必须是哲学的提问方式。无论文化哲学是一种哲学形态，还是一种哲学范式，文化哲学必须首先保证其提问方式的哲学性。

哲学的提问方式取决于对哲学的不同理解。目前在文化哲学研究中存在几种不同的哲学观，这决定了人们以不同的提问方式面对文化问题。

一是在常识的意义上理解哲学，把哲学看成是以日常经验为基础，以生活习惯为依托的生活常识。以此为基础，文化哲学就是试图透过对文化现象的经验描述和分析，获得可以共享的文化常识。这种哲学观以对哲学的常识化理解为基础，抹杀了哲学的个体性、超越性和批判性等非常识性特征，把文化哲学研究等同于文化学研究。目前，学界很多从事文化哲学研究的学者，在很大程度上以文化学的研究取代了文化哲学研究，或者在文化哲学研究中掺杂了过多的文化学的内容，这不免使文化哲学平面化，失去了应有的理论高度和深度。

二是在科学的意义上理解哲学，把哲学看成是对自然界、社会和人类思维的普遍规律和内在本质的探求。以此为基础，文化哲学就是通过对文化现象的分析和归纳，形成关于文化的本质性的科学解释框架和知识体系。正如有学者认为的，"文化哲学的主要目标则在于探讨人类文化所呈现的事实，观察各种文化所表现形态的异同，并进一步探求究竟有没有普遍适用于人类文化的规律、价值或理想"①。这种哲学观超越了文化研究的经验性，但没有意识到文化问题的历史性和个体性以及哲学的非知识性，把文化哲学研究等同于文化科学研究。

三是在伦理学和宗教学的意义上理解哲学，把哲学看成是对人类价值的终极关怀。以此为基础，文化哲学就是以人的主体性为基础，对文化价值的系统研究。这种文化哲学观的典型代表是新康德主义的文德尔班和李凯尔特。如李凯尔特认为，"历史的文化科学"与"自然科学"的重要区别在于，它们并不关注纯粹自然的对象，也不用普遍化的方法进行研究，"作为文化的科学来说，它们研究与普遍文化价值有关的对象；而作为历史的科学来说，它们则从对象的特殊性和个别性方面叙述对象的一次性发展"，因此，对于"历史的文化科学"而言，"只有那些在其个别特性方面对于作为指导原则的文化价值具有意义的事物，才是本质的"②。这种文化哲学观，超越了文化研究中的事实解释的理论框架，突出了文化作为人的生存寓所的理想性和价值性特征，试图把文化哲学和自然哲学区别开来。然而，这种哲学观往往忽视和抹杀哲学作为爱智之学对文化价值的挑战性和颠覆性，把文化哲学等同于文化伦理学或文化宗教学。

---

① 刘述先：《文化哲学》序言，黑龙江教育出版社1988年版，第1页。

② 李凯尔特：《文化科学和自然科学》，涂纪亮译，商务印书馆1986年版，第88页。

四是在美学的意义上理解哲学，把文化哲学看成是以审美鉴赏为基础，对文学、艺术作品的评价和分析。受这一哲学观的影响，目前，很多从事文学、艺术批评的学者经常参与文化哲学的争论，也有一些国外的文学、艺术评论家被等同于文化哲学家。这种哲学观看到了哲学与美学的一致性，把文化哲学等同于文学、艺术批评，试图通过文化的审美化促进审美文化的生成。然而，这种哲学观往往忽视哲学的理论性和逻辑性，经常陷入审美创作和审美鉴赏的技术层面。

以上四种文化哲学的哲学观虽然看到了哲学与常识、科学、宗教(伦理)和艺术的一致性，却忽视了哲学与常识、科学、宗教(伦理)和艺术在思维方式上的根本差别，其结果就是容易把文化哲学等同于文化学、文化科学、文化伦理学(宗教学)和文化美学。

第五种哲学观以哲学最原始、最根本的规定性，即反思性为基础，强调了哲学与常识、科学、宗教(伦理)和艺术在思维方式上的重要差别。这种哲学观认为，哲学是“爱智”的理论，它的独特性和重要价值恰恰在于通过对常识、科学、宗教(伦理)和艺术中所蕴含的自明性前提的不断追问和反思，为人类知识、价值和生存方式的创造提供可能性空间。哲学虽然常常变成常识，也曾以科学的名义追求客观普遍的真理，也像宗教、伦理一样关注人的价值，也像艺术那样关注人的审美生存，但是哲学之为哲学的重要规定性是其反思性。因此，应该从哲学理论的反思性出发理解和阐释文化哲学。在这个意义上，文化哲学虽然也以文化的经验描述和科学分析为基础，但并不简单介绍文化现象，或者试图找到文化运行的规律性知识；虽然也关注文化的价值问题，但并不试图为文化寻求价值的支点；虽然也关注审美的文化形式，但并不注重审美文化的技术层面。文化哲学的重要规定在于通过对文化前提的不断反思和追问，揭示文化的可能性及其限度。有学者洞彻了文化哲学研究中哲学的提问方式的重要性，提出文化哲学“一方面对各式各样的文化理论按哲学的整体性原则、无限性原则进行**整合**，另一方面，对各种文化理论的立论基础(即其终极依据)进行**检查**”，而这种整合和检查的目的在于“形成一种真正哲学式的文化理论的建构”①。对人类文化的反思性研究，使文化哲学区别于文化学、文化科学、文化宗教学（伦理学）和文化美学，保证了文化哲学作为哲学的合法性。（见表2）

表2　反思的文化哲学

思维方式 / 文化研究	常识、习俗	科学	宗教、伦理	艺术	哲学
	文化学	文化科学	文化宗教学（文化伦理学）	文化美学	文化哲学

笔者赞同并坚持第五种哲学观意义上的文化哲学研究，因为，这种文化哲学研究把反思的方式作为文化哲学的提问方式，不仅抓住了文化哲学作为哲学的研究方式的特质，把文化哲学与文化学、文化科学、文化宗教学（伦理学）和文化美学区别开来，更重要的原因在于，这种文化哲学研究看到了文化的自在自为本性，使文化研究更加切近人的存在。

人们之所以要用哲学的方式研究文化，根本原因在于，人类文化具有自在自为的性质：一方面，文化具有自在性，是人要归依的对象，人只有熟悉和融入特定的文化，才能确证自己的存在；另一方面，文化又具有自为性，文化在人的对象化活动中是不断超越、不断创造的，没有了文化的创造，文化就会陷入教条和僵化，变成压抑和束缚人的异己化存在。文化的自在性和自为性是内在统一的，融入文化是进行文化创造的前提。同样，文化的创造是为了更好地归依于文化。只有当人类归依的文化是人类创造的文化时，人才能防止在文化中迷失自身。同样，人类的文化创造也是文化通过人的活动进行的展现。如果忽视了文化的自在性，人就会失去文化根基；反之，如果忽视了文化的自为性，人就会成为僵化的文化的牺牲品。因此，文化哲学的独特意义在于对文化自为性的确证，即不断挑战文化的自明性前提，防止和克服文化对人的压抑，为文化的创造提供可能。在这个意义上，文化哲学也是文化研究的题中应有之意，文化哲学

① 李鹏程：《当代文化哲学沉思》，人民出版社1994年版，第4页。

研究就是文化批判活动。

通过对文化哲学的问题所指和提问方式的梳理、分析,本文认为,文化哲学的问题域限在于对人类的生活方式进行反思式的研究。具体说来,文化哲学并不等同于文明或意识形态的哲学研究,而是自觉关注人类生活方式(生产方式、消费方式、交往方式和思维方式)的哲学研究,这使文化哲学区别于自然哲学、精神哲学和其他的部门哲学;同时,文化哲学并不拘泥于传统的生产方式、消费方式、交往方式和思维方式,而是通过对已有的生产方式、消费方式、交往方式和思维方式的反思和追问,揭示其基础,昭示其限度,为文化的创造提供更加广阔的空间,这使文化哲学区别于文化学、文化科学、文化宗教学(伦理学)和文化美学。

意识哲学还是文化哲学?

——现代性研究的范式问题

付洪泉

在二十多年的发展中,文化哲学不论在理论体系建构上还是现实问题的研究中都取得了重要的成果,但时至今日,似乎仍要为其合法性做论证,仍要为其理论限域做界定,学界对于其"哲学回归生活世界"的主张仍有不同程度的怀疑和顾虑。之所以如此,主要是由于我们还没有对意识哲学的思维范式进行彻底的反思和检讨,这种范式仍然在主导着人们的哲学思维。文化哲学仍需要解决合法性论证、理论限域的界定和批判意识哲学这三重任务,而现代性研究恰恰是澄清以上问题的"试金石"。

首先,文化哲学的合法性和优先性在于对哲学之文化属性的自觉。"虽然文化一直作为人类社会的深层内涵深刻地影响着人类历史的进程,虽然我们断言哲学一直以文化模式或文化精神为自己的'内核',但是,在过去的绝大部分历史过程中文化一直为社会的经济、政治等更为直接的表层因素所遮蔽,不被理性的自觉目光所关注”①,与以往的各种哲学形态相比,文化哲学的突出特征是在对自身文化背景充分自觉的基础上,在“理论理性和实践理性交汇处进行的文化批判”。其次,文化批判的动机来自对现时代文化困境和文化危机的理性反思,正是这种反思界定了文化哲学的理论限域。不论是西方社会还是中国社会,都面临着现代性文化的困境:在西方,现代性的文化精神遭受了“后现代主义”的抨击;在中国,传统文化的现代转型远未完成。虽然具体内容不同,但文化问题的急迫性在东西方却无二致。最后,文化哲学为现代性提供了唯一正确的历史解释范式。“要克服传统历史观按照历史之外的某种尺度来编写线性决定论或机械决定论的历史模式的误区,还历史本来的丰富多样的内涵,在方法论层面上应当摆脱纯粹意识哲学或思辨理论哲学的历史解释模式,回到人类实践活动的丰富的文化内涵,确立起文化哲学的历史解释模式。”②意识哲学总是把历史放入先验的图式之中,把先验的原则强加于具体的现实,只有文化哲学才能把握住作为生活方式的、特定时代特征的文化模式。

以上三个方面是相互关联的整体,共同构成了文化哲学与现代性研究的关联体系:文化哲学的理论自觉与现代性文化的自觉是同一个过程,正是文化危机的出现才使文化哲学范式的诞生得以可能;反过来,文化哲学必然以解决现时代的文化困境为最终的理论主旨;而在对现代性的文化解释中,文化哲学的范式得以彰显其合法性和优先性。正是基于对文化哲学和现代性研究之间内在关联的以上理解,本文尝试对意识哲学之历史解释范式的几种形式做一反思性批判。因为现代性研究不可避免地包含着对历史的解释,历史解释范式的澄清就显得至关重要。

首先,需要对“意识哲学”这个概念加以说明。哈贝马斯把意识哲学作为交往理论的靶子。不论是他对现代哲学史的阐释还是他解决现代性问题的方案,都与对意识哲学范式的批判密切相关。他针对的是知识论哲学向语言哲学的转向:近代认识论哲学把语言符号作为意识的表现工具,认知行为的主体是“意

---

① 衣俊卿:《文化哲学——理论理性和实践理性交汇处的文化批判》,云南人民出版社 2005 年版,第 24 页。

② 衣俊卿:《论文化哲学的理论定位》,《求是学刊》2006 年第 4 期。

识”而非“符号”，而语言哲学不再从意识的功能而是从语法结构中解释知识论问题。① 哈贝马斯把“意识哲学”限定于认识论问题，认为近代哲学在意识之中寻找知识起源的一整套方法、范式。本文中的“意识哲学”概念则更为宽泛，用来指代从近代认识论哲学中演变出来的几种历史解释形式，这些形式相互区别，甚至相互对立，但是在与文化哲学的历史解释模式相左的意义上，这些相互对立的形态却具有共同性，因此可统称为“意识哲学的历史解释范式”。由于自身根植于近代以来的哲学传统，意识哲学的历史解释跳不出“主体—理性—历史”的窠臼，它总是把“意识主体”放在历史的阿基米德点上。概言之，意识哲学的历史解释模式是以现代哲学的思维方式寻找对现代性的哲学理解，这种理解必然要落回到现代性之中，因此不可能取得批判性的视角。

一、以反思能力为核心概念的意识哲学范式

从笛卡儿到胡塞尔的现代认识论哲学对人类认知能力的发掘，使得人类的“自我意识”达到前所未有的水平，当把这种哲学范式用于历史解释时，自然科学的理论体系、资本主义的生产方式、合理化的民主政治、现代法制社会等现代文化成果，往往被还原为主体的“自我意识”。似乎仅仅由于人类反思能力的增强，对自然、社会以及自身的认识才得以丰富起来：对自然的认识使得自然科学的发展突飞猛进；对社会的认识使得理性化的制度得以确立；对自身的认识赋予文化深层的根基和底蕴。

作为启蒙运动的代表人物，法国人孔多塞系统地表达了这种认识论哲学的历史观，在他看来，人类的历史就是“理性力量”自我实现的历史，历史进步的阶段就是理性发展的阶段。他将人类历史分为十个时代，启蒙运动的时代亦即第九个时代就是从笛卡儿开始的。“他（笛卡儿）敏感到哲学应该完全从只要对我们精神作用进行观察便会向我们显示出来的那些明显的基本真理之中得

① 哈贝马斯：《后形而上学思想》，曹卫东、付德根译，译林出版社 2001 年版，第 13 页。

出。"①笛卡儿的"我思故我在"提出了近代哲学总的原则:只有我的意识证明了的知识才是真正的知识。但是笛卡儿本人没有对"意识"进行进一步的深入考察,而是回到上帝那里证明外在世界的客观性。在方法论上完善笛卡儿原则的是洛克。洛克先于康德提出了认识如何可能的问题,并发明了一套确保认识不犯错误的方法。他的经验主义认识论把"观念"还原到简单印象(或者说"简单观念")上,认为被感觉到的事物无非是简单印象的复合。既然我们的感觉经验是最可靠的,也是我们感知世界必经的桥梁,那么,作为建构知识大厦之砖瓦的概念,必须植根于简单印象之中才能确保无误。概念与简单印象之间的关联是这样建立的:概念(也即"一般观念")总是能够在我们的意识中唤起某种印象,因此即便我们用语言进行抽象的推论而不时时刻刻唤起与它们对应的印象,我们也可以确保论证的正确无误。虽然自然界和人类社会都是外在于人的,但它们只有在人的经验和意志之中才能显现,因此其全部真理必然包含在"意识"之中。在此意义上,唯物论和唯心论的区别并不重要。对于近代哲学来说,本体论是个次要问题,首要的争论在于经验主义和先验主义对"意识"的不同解释方式。

对于孔多塞以及他那个时代的理性主义者们来说,洛克的经验主义不但是知识论的圭臬,也是社会理论的基石。"对我们感觉的分析就使得我们在体验欢乐与痛苦的能力的发展过程中,发现了我们道德观念的根源、普遍真理的基础,它们是由这些观念产生的并决定着有关正义与不正义的那些必然的、不变的法则。"②这样,一个具有反思能力的哲学家就成了一个知行上自足的个体,他无须借助任何信条,无须植根于文化传统就可以解决思想和生活中的所有问题。通过哲学家们的宣传,社会革命在思想上的准备工作很快就完成了。虽然近代认识论的理论体系不可能被广大群众真正理解,但是它所信奉的基本观念却迅速传播开来,"哲学已经教会了他们要珍惜的那些理性的与自然的原则"③。

---

① 孔多塞:《人类精神进步史表纲要》,何兆武、何冰译,江苏教育出版社2006年版,第117页。
② 孔多塞:《人类精神进步史表纲要》,何兆武、何冰译,江苏教育出版社2006年版,第118页。
③ 孔多塞:《人类精神进步史表纲要》,何兆武、何冰译,江苏教育出版社2006年版,第128页。

近代社会革命与觉醒的主体意识之间的关联显而易见，正是“在自我意识、自我决定以及自我实现的旗帜下，现代性的规范内涵释放了出来，但是，决不能把它和自我捍卫或自我支配的盲目的主体性等同起来”。孔多塞把近代社会的文化成就归结于哲学家对“意识”的反思，这并没有错，哲学家们确实是在主体意识之中寻找自然界和人类社会的真理，人类征服自然界的胜利也加强了人们改造社会的信心。但是，问题就在于这种自信最终被证明是对“真理”的无知。胡塞尔的《逻辑研究》揭露了近代认识论哲学只是建立在流沙之上的宏伟体系。

洛克之所以能够提出这种貌似正确的知识论，在胡塞尔看来，是基于其对“观念”这个词的极为混乱的使用，尤其是“在洛克那里，在直观表象（显现、浮现的‘图像’）意义上的表象和在含义表象意义上的表象之间根本不存在区别”①。也就是说，洛克把感觉经验的对象，以及表达所意指的内容都称为“观念”，但两者是完全不同的，前者是心理存在，后者是观念存在，混淆这两者就等于取消了认识论。认识论的根本任务就是要回答：具有绝对确然性的（而非仅仅是感官经验性的）知识是如何可能的？个人的经验只能提供意见，而知识却是先天的，对于任何人，或者说对于任何“意识”来说都是有效的，观念领域的问题不能在经验之中解答。对于康德和胡塞尔这样的先验主义者来说，科学的事实已经表明在观念领域存在一切科学的最终基础，这个基础必须是牢固的，否则科学的大厦不论建筑得多么雄伟，也不能避免倒塌的命运。因此，知识必须有“先验”的来源，认识的主体必须是“先验的主体”，在其自身之中包含了认识的所有可能性。

洛克式的经验主义被证伪后，作为其对头的先验主义并没有扬帆远航。当现象学的重心转向海德格尔的生存论时，现象学也就成了自己的掘墓人。把知识植根于主体性这一点上，“先验意识”就仅仅是“经验意识”的变体。胡塞尔虽然批判地检验了近代认识论哲学的全部遗产，但是并没有放弃在“先验意识”中为欧洲科学，从而也为欧洲文化奠基的信念。意识哲学的方式是如此根深蒂固，以至于任何从内部克服其理论困境的努力都不可能取得成功。

---

① 胡塞尔：《逻辑研究》，倪梁康译，上海译文出版社1998年版，第135页。

二、思辨哲学的历史解释范式

孔多塞从经验主义出发,把历史理解为理性的发展史;黑格尔则从思辨哲学的角度为启蒙历史观加进了辩证法的逻辑,同时置换了启蒙历史观中人和历史的相互关系,但是其历史理解模式并没有超出意识哲学的模式。

黑格尔认为那些没有建立国家的民族是真正的史前社会,即便他们在年复一年的日常生活中发展出了自己的文化,但是"精神"的成果既然没有以国家的形式存在,就不能说具有了确定的形式。因此,作为人类起源的南部非洲不在黑格尔的"世界历史"的版图之内,"世界历史"的起点是东方,经过印度、希腊、罗马,完成于日耳曼。"东方从古至今知道只有'一个'是自由的;希腊和罗马世界知道'有些'是自由的;日耳曼世界知道全体是自由的。所以我们从历史上看到的第一种形式是专制政体,第二种是民主政体和贵族政体,第三种是君主政体。"①

对此,波普尔一针见血地指出,黑格尔的历史哲学其实是为日耳曼第三帝国的合法性所做的哲学论证。黑格尔绕了一个大圈子,无非是想说明在日耳曼第三帝国人是最自由的,因为人们拥有的是"积极的自由""真正的自由"。那么,黑格尔所说的"积极的自由"是什么呢?

启蒙学说认为人生而自由,但却处在社会的种种限制之中,而社会制度对自由的限制是必要的,否则任何自由都没有保障。黑格尔全然拒斥这种自由观:"有限制的自由只是放纵,它只同特殊的需要相关连。"②需要由社会加以限制的自由根本不能算是自由,真正的自由根本就不是指按照一己之意愿行事,恰恰相反,积极的自由就是"积极地"服从限制,所谓自由与限制相对立的观点毫无意义。在这一点上,黑格尔和康德走得最近。康德写道:"纯粹的并且本身实践的理性的自己立法,则是积极意义上的自由。道德法则无非表达了纯粹实

---

① 黑格尔:《历史哲学》,王造时译,上海书店出版社 2006 年版,第 46 页。
② 黑格尔:《历史哲学》,王造时译,上海书店出版社 2006 年版,第 101 页。

践理性的自律,亦即自由的自律。”[①]在康德哲学中,纯粹实践理性为其自身立法,纯粹实践理性的自律就是真正的自由。“积极的自由”不包含任何经验的、质料的存在物,只属于先验的实践主体,这个先验主体“道德实践式的”自我约束就是自由。不论黑格尔如何反对康德哲学的方法,其自由观都与康德一脉相承,而“精神”的自由属性是其整个体系的拱顶石。黑格尔宣称:“精神”的唯一属性就是“自由”,而且只有“精神”才是“自由”的,如果不依靠“自由”的属性“精神”无法实现自我认同,则黑格尔的国家理论、法哲学、精神现象学都不可能确立自身。

因为“精神”是“人之所以为人的本质”,所以人也是自由的,但是人不是直接就意识到了自身是自由的,只有在“精神”发展的特定阶段上,人才能意识到他是自由的。事实上,黑格尔的“精神”只有深深地植根于笛卡儿以来的意识哲学的传统之中,只有借助于人类意识的反思性才能构造自身,而不是像他所说的那样由于“精神”的发展,人才意识到了自身的自由(所谓自由,对于黑格尔和康德来说就是自我意识)。现代哲学强调人是具有反思意识的主体,隐含着人是“意识”进化的最高阶段的观点,而黑格尔拟人化的“精神”正是在其全部历史之中达到“自我意识”的,“精神”的“自我意识”就是最高形态的自由,也即“积极的自由”。

黑格尔和康德一样,都把自由看作投入大写的理性之中,绝对的自由是绝对地服从于理性的原则。在康德那里,纯粹形式化的原则包含在实践理性之中;在黑格尔这儿,特定时代的社会制度就是“精神”此时此地的“现实”。他特别强调国家所施加的限制不是使个人享受社会自由的手段,而是这种限制本身就是自由。“法律、道德、政府是,并且只有它们是‘自由’积极的现实的满足。”[②]黑格尔和康德的自由观在这一点上完全一致:自由只属于精神的领域,而与人的需要在社会条件下的满足全然无关,自由的属性不能在任何事物性的、质料性的存在中找到,因此也不能在日常生活中找到。这难道不是最彻底

① 康德:《实践理性批判》,韩水法译,商务印书馆1999年版,第35页。

② 黑格尔:《历史哲学》,王造时译,上海书店出版社2006年版,第35页。

的思辨哲学吗?

三、中国现代性理论中的意识哲学范式

上述意识哲学的以及与意识哲学有关联的历史解释范式的共同点在于:尽管它们把某种形式的主体放在历史解释的中心位置,但是都失掉了作为人之存在方式的文化维度,不论这个主体是感觉的主体、绝对的主体,还是实践的主体,都是形式化的存在,在由此出发得出的历史解释中只能看到抽象的"逻辑",而不是现实的文化。

中国的现代性研究具有这样一种潜在的逻辑:前现代—现代—后现代是一个不可超越的、连续的历史过程,它描述了人类社会进步必经的三个阶段;虽然西方社会已经进入现代社会的晚期阶段,或者已经迈进后现代的门槛,但是在中国语境下,现代性更多是建设的目标,而不是被超越的对象,理性主义和主体性作为现代性在社会组织和个体生存两方面的标识,对于中国学者来说仍然具有强大的吸引力,甚至仍是可望而不可即的奢求。简单地说,尚未经过启蒙的中国文化何谈启蒙的否定?

不论以上观点在多大程度上符合现实的文化处境,它的问题在于事先假定了历史发展的线索和逻辑,因此它对中国文化何去何从的回答不是基于经验观察,而是先验的历史逻辑的推论。显而易见,这种推论具有为现代性辩护的意味。在这种辩护中,我们感受到了求助于观念世界的心理动机,而这恰恰是现实层面现代性的缺失所造成的心理落差的结果。同样的心理落差导致中国学者对情境主义具有天然的排斥:如果现代性只是西方的文化传统,关于它的过去与未来都要到西方的历史语境中寻找答案,那么,对于中国这样一个没有现代性文化资源的国家来说,现代性文化如何能成为一个问题呢?如果现代性不是由一个铁的规律所保证了的,我们有什么理由把它作为中国文化的前景加以展望呢?

正如福柯所说:"将历史分析变成连续的话语,把人类的意识变成每一个变

化和每一种实践的原主体,这是同一思想系统的两个方面。”[①]对历史的任何形式的宏大叙事都与意识哲学的历史解释模式有关:历史绝不是无目的的单纯的时间过程,历史是有意义的,这个“意义”需要“意识”加以揭示,它向“意识”泄露了历史运作的机制,理解了这个“意义”就等于抓住了历史的牛耳。但是,进步并不需要有某种本质的、先验的存在来加以保证,进步虽然是一种可欲求的价值,甚至处于价值序列的最高类别之中,但是这并不等于说,进步超越了人们的现实处境。“进步”,就像“正义”“平等”等价值一样,都在实实在在的日常生活中,只要现实生活体现了这些价值,这些价值就实现了,而不需要徒劳无益地希望理念王国降临尘世。历史主义由于把现实中的存在变成彼岸的观念,不是促进而是拖延了被作为“本质”的东西在现实生活中的出现。

对历史的解释不应该到任何形式的先验图式中去寻找,而只能在现实的文化生活中寻找。把历史当成一个可以先验地、逻辑地加以把握的过程,是意识哲学范式无法摆脱的困境。而我们已经习惯于意识哲学的思维方式,我们使用这种哲学范式就像使用我们的母语一样方便,一样不假思索,因此,文化哲学要确立一种新的历史解释模式,就必须不断地对意识哲学范式加以反思。现代性是在西方特定的文化语境下产生的,其最根本的转变在于现代人特有的生存方式,只有一种微观的考察才能深入日常生活的细节之中,发现现代文化的真实面目。文化既然是人们“历史地凝结成的生存方式”,就只能植根于人们的日常生活之中,而不是历史的先验图式之中。文化哲学的历史解释模式就是回到人的现实生存的丰富的、具体的文化中揭示日常生活的微观史。

① 福柯:《知识考古学》,谢强、马月译,生活·读书·新知三联书店2003年版,第13页。

实践境遇与杜威的道德哲学理论

——基于现代实践哲学视角的研究

高来源

20世纪以来的西方实践哲学转向问题是当下学界比较关注的一个课题。而在这个“转向”中,我们认为有一个人物无论如何都不应该被忽视,这就是被誉为“美国实用主义哲学家长”的杜威。作为唯一的一个美国本土哲学,实用主义在经历了短暂的“没落”之后,又重新被很多当代哲学家所推崇,例如罗蒂、普特南、哈贝马斯等,而其中人们谈论较多的则是杜威的实践哲学。因为杜威的实践哲学在当代哲学界,尤其是美国哲学界具有极为重要的地位,许多当代著名的哲学家都从他那里寻找理论资源,以至于普特南把杜威称为自己的“哲学英雄”。而国内学界则相对较少关注这点,而且其研究多限定在教育理论的视域之内。所以,在很大程度上来说,国内学术界对杜威哲学理论所蕴含的深刻意义及其对现代性问题的重要影响并没有给予有效阐释。而我们认为,要想真正理解杜威哲学的重要意义,一个极为重要的方面就是要在当代实践哲学的视域下来理解杜威哲学理论本身所具有的那种批判性和开创性。而这两个特点比较突出地体现在他的道德哲学中，即主要体现在他在道德哲学中所奉行的那种实践性的逻辑原则，也即把传统的形而上学性的道德理论生活世界化，把传统理性中的理性逻辑转化为原经验中的实践逻辑，把对“至善”的追求转化为对现实行为之善的探究，并以此来重新审视道德哲学问题。可以说，杜威的道德哲学是一种与康德道德哲学传统不同的另一种道德哲学取向。所以杜威在考察道德问题时，他的着眼点不是传统哲学无法绕过的形而上学根基，或者康德的绝对理性，而是现实的具有实践性意味的实践情境：一种有问题的、需要对自己的行为做出合理选择的“道德情境”。因此，杜威的道德哲学理论不仅为批判二元论的传统形而上学做出了巨大的贡献，更重要的是，他以现实生活世界为基础，以探究发展为旨向，重新建立了道德哲学理论的实践性内涵，从而为传统哲学的实践性转向以及在现代社会背景下的发展，提供了一种较为有效的参照。

一、实践境遇：道德行为无法逾越的根基

谈到道德，我们会很自然地想到康德的绝对道德律令，以及在他的影响下所发展起来的理性主义道德观念。然而，与此相对，杜威却从另外一个角度对康德的道德传统进行了批判，并对道德判断的经验世界基础进行了新的追问和阐释。在杜威看来，实践道德的特点不在于绝对理性的指导，而在于现实世界中具体的实践情境，即由历史沉积下来的人的生存境遇所决定。

作为一个活生生的人，我们总是会感觉到周围世界中所充满的各种矛盾、冲突和危险，总是会运用自己的各种能力来抵御这些妨碍自己美好生活的障碍。“这个经验事物的世界，包括着不安定的、不可预料的、无法控制的和有危险性的东西。”①所以，作为一种“被抛”的存在者，一个首先是生物性存在的存在者，人类的首要任务就是维持自己生命的持续性。因此，这就要求人类必须与来自外界的各种危险进行抗争，主动地与周围世界进行作用，从而不断地充

① 杜威：《经验与自然》，傅统先译，商务印书馆1960年版，第36页。

实自己的生存经验,恢复自身与外界的相互平衡。当然,这种相互作用不仅仅是人与自然之间的活动,还包括在社会中人与人之间的各种关系的处理,所以,这种恢复也并不是简单地回到原来的起点,而是在达到平衡的过程中使自身得到充盈和发展。而这种充盈并不只是动物性的那种生存需要的满足,同时也是经验的圆满化,与周围世界的和谐化,以及生命的价值化的过程。因此,在这种前提下,人就不能仅仅被作为纯粹理性或绝对精神的载体来看待,而必须以一种整体性的眼界来看待他,即被作为生活世界中实践性的、活生生的、有血有肉的人来看待。进而人的各种实践行为也必须在生活世界这一大背景下来重新进行审视。这样,实践境遇就作为探究道德问题所无法逾越的前提基础而进入道德哲学的视域之内。那么,在这种视域之下,道德哲学就不可能从某种固有、最终的至善概念开始,而必须从探究生命体的实际经验开始,必须关注生存进程中所遇到的各种关系。因此"实践情境"在杜威的道德哲学里就顺理成章地成为一个根本性的前提。

在道德哲学中,杜威坚持着自己的经验性的实践原则,把道德作为一种经验性的以人的全面成长为宗旨的行为探究方式。所以,他的实践探究情境实际上也就是人在生活世界中所遇到的需要解决的包含着某种关系和问题的"境遇",或者就是人的现实实践情境。"'情境'一词所指示的不是单一的对象或事件,亦不是一组对象或事件。因为对于孤立的对象和事件,我们绝不可能经验,亦不能形成判断,除非联系整个语境。后者就是所谓的'情境'。"①所以,实践情境首先就是道德行为进行选择的一个必须进行思虑的大背景。而它的存在作用,首先就是防止我们脱离具体的现实问题而以一种超验的、不符合人性的观点来进行行为指引或督促进行不合理的行为选择;另一个作用就是防止当下的实践行为主体仅仅限于当下的视界和感受来进行行为选择,进而进行一种孤立的、不合理的非道德行为。所以,杜威的实践情境实际上就是一种在行为前的思虑背景,一个必须通过的过滤器,通过它可以找到我们行为价值和意义的方向。正如杜威所言:"具体情境的独一的和道德的终极性质的首要意义,是

① 苏珊哈克主编:《意义、真理与行动——实用主义经典文选》,东方出版社2007年版,第444页。

将道德的重量和负荷转移于智慧上去，这是令人惊奇的事。这并不是毁弃责任，只是勘定它的位置。道德的情境是在公然行动以前须要判断和选择的一个情境。"①在这种情况下，康德意义上的那个先天的绝对道德律令就不再作为一种绝对标准来赋予这种境遇道德内涵，进而提供一种必然的行为方向；而取而代之的是人的实践理智对整个生活世界背景下的多种可能性，以及蕴含于其中的属人的那种特有的价值和意义的探究，进而我们根据我们的实践智慧在这经验性的，含有多种可能性和多种选择因素的，因而也更为复杂多变的境遇中来寻求并实现这种意义和价值。当然，这就让道德行为不再成为一种单一的、孤立的、没有责任的个体，而成为这个环境整体中的一个部分。所以，"我们的生活和行为与现存的环境相关联，并非与孤立的对象相关联，即便单一事物，亦可在决定如何对整个环境做出反应时发挥重要作用"②。所以，道德主体再不能够把某种行为视为想当然的，而必须对其进行各方面的实际探究，从而选择一种最有意义的、能够促进社会中的人的完满成长的行为。

二、道德情境中的变项因素

既然实践境遇是人的实践行为所无法逾越的根基，那么，实践行为主体在当下所遇到的各种不确定性就成为其进行行为选择的重要影响因素。对于道德实践问题，杜威首先从人的生活世界性的角度出发，把善、恶问题具体化。他认为："实际上我们是在具体的条件下来正视善的，而这些条件是与现有的需求相关联的，而且获得的每一种具体的善都会毫无意识地融入一种与它的新的需求和重新建构的成就不相协调的环境中去。"③所以，当我们谈论道德的时候，我们是不可能像那些传统的道德哲学家一样只是孤立地、简单地讨论善和恶的问题的，而必须把与道德主体相关的各种现实的独立变项考虑在内。这样，人

① 杜威：《哲学的改造》，许崇清译，商务印书馆 1958 年版，第 88 页。

② 苏珊哈克主编：《意义、真理与行动——实用主义经典文选》，东方出版社 2007 年版，第 445 页。

③ John Dewey, *Human Nature and Conduct: An Introduction to Social Psychology*, New York: Modern Library, 1922, p. 278.

在具体的道德情境中进行判断并做出行动的时候,就具有了一种现实的、具有实效性的特征。所以,人们进行实践行为时,主要面对的是生活世界中的各种不确定性和动荡性,以及由此而产生的不可进行绝对预测的后果。由此杜威认为,现实的实践艺术所提供的解决问题的方式及其结果并不都具有一种绝对的必然性,“甚至是冒着陷入逆境的危险”。这就决定了行为选择的偶然性和矛盾性,更进一步来说就是绝对道德律令在道德行为中的失效性。“从这种观点来看,不确定性和冲突是道德所固有的;任何被正当地称为道德的情境的特征是:人们不知道终局和善果,不知道正确的和公正的做法,不知道美德行为的方向,人们必须去寻找它们。道德情境的本质是一种内部的、内在的冲突,判断和选择的必要性来自于这样一个事实,即人们必须处理一些没有公分母的力量。”①因此,在具体的道德情境中,人不再是纯粹理性的附属物,而是一个活生生的“有限”存在者。这里的“有限”不仅仅是指时间上的“终有一死”,还指生活世界中人的多重规定性。情感、冲动、愿望、爱好等都会作为建构“完整的人”的一方面因素而在场中出现。因此,一个健全的人无论如何是不能把这些因素从自己的存在状态中剔除掉的,而且也正是由于它们的存在,人们才会面临道德情境中的各种问题,而道德评判也才有价值和意义。我们知道,在一个完全由理性支配的世界里,或者一个完全由本能支配的世界里,道德问题都是不会出现的。在一个纯粹的理性世界中,所有的行为都在必然性的掌控之下,不会有任何僭越和逆反的可能性,那么,这个时候的道德充其量是一种装饰品而已;相反,在动物世界里我们是无法谈论道德的,因为它们不会给你任何的希望和安慰。而人们所生存的生活世界恰恰处于二者之间。我们有对自己的行为进行判断的智慧和思维能力,但是我们又无法把我们的冲动、偏好和欲望完全排除掉,然而也正是在这种冲突和争执中,在面对着无法预知的后果而又无法逃避,必须选择时,道德才会作为一个“显性”的存在跳跃出来,进而得到发展。所以,杜威认为,在道德问题中,冲动、爱好和愿望是我们在道德情境中必须考虑的一个独立变项。

---

① 杜威:《杜威文选》,涂纪亮译,社会科学文献出版社2006年版,第348页。

而人除了自己的非理性部分所带来的不确定性外，还有来自外在的独立变项："对别人的行为提出要求这种做法就其来源和自然表现而言，对于关于理性的、目的论的目的和善这个总的原则来说是一个独立的变项。"①作为一种群居性的或者说社会性的存在者来说，我们总是会相互提出一些要求，要求他人为了自己的某种要求而采取行动。但是这种要求并不一定得到认可，除非这种要求和被要求的人的某种目的或计划达成了一致。所以，根据当时的社会状况，这种关系最终要形成一种互惠的要求体系，并被普遍地接受下来。但是，当某个人提出某种要求时，其暗含语是在实行自己的一种未被认可的权利，用杜威的话来说，就是提出要求这一事实还没有赋予要求以权威，而这种权威是需要通过社会在情感上和理智上表示赞同来产生的。而这就涉及个体利益和群体利益之间的辩证关系。个人认为有利的选择可能会被社会认为是有害的，而社会认为有益的要求可能会损害到个人的利益，而二者的相互认同则是通过逐渐的习惯而达到的。所以，从社会的角度来看，个体所提出的要求及由此引发的行为与普遍的善的目的并不一定是统一的，因此，其起源和操作行为以及由此引起的社会后果就成为道德情境中无法预测的又一个变项。

而如果从社会的角度来审视现世的道德问题，那还要涉及"个人对别人的行为进行赞扬和谴责、认可和不认可、鼓励和责备、奖赏和惩罚"的问题。也就是杜威所说的道德中的第三个独立变项。这种因素以个人评价为基础，包含着个人对他人行为出现之后或预期别人要做出的行为的道德判断。"被普遍地认可的行为和意向构成原初的美德；被普遍地谴责的行为和意向构成原初的邪恶。"②所以，这种本身就带有社会性的行为评判意向影响着他人的行为标准和方向。在杜威看来，它们是人性在面对别人的行为时的一种自发的表现，所以它们缺乏目的性行为的那种理性和审慎，也缺乏那种直接的社会压力，进而只是对美德和邪恶的一种折射性的反应，但是却反映了某种程度上的社会共识。所以，在某种特殊情况下，它们必须作为要仔细思考的因素而予以重视。从以

① 杜威：《杜威文选》，涂纪亮译，社会科学文献出版社 2006 年版，第 353 页。

② 杜威：《杜威文选》，涂纪亮译，社会科学文献出版社 2006 年版，第 354 页。

上的论述我们可以看到,现世的道德情境是充满着各种真实而且尖锐的矛盾冲突的,所以在实践行为选择过程中,必须找到某种方法,使相互对立的要素得到和解。正是在这个意义上,杜威说:“道德的问题之所以存在,是由于我们必须尽最大努力使某些来自不同来源的要素相互适应。”①在这里,我们如果将其和康德在他的《道德形而上学基础》和《实践理性批判》里所提出的道德存在的形而上学基础——绝对的道德律令,相对照的话,杜威的观点就更加明显。关于道德问题,康德强调的是内在的决定性,因为“理性把作为普遍立法者的意志的每一准则都与每一别的意志联系起来,而且也与对自己的每一个行为联系起来,而且这并不是为了任何其他的实践动因或者未来的利益,而是出自一个理性存在者的尊严的理念”②。所以,道德选择行为的进行在于内在的先验规定,而不依赖于情感、冲动和偏好的影响。进而康德为道德设定了一个普遍、统一的基础性前提——纯粹理性。但是,当我们在日常生活中遇到道德问题时,我们的思维和行为或者我们被给予的那个指引却是偶然的,尽管有传统文化在提供参照和范例,但是生活世界的整合性和偶发性却是无法控制的。换个角度来说,当道德问题出现时,道德主体或者说行为后果和责任的承担者是活生生的人,而不是超验的理性。这个时候,我们的目的是人的“美好生活”或“完满成长”,而不是那个抽象的、绝对的理性原则,更不是“这是不是善本身”那种超验性的思考。这是有很大区别的,而我们在哲学思维中却总是把二者混淆。当我们说到某个普遍的法则的时候,我们的真正目的是实施这一原则的人和与此相关的“他者”的生活前景及其和谐、幸福、美满程度,而不是这个原则本身的实施满意程度。也就是说,这个原则是为人而存在的,而不是人为这个原则而生存。某个原则可以使某种目的实现,但是这并不意味着这个目的就是这种原则,二者是绝不能完全画等号的。而当人们对这样一种关系理不清的话,那些集权的、恐怖的法西斯行为就会以一种貌似合理的形式出现。

---

① 杜威:《杜威文选》,涂纪亮译,社会科学文献出版社2006年版,第355页。

② 李秋零主编:《康德著作全集》第4卷,中国人民大学出版社2005年版,第442页。

三、语言、文化传统与实践选择

然而，人的实践活动除了具有当下时代性的特征之外，还具有一种历史性的维度，也就是实践主体做出行为选择的时候实践情境所蕴含的隐性的话语背景和思维背景。

语言在生活世界中具有极为重要的作用，如果借用卡西尔的说法，语言就是连接人与自然的中介和桥梁。同样，杜威也极为重视对语言的研究和探讨，而且他更注重语言和现实情境之间的关系以及由此对人的行为所产生的影响。杜威认为，无论我们意识到与否，现实情境、语言和意义都与我们的实践行为有一种无法摆脱的关联。用他的话说："我们之所以能把握住我们自己语言中的话语的意义，不是因为不需要对语境有所意识，而是因为语境如此不可避免地就在这里。各种话语习惯，包括句法和词汇以及解释方式在内，都是在话语的那些有关的、规定性的情景中形成的。"①因此，当我们在生活世界中遭遇到一个道德事件时，我们的思维必须从物的世界中跳出来，进入可思维的语言世界中去；或者说，我们在这个时候对事件和语言符号进行了一次无意识的关联和转化。因为我们知道，"我们思考到事物，而不是通过事物来思考"，"思想对事物的关注在于事物把心灵引至事物自己之外；事物是一些运载手段，而不是终点站"。② 但是，它们之间又是不可分离的，并始终保持着密切的关联。所以，在实践境遇中，我们看似简单的善恶行为的选择实际上隐含着复杂的物—语转换，即由现实的存在物或事件转化为思维意识中的抽象的语言符号，并进而把我们所要确定的价值和意义以命题的形式表现出来。而在这种转化过程中，主体与选择行为之间便产生了一种间距，而这种间距一方面使道德主体的行为受到理智的指引，另一方面也使将要发生的行为选择具有一种历史性，进而关涉到主体的传统文化背景、长期的思维习惯以及由此形成的话语模式。

---

① 杜威：《杜威文选》，涂纪亮译，社会科学文献出版社 2006 年版，第 202 页。

② 杜威：《杜威文选》，涂纪亮译，社会科学文献出版社 2006 年版，第 203 页。

因此,当人们面对那些在某种程度上都被表述为善的目的,以及都有某种理由使他必须承担的责任的时候,超验的理性必然性就失去了人们所给予它的那种权威。而这种由生活世界中各种力量所汇集起来的道德困境,就只能以道德主体的实践境遇以及道德命题形成的历史语境为基础,从影响具体的善的形成的各种关系和条件的探究中寻找出路。由此,"实践理智"(practical intelligence)便成为道德行为选择的一种依靠。

这里的"实践理智"是杜威实践哲学中的一个极为关键的术语。而谈到这个词的时候,我们会很自然地想到亚里士多德的"明智"概念。尽管杜威在其著作中并没有明确他的"实践理智"与"明智"之间的关系,但是我们从这两个词的含义上仍然能够看出亚里士多德的实践哲学传统对杜威哲学的影响。"明智"概念在亚里士多德伦理学中是指"一种同善恶相关的、合乎逻各斯的、求真的实践品质"①,其重要的特点在于"深思熟虑,判断善恶以及生活中一切应选择或该避免的东西,很好地运用存在于我们之中的一切善的事物,正确地进行社会交往,洞察良机,机敏地使用言辞和行为,拥有一切有用的经验"②。所以,在亚里士多德看来,"明智的人的特点就是善于考虑对于他自身是善的和有益的事情"。这里的"善和有益""是指对于一种好的生活总体上有益"。③ 从这种论述中,我们可以看到,亚里士多德通过充分确定"明智"对于善的形成所起到的重要作用,而确立了善的实践性特质。而也是在这一基础上,善与经验、技艺、社会环境或政治环境之间的关系便成了道德哲学所关注的课题。这就打破了传统习俗对人们的生活进程所造成的束缚。但是,对于这一观念,亚里士多德并没有贯彻始终,而是在此之上又设立了"至善",并且在更高的层次上用"提供的是作为最终的像那些不可改变的习俗一样的规则"的"理性"替代了明智,来指导人们的生活。"进而道德被放置在了近2500年都不敢离开的轨道上:寻求终极的善,以及唯一的道德力量。"④而在这个问题上,虽然杜威深受亚里士

① 亚里士多德:《尼各马可伦理学》,廖申白译注,商务印书馆2003年版,第173页。
② 苗力田主编:《亚里士多德全集》第8卷,中国人民大学出版社1994年版,第460页。
③ 亚里士多德:《尼各马可伦理学》,廖申白译注,商务印书馆2003年版,第173页。
④ John Dewey, *Ethics*, New York: The Columbia University Press, 1909, p. 6.

多德实践哲学传统的影响，但是就“实践理智”概念而言，无疑要比亚里士多德更进一步。

而我们认为，杜威之所以能够比亚里士多德更进一步，一个极为重要的原因就在于杜威在吸收了亚里士多德实践哲学传统的同时，又发展性地融入了美国实用主义传统，即认为哲学必须为现实的生活世界服务；尤其是对詹姆士关于真正的伦理关系只能存在于纯粹的人类世界的观点的合理继承。在此基础上，杜威认为，在道德实践中人们需要的是扎根于经验世界的“实践的理智”而不是超验的理性。因为“实践理智”是在经验积累的基础上“对当下的各种各样的善的辨别，和对能够使它们实现的各式各样的直接方法的考察”。[①] 它具有反思、探究、批判、试验的特质。因此，它也是一种以实践经验的积累为基础的沉思性的思维，“对知识的任何信念或者假定的形式以及进一步所要得出的结论从支撑它的基础上进行积极的、持续的和细致的思考”[②]。进而，杜威继续贯彻了实用主义的传统，认为“实际上，理智是通过行为而达到对未来经验的确证的工具”[③]。因而它总是“保持着怀疑，和系统而具伸展性的探究”[④]。也正因此，实践理智指引下的伦理学就不再是那种通达终极至善的途径，而成为“帮助人们生活得更富足，帮助人们对生活更敏感，进而在情感上使生活更加充实的艺术”[⑤]。

此外，也正是由于实践理智的指引，传统文化与习俗也作为善形成进程中的重要因素从过去来到当下，并影响着实践行为主体的选择。因为“每个文化群体都具有一套意义，深深地镶嵌在它的习惯、职业、传统以及解释物质环境和群体生活的方式中，以至于形成语言系统的基本范畴，凭借此解释其细节……它们是具体信念和判断的规则和‘规范’”[⑥]。所以，杜威认为，思维的这种背景

---

① John Dewey, *The Influence of Darwin on Philosophy and Other Essays*, New York: Henry Holt and Company, 1910, p. 68.

② John Dewey, *How We Think*, Lexington, Mass: D. C. Heath, 1910, p. 6.

③ John Dewey, *Creative Intelligence*, New York: Henry Holt and Company, 1917, p. 64.

④ John Dewey, *How We Think*, Lexington, Mass: D. C. Heath, 1910, p. 13.

⑤ Steven Fesmire, *John Dewey and Moral Imagination: Pragmatism in Ethics*, Bloomington: Indiana University Press, 2003, p. 92.

⑥ 苏珊哈克主编：《意义、真理与行动——实用主义经典文选》，东方出版社 2007 年版，第 440 页。

既是空间性的又是时间性的。它的空间性,意味着它可以被事件中的主体所注视、观察,从而看出它与当下情境的差异之处和相似之处。而它的时间性则意味着思想的文化背景或文化传统由过去到现在的超越性。"传统是一种环绕在思想周围的空气,思想必须呼吸它;任何人除非吸入其中某些空气,就不可能有任何观念。"①所以,思想的文化传统背景就像一块漫无边际的画布,覆盖了思维过程出现于其中的整个环境。我们的任何一种思维都会把自己反映到传统背景之上,而传统也始终与解释、观察、评价、明确地加以思考的事物相关。"选择并不存在于一种外在于习俗的道德权威和内在于其中的道德权威之间,而是存在于采用的或多或少的理智和具有重要意义的习俗之间。"②从抽象思维角度来说,当我们身处道德情境的时候,在对我们的行为选择产生影响的各种因素中,我们的行为和思维的载体——语言之间的相互关系是较为重要的,而作为一种隐性因素的文化生活背景和语言习惯及语言结构又左右着我们的思维习惯。所以,当我们对道德问题进行哲学性探究的时候,尤其是当这个问题涉及不同的民族之间、不同的国家之间的时候,现实的文化、语言和习俗传统又作为一项重要的选择结构而影响着我们的行为选择,进而必须予以思考。而如此一来,与此相对的传统哲学里的具有霸权性的绝对理性就显得有点单薄而独断了。

四、当代实践哲学视域下的杜威道德哲学

杜威作为当代极为重要的一位哲学家,其实践道德理论在现代哲学中占据着极为重要的地位,现代性视域下的很多实践问题都不能绕过他。这也是为什么无论是希拉里·普特南,还是理查德·罗蒂,甚或是哈贝马斯,都会从中获取自己的理论资源的一个重要原因。因此,从这个角度来说,我们可以把杜威的哲学视为当代西方实践哲学转向的一个典型,进而我们认为其道德哲学理论也

---

① 杜威:《杜威文选》,涂纪亮译,社会科学文献出版社2006年版,第211页。

② John Dewey, *Human Nature and Conduct: An Introduction to Social Psychology*, New York: Modern Library, 1922, p. 81.

只有在这个大的背景下才能更加凸显出其应有的合理性价值。

在康德式的实践哲学传统中,我们可以发现其一个最重要的特点就是以超验理性为核心线索来统一理念世界和世俗世界,并希望以此为人的实践行为寻找一个永恒的指引标准。然而问题在于,人的存在并不完全是超验性的,绝对的理性并不能完全代表人的存在本身。或者换个角度说,人在实践境遇中并不是完美的存在,而是一个不完满的具有各种实践"偏向"的"活的生物"。因此,传统理性主义哲学为其所设定的各种完美的构架就成为一种无效的装饰品。

与此相对,杜威的实践道德理论则是以经验世界为基础,从历史的视角出发对于道德实践问题的关注,即对我们所遭遇到的、具体的、处于情境之中的道德问题进行探究性的分析。也就是说,他的着眼点不是终极之善本身,而是现实的经验世界中实践行为的可行性问题,以及在现实的境遇中人之选择的合理性问题。而这些又都是以对实践境遇的重新理解和阐释为基础的。而从以上各部分的论述中我们也可以看到,实践境遇问题在杜威的道德实践理论中是一个基础性的问题,它直接就决定了杜威的道德哲学的发展基调。而他的这种问题视角也为当代实践哲学的发展提供了两个极为重要的启示。

第一个是为哲学思维从传统的理性逻辑向生活世界化的实践逻辑的转变提供了一种参照。传统形而上学所遵循的理论逻辑表现的是以对传统理性的信赖为基础的由事实到事实的关系,这种关系是一一对应的、僵化的推理方式,例如传统的三段论、因果论。传统形而上学大都推崇这种自足性的逻辑思维方式,而且这种逻辑思维方式一直主导着传统哲学关于各种属人问题的思考。也正是这个原因,传统哲学在思考道德实践的时候总是以这个世界的二分为前提预设,即生活世界中的混乱背后肯定蕴藏有一个与之相对的、统一的、能够通过理性这个绝对的中介而获得的终极原因,从而只要人们把握这个终极的因素,就可以找到厘清各种现象的钥匙。所以,康德的实践哲学的目标就是找到那个现实背后的"绝对的道德律令"。然而现实的问题是,"只要人继续是一个人,情感、欲望、意向和选择就总是有的;所以只要人继续是一个人,就总是要有关于价值的观念、判断和信仰”①。继而就总是会受到各种外在的、偶然的因素影响。在这种情况下,实践行为的逻辑规则就不应该是单向度的,而应该是多元化的。因此,传统的以理性自足为根本保障的单向度逻辑思维模式必然会失效,以至于最终陷入各种困境而无法自拔。

而与此相对的生活世界化的实践逻辑则是一种多元的、多向度的、发散性思维模式。它更注重的是理论与实践活动之间的交互性关系,因而包含有探究性的意义内涵,所以它表现的是一种由事实到意义的关系。在这种关系中,人是以一种自由自觉的生存方式进行实践活动的。或者换句话说,生活世界化的实践逻辑是以人的实践智慧为基础的,因而人的实践行为就不会局限于传统的理论规则,更不会受“绝对知识”的迷惑而故步自封,取而代之的是包含有人文价值维度的实践探究。所以,在这种关系中,人的自由行为的多重价值及其意义就得以清晰地体现出来。② 而杜威对生活世界的重新认可和阐释,无疑为现代哲学的这种转化提供了一个理论参照。那么,杜威对道德情境的实践性阐释无疑也是对这种实践逻辑的一种经典性的运用和注释。这就为我们在现代性的视域下,推动实践哲学的进一步发展提供了一种极大的促进作用。

第二个就是杜威在道德情境中对“整体的人”的认可。杜威的道德哲学中的道德主体不再是传统理性主义视野中的理性的载体,也不是功利主义视野下感官享乐的承受者,而就是生活世界中具有理智的“活生生的”人。他有情感、冲动和欲望,也有进行思虑的实践智慧;他既是个体性的也是社会性的,或者干脆就是二者冲突的调和者。在这种意义上,人不是一个天生就被构造完整的理智之人或道德之人;相反,人是一个处于过程中的、不断趋向完满的“被抛者”。现实的偶然性、特殊性以及矛盾和冲突虽然给人的存在和发展设置了障碍,但同时也促进了人的成长和进步,而更重要的是,人的自由以及生存的意义和价值也由此而产生。所以,从这个角度来看,杜威对道德情境的阐释的意义就不再仅仅局限于伦理学的发展,而是关涉到人类的整体性的发展、完整人的实现

① 杜威:《确定性的寻求》,傅统先译,上海人民出版社2004年版,第301页。

② 关于这一问题,也可参阅丁立群先生的著作《哲学·实践与终极关怀》(黑龙江人民出版社2000年版)之“生活世界:一个非经典认识论领域”一节。

问题。而这也就和马克思关于“完整的人”的阐释产生了某种共鸣。所以,从这些方面看,杜威的实践哲学以及他对道德实践问题的论述,对于当代实践哲学的发展来说,就表现出了一种极为重要的参照价值和意义。

现代化与日常生活批判

全球化的文化逻辑

丁立群

随着世界经济一体化和市场一体化，全球化的序幕已经正式拉开。在全球化过程中，每一个国家都被不可避免地卷入不同文化相互冲突的旋涡。中国作为发展中国家，也面临着同样的难题。于是，自近代以来，我们在中西文化之争中面临的困境又重新摆在我们面前。但是，全球化作为一种全球政治、经济、文化的结构性转换和重建，将形成一种全新的价值依托和文化经验以及一种全新的生存方式，这就使得理解问题的范式有了转变，中西文化之争也有可能在一个更高的平台上得到重新理解。

一、两种对立的文化逻辑

从意识形态上看，全球化总体上可理解为发展中国家与发达国家、东方与西方的相互作用。这种相互作用的本质性矛盾是同质化和异质化两种趋势的冲突。西方发达国家借全球化之机，力图把自己的文化模式和价值观念普遍化,同化与自己不同的第三世界的民族文化,这是一种同质化倾向;与此相反,第三世界各民族文化在全球化浪潮中,感受到一种来自发达国家强势文化的压力,纷纷强调本民族文化的个性,以其个性价值与强势文化的普遍化相抗衡,具有一种异质化倾向。

在同质化和异质化两种趋势的冲突中,发展中国家和发达国家分别采取了不同的文化逻辑,作为自己的文化行为的根据。

发达国家为了强调自身文化(西方文化)的普适性,往往求助于文化进化论(一种特殊形式的普遍论),以文化进化论作为自己在全球化过程中,进行文化殖民的逻辑根据。

文化进化论是生物进化论在社会文化领域的表现。古典文化进化论产生于19世纪中期。它认为,人类心理的不断完善、智能的不断提高是人类文化和社会进化的动力,人的心理的发展都有一个由非理性向理性发展的过程;人类心理的同一决定了人类文化的统一,各地区、各民族的社会和文化都是由低级到高级,由简单到复杂,独立平行地发展而来,都将经历同样的发展阶段,只是有些民族发展较快,有些民族发展较慢,欧洲民族发展较快,处于进化阶段中的最高阶段,而其他民族则分别处于中、低级不同的发展阶段上;由于人类的本质一致性,文化发展也具有共同的法则,进化是必然的,但不可能跨越其中某一个阶段,也不可能由前一阶段倒退到后一个阶段。

用美国人类学家斯图尔德的话来说,古典进化论是一种“单线进化论”,这种单线进化论实际上是一种机械进化论。由于理论上的弊端,19世纪末到20世纪初,西方文化人类学界掀起了一股反进化论的浪潮,相继出现了传播学派、历史学派、功能学派、心理学派等,对文化进化论发起挑战,这种单线的文化进化论逐渐式微。但是,在古典文化进化论中,西方中心主义倾向已经表现得很明显了。

20世纪30年代,文化人类学中的进化论思潮重新兴起,并于40年代开始几乎成为文化人类学中的主流思潮。

这一时期的进化论者坚持摩尔根、斯宾塞等人的进化论思想,使这些思想更为精致和系统化,同时又吸取了传播学派、相对论学派的一些思想,提出了一些与古典进化论不同的观点,所以被称为"新进化论学派"。

新进化论学派把进化区分为"特殊进化"和"普遍进化"。特殊进化指的是一种文化形态对特定环境的适应,在特殊进化中,一种文化形态是朝着特化的方向发展。一般进化则是一种文化对多种环境的普适过程:一种成功的文化形态由于其内部组织日益复杂,其对环境的综合能力随之提高,这就造成了一种优势,即对各种环境的普适性,越是进化程度高的文化,越具有适应各种环境的能力。这里的适应各种环境指的是对各种环境里的本土文化形态的征服和取代:进化论者明确地说,较高文化对较低文化形态具有支配和取代的倾向,而这种支配优势就在于它能比较低文化形态更有效地开发更大范围的能量资源,更不受特定环境的控制。因此,任何一种文化形态都处于一般文化进化过程的某一阶段,不同文化形态之间存在先进和落后、高级和低级之分。在两种进化中,新进化论者特别重视的是一般进化。①

新文化进化论者本身是公开的"西方中心论"和殖民主义者,他们把西方文化置于进化的最高状态,认为所谓具有进化优势文化的现实形态就是西方文化。他们公开提出了西方文化的普适性问题,使文化进化论与西方的殖民主义理论直接对接,成为后者的理论根据。而在全球化过程中,欧美发达国家为了给自己的文化殖民主义提供论证,往往直接求助于文化进化论。在对文化冲突的思考中,他们坚持文化时间向度的一元性,反对文化空间向度的多元性;坚持文化的有序性、可比性和时代性,否定文化的差异性、多样性和民族性。英国学者约翰·汤林森(John Tomlinson)曾要求人们在理解西方殖民主义侵略问题时,要转换思维向度,即由地理范畴(本土与外国)转换为历史范畴(传统与现代)。汤林森所要求的这种转换就意味着要把第三世界各民族文化与西方文化的关系变成传统与现代的关系,意味着现代化就是用西方文化(现代)取代第三世界各民族文化(传统)。正是这种理解,使得他们把西方文化理解为一种"元文化":在全球化过程中,西方文化是一切文化的理想和整合基准,是不同文化之间进行比较的元评价标准。于是,伴随着现代化的全球化就成为各种不同文化

---

① 参见托马斯·哈定等《文化与进化》,浙江人民出版社 1987 年版,第 10~36 页。

逐步同质化即西方化的过程。

广大第三世界国家和民族面对西方国家强势文化的侵略,则求助于相对主义的文化逻辑以自保。文化相对主义首先是西方世界的思想产品,是直接作为西方中心论的对立面而产生的。18 世纪初,法国的一些学者对北美印第安人进行民族学分析时提出,不应以欧洲人的道德标准去看待土著居民文化的思想。20 世纪初,思辨历史哲学家斯宾格勒在其成名作《西方的没落》一书中,明确提出,全人类的历史是不存在的,只有各个文化的历史。他反对"西方中心论",把"西方中心论"视为文化领域的"托勒密体系"。他从文化相对主义的立场认为,西方文化并不比印度文化、巴比伦文化、中国文化、埃及文化、墨西哥文化等非西方文化占有任何优越地位,他把这种立场的转变称作"哥白尼革命"。① 作为思辨历史哲学的代表人物,斯宾格勒的相对论思想还不彻底。

文化相对主义在美国人类学家 F. 博阿斯、M. 赫斯科维茨的思想中得到了比较经典的表述。他们明确主张,所谓"蒙昧时代"、"野蛮时代"和"文明时代"这些历史划分的术语,只是反映出西方人的"种族中心论"观点。这些人以为他们的生活方式比其他人更正确,因而便把这种生活方式作为衡量其他生活的唯一价值准则。实际上,每一种文化都有自己长期形成的独特历史,有着与环境相匹配的独特的价值,就一种文化形态内部来说,每一种文化都有着自己的价值准则,对于一种文化现象,只能以其存在于其中的文化形态内部的价值准则来评价,不存在一种超越一切文化形态的普遍的、绝对的"元标准"。因此,文化相对主义者得出结论:不同文化形态在价值上是平等的、多元的、相对的,从而是不可比较的,它们之间不存在先进和落后、高级和低级之分。

文化相对主义虽然首先是在西方世界内部产生的文化思潮,但是由于它的价值取向是非西方中心的,代表了落后民族的利益,所以很自然地与落后民族和发展中国家产生了亲和力,并成为落后民族和发展中国家保护本民族文化、应对全球化的文化策略和基本的文化逻辑。

第三世界国家和民族在全球化过程中,对待西方文化殖民主义的策略有一

---

① 奥斯瓦尔德·斯宾格勒:《西方的没落》上册,齐世荣等译,商务印书馆 1995 年版,第 34 页。

个演变过程。起初,它们往往借用宗主国的文化逻辑来充实自己的意识形态,如第三世界各种民族主义、本土文化中心论的兴起,就是西方超级民族主义侵略扩张在第三世界意识形态上引起的反应。但是,这种文化策略由于与殖民主义者的理论接受了同样的价值准则,就有了可比较性和可公度性,也就注定了其失败的命运。

继之,第三世界国家和民族普遍发生了一种意识形态转换,由初期的本土文化中心论,转换为本土文化特殊论,以文化相对主义消解以文化进化论的普遍主义为基础的西方中心论。这应当理解成一种文化防御的退缩以求自保的策略。特别是在全球化过程的初期,这种文化相对主义已成为第三世界国家和民族抵抗西方文化霸权的最为有力的武器。在他们看来,每一种非西方文化都有着不可抹杀的个性和特殊性,在全球化过程中,这些个性和特殊性应当得到足够的尊重、地位和权利,它们足以与西方文化相抗衡。所以,第三世界的知识界坚决反对约翰·汤林森把东方文化与西方文化的关系视为传统与现代的关系,相反,他们认为,这种关系本原上就是一个地理范畴,即本土与外国的关系,本着相对主义逻辑,他们否认存在传统与现代的关系。

发达国家所持的进化论和第三世界国家和民族所持的相对主义两种文化逻辑都具有一定的片面性。文化进化论是发达国家所持有的文化逻辑,这种逻辑是一种普遍主义,但不是一般普遍主义,而是以进化规律的科学面目出现的,所以更增强了普遍主义的强制性和欺骗性。这种进化论逻辑坚持了文化的时代性和统一性,却因此而否定了不同文化的差异性和特殊性,否定了文化的民族性,它所坚持的西方中心主义为各种殖民主义提供了理论辩护。但是,文化进化论以及以此为基础产生的西方中心主义对于发展中国家来说毕竟属于一种外部压力,它最终只能激起发展中国家的文化"逆反"心理。而文化相对主义由于已逐步内化为发展中国家和民族对抗全球化的本能反应,其现实的文化价值则更应当引起人们的注意。

文化相对主义产生于西方,却在非西方社会得到了广泛的响应,在这种情况下,一般地谈论文化相对主义之现实的文化价值是抽象的,这种评价应与不同的文化语境联系起来。在西方发达国家,文化相对主义具有限制西方中心论、消解西方的话语霸权、解放思想的积极意义;但是对于落后民族和发展中国家来说,它的意义要复杂得多。一方面,文化相对主义作为落后民族和发展中国家应对全球化的文化策略和基本的文化逻辑,对发展中国家保护本民族文化起到了应起的作用;但是另一方面,这一理论由于过分强调文化价值的相对性,否认不同文化形态的可比较性,从而否定了文化的整体性和时代性,会对落后民族和发展中国家的现代化进程和改革开放起到一种阻抑作用,在全球化过程中具有文化保守主义性质。这是我们对文化相对主义的基本分析。

二、文化进步主义的基本内涵

全球化在文化哲学层面上,即意味着全球文化在新的理念下的整合,但是文化进化论(普遍论)和文化相对主义以及由此产生的同质化和异质化两种理论和倾向,却处在极端的对立之中。在这种无法调和的极端的对立中,两者都无法建立全球化运动的统一理想,无法建立具有建设性的、积极的全球文化互动规范,从而也无法建立起全球文化的新秩序。

所以,必须从文化哲学的高度,建立一种新的文化观念,以超越文化进化论和文化相对主义的极端对立。这一新的文化观念,可称为“文化进步主义”。

进步和进化在西方思想史上曾具有相同的含义,在古希腊,它是趋向于终极的、超验的“善”的过程。“善”在古希腊是一个超验实体,它既具有形而上学意义,又具有伦理学和美学意义。达尔文进化论提出后,进化过程便从关于世界的超验的一般进步过程中分离出来,具备了自己的独立内涵。达尔文认为,进化就是生物对环境的适应;文化进化论的创始人斯宾塞则进一步把它明确为“物竞天择,适者生存”,并把它引入社会历史领域,这就赋予了“进化”概念一种经验意义,使得经验的进化过程与超验的进步过程彻底分离,并从概念上区别开来。现代文化进化论无论如何演变,总是无法抹杀其生物进化论的经验主义痕迹。

关于文化进步主义,我们至少可以从以下几个方面确定其内涵以及其与文化进化论和文化相对主义的区别。

第一，文化进步主义来源于古希腊的哲学传统，这种传统认为人类历史的进步是一个在理性支配下趋向“善”的过程，这个“善”是一个超验实体，它包含功利目的而又超越功利目的，具有一定的伦理学意义和美学意义。所以，在文化进步主义看来，人类的进步应具有一定的人道主义、道德判断和审美意义。同时，“善”作为一个重要的哲学范畴和形而上学实体，在西方哲学史上的演变过程也揭示了文化进步主义的理论内涵。在西方哲学史上，“善”并不是一种抽象的、绝对的普遍性，在其演变过程中，逐渐涵纳了差异性和个性，具备了一种综合性。在理性进步主义的集大成者黑格尔的思想里，“绝对精神”是在世界历史的发展中实现的，而“绝对精神”的一个基本规定就是“具体的共项”，即包含特殊的普遍。尽管由于黑格尔的泛逻辑主义和绝对理性主义倾向，在他的思想体系里，“绝对精神”的这一原则并没有贯彻到底，但是，这一被淹没的原则在马克思的哲学共产主义理论中以现实的语言得到了新的表述。值得一提的是，马克思一直为文化进化论引为先驱，这完全是一种误解。如果完整地考察马克思的思想，就可以看出，马克思实际上并不是一个文化进化论者，而是一个地道的文化进步主义者。所以，文化进步主义是哲学史上这一古老传统在当代的复生。当然，这一复生必然是在时代的问题域和思想平台上的复生。

第二，文化进步主义在文化的衡量标准上，既不同于文化进化论，也不同于文化相对主义。文化进化论来源于强调“适者生存”的生物进化论，其基本性质是经验主义和功利主义的，这体现在进化的标准上，文化进化论强调进化就是一种文化对环境的能量交换增大趋势，是对环境的综合能力的提高，是对多种环境的普遍适应和占有。这种标准是物质主义和功利主义的；而文化进步主义则强调进步之超验的、超功利的人道主义和道德判断性质，强调以人类交往中形成的共同价值为核心的文化世界主义。文化进步主义也不同于文化相对主义。文化相对主义强调文化的多元性，否认文化的可比较性和时代性，它的直接结果就是否定文化先进和落后的衡量标准。换言之，文化相对主义否认文化统一性，主张的是文化价值暨价值标准的多元论；而文化进步主义则认为随着文化自觉程度的提高，随着文化之间交往的扩展和加深，不同文化能够相互理解和融合，在这种理解和融合中，一种涵盖不同民族特殊价值和共同需求的真正的普遍价值将会逐渐生成。这种“和”而不“同”的“大同”理想所体现出来的普遍价值,才是黑格尔活生生的“绝对精神”及其现实形态。

第三,进一步,我们把文化进步主义置于全球化的问题域来思考其具体内容。关于全球化概念的内涵,传统上都把它理解为全球文化的同质化,即一种单一的普遍主义:全球化即意味着世界各种文化形态逐渐纳入以西方文化为中心的“国际社会”,采纳西方文化的价值标准。这种观念在全球各文化形态中只把一种文化形态普遍化、绝对化,谓之“全球化”,而把其余的文化形态排除在“全球化”之外,视一切非西方文化为一种逆全球化的因素,这是一种片面的全球化观念,带有极强的意识形态性。实际上,文化的差异性和多元性恰恰是“全球化景观”的重要内涵,把这一重要内涵排除在全球化之外,是人为地缩小了“全球化”概念。不仅如此,而且文化多元化在某种意义上,恰恰是全球化的促进因素:正是在多元化与普遍主义的对立中,才可能产生一种超越这种对立的新的全球化观念。可见,站在文化进步主义立场上看,多元论与普遍主义的冲突正是全球化运动初期的标志。随着全球化运动的展开,各民族文化的相互对立和冲突必然为一种完全不同的统一意识所替代,这种统一意识既不是文化相对主义多元论的原子状态,也不是文化进化论的普遍主义,即文化强权主义,而是各种文化形态的辩证的统一,这种辩证的统一最终将形成一种超文化类型——世界文化。世界文化是人类历史上第一个统一文化。但是这种统一文化并不是同质文化,正像联合国教科文组织国际专家小组的报告《多种文化的星球》中所区分的那样,“统一性完全不同于一致性,它不是基于消除各种差别性,而是基于使这些差别在一个和谐的整体中整合”①。文化进步主义就是这种文化多向性与趋同性的统一。

第四,文化进步论主张文化的开放性,主张在全球化运动中,世界各民族文化积极交流、互动和融合。本来各种文化的相互交流是一个自然过程,一些西方学者甚至认为,首先是西方文化流向世界其他地区,但是,在19世纪晚期,文化流动的方向已经出现了逆转,变成了从东方向西方流动。这种说法虽然有些

① 欧文·拉兹洛编:《多种文化的星球》,社会科学文献出版社2001年版,第230页。

夸大东方文化对西方文化的影响，但是，它还是说明了一些文化交流的自然事实。然而，全球化所产生的普遍主义与相对主义的极端对立和尖锐冲突，却激发了各民族文化的防御意识。以文化进化论为基础的普遍主义以西方文化为内容，表现为“西方中心论”，是一种强势文化。但正是这种文化的强势地位使得它难以容纳非西方文化的内容，成为一种极具扩张性的“超级民族中心主义”，在这种意义上说，它同样具有一定的保守性；第三世界各民族文化在一种防御意识的支配下，更普遍采取了文化保守主义策略，以抵御西方文化的侵袭，保守民族文化之根。文化进步主义主张积极的文化互动和交流，这种交流以文化的可分析性为存在论前提。在文化进步主义看来，任何特定文化形态都是由内部的诸多文化要素构成的，它们保持着一种结构和功能上的匹配关系，从而共同构成该文化形态的整体特征。但是，这种文化形态内在的有机整体性并不必然排斥其可分析性，没有文化的可分析性，也就没有文化新种的产生。文化人类学的“涵化”是一个十分重要的概念，它说明的就是不同文化群体因长期的相互接触，相互适应、借用，使一方或双方原有的文化模式发生文化变迁。没有文化的可分析性，也就没有文化的涵化现象，从而也就没有新文化的产生。在这里，借用R.罗蒂的话来说，各民族文化应当是一种开放的网络系统，在一种文化对话中互相改变并产生新的网络系统。可见，文化这种交流、互动和融合一方面应是深层的，这使得它成为文化新种产生的前提；另一方面，通过交流、互动和融合，形成以人类共同利益为基础的新的价值核心，进而形成全球文化新秩序。这些都将成为一种新的涵盖特殊性的超文化类型——世界文化产生的基础。

文化进步主义应当是我们应对全球化运动的根本的文化策略和基本的文化逻辑。

三、中国语境下的文化相对主义批判

从文化哲学的层面理解全球化，可以把全球化从总体上视为一场文化冲突。对待这种文化冲突，我国学术界一般持两种态度，一曰保守拒斥，二曰全盘西化。

中国自近代以来,在对待西方文化方面,与一般的发展中国家采取了同样的逻辑。先是经历了“本土文化中心论”“中体西用论”等阶段。其中,“中体西用论”是“本土文化中心论”的变种,它改变了“本土文化中心论”的僵硬态度,而在器物层面上开始接受外来文化,但本质上,“中体西用论”与“本土文化中心论”都是一种民族中心主义。此后,在思想文化界逐渐产生了一些强调中西文化各有千秋的文化相对论的思想,陈独秀曾批判这种相对论思想,认为这种民族主义本质上是以国情特殊来对抗时代潮流。① 这是我们面对西方坚船利炮的进攻所采取的一个退却策略。但是,此时的文化相对论声音尚显微弱。

中华人民共和国成立后,由于各种原因,我们经历了一段对外交流较少的时期。改革开放后,我们积极实行对外开放,学习国外的先进经验,用于中国特色社会主义建设,取得了举世瞩目的成就。但是,改革开放必然要面对外来文化,其中主要是西方文化的冲击,尤其是在全球化这种新的形势下,文化冲突更加剧烈。在这种情况下,我国如同一切发展中国家一样,为了抵制外来文化的侵入,也产生一种文化相对论思潮,这种思潮集中体现在对中国“特色”的理解上。

建设有中国特色社会主义是改革开放的总设计师邓小平同志提出的重要理论,它是改革开放的总纲领,具有划时代意义。但是,在对中国“特色”的理解上却存在差别。

其一,认为中国特色指的是中国传统文化的特色,具体来说就是儒家思想的特色。于是,持这种理解的人就到先秦的典籍中寻找所谓“特色”。按照这种理解,中国特色不是有待建设的,而是已经具备的,只要去发现就可以完成了。这种理解实际上是以一种旧有传统的特色来抗拒外来文化的交流和侵入。

其二,认为中国特色是需要积极建设的,是在中国文化与世界各民族文化(当然也包括西方文化)的交流、激荡和融合中逐渐形成的,是在充分吸取世界各民族文化的优秀因素的基础上,通过对传统文化进行改造和重建而形成的。

---

① 陈独秀:《敬告青年》,《青年杂志》第7卷,第1号。

笔者认为,前者在全球化过程中,持的是一种文化相对主义立场。按照这种立场的逻辑,中国特色是已经完成了的,不需要吸收其他文化的优秀因素,即使吸收也是这些因素被同化于旧有传统的过程。而且,按此逻辑出发,这种特色论也是一种拒绝现代化的文化保守主义。而第二种理解在全球化过程中,则是积极的、建设性的、开放的、创新的。

笔者认为,第二种理解符合邓小平同志建设有中国特色社会主义理论的本意。

胡锦涛在中国共产党第十七次全国代表大会上的报告中,再一次重申了邓小平中国特色社会主义理论的基本内涵:“中国特色社会主义道路,就是在中国共产党领导下,立足基本国情,以经济建设为中心,坚持四项基本原则,坚持改革开放,解放和发展社会生产力,巩固和完善社会主义制度,建设社会主义市场经济、社会主义民主政治、社会主义先进文化、社会主义和谐社会,建设富强民主文明和谐的社会主义现代化国家。”这里,胡锦涛同志强调,走中国特色社会主义道路必须坚持改革开放。

构建社会主义文化是建设中国特色社会主义的重要部分,也同样需要改革开放和创新。刘云山同志在谈到文化创新时,曾把文化创新视为文化的本质特征,认为创新是文化发展的不竭的动力。而文化创新的重要途径之一,就是吸收借鉴世界各民族文化优长。①

我国是发展中国家,作为迅速崛起的发展中国家,在对待全球化时,首先不应当采取文化进化论的逻辑,走全盘西化的道路。西方文化作为一种特定的文化形态,按照文化进化论的逻辑,有其自身的文化优势,但这种优势同时又是其自身的痼疾。西方以功利主义、物质主义为动机的现代化运动导致了种种社会危机,不能否认,这整个过程在西方文化中有其深刻的根源。H. 马尔库塞等西方学者对西方文化进行的批判不无道理。所以,西方文化并不是一种值得效法的理想文化,它也应当吸取其他文化的优点以完善自己。同样,也不应以一种片面的文化相对主义逻辑退缩以求自保。文化相对主义在中国语境下,实际上

① 《十七大报告辅导读本》,人民出版社2007年版,第10~13页。

就是以儒家文化对抗全球化中的文化交流和融合,以相对主义实现保守主义的目的。这就在实质上否定了中国文化现代化的必要。

站在文化进步主义的立场上来理解全球化运动中的文化交流和融合,我们有理由期待各文化形态的深层交流和融合。对于文化交流和文化融合,人们总是在很肤浅的意义上去理解,认为这种交流和融合只是停留在"麦当劳""流行音乐""网络文化"等表层文化现象上,不能进入文化的深层。这种观点无疑是重复了斯宾格勒等人的文化相对主义思想。实际上,各民族文化在交流过程中,是在不断变化的,这种变化不仅仅是表层的,而且也发生在其文化底层,这正是产生文化新种的过程;特别是在这种文化交流和融合过程中,在人类面临的共同问题的推动下,基于人类共同利益和共同需要的全球统一价值逐渐形成。以此为核心,将进一步形成一种"超文化"类型——世界文化。世界文化将会带来一种新的境界、新的价值依托和文化经验,在这种新的境界、价值依托和文化经验中,人们原来那种对旧有传统的固执和对文化创新的拒绝就显得非常狭隘了。

所以,面对全球化这一不可抗拒的浪潮,正确的立场应当是:积极与其他文化交流、积极地参与到全球化运动中来,在形成全球化的文化理想以及构造全球化的文化互动规范方面发挥积极的作用;同时,在这种交流和参与中,使中国传统文化现代化——这正是文化进步主义的立场。

意识形态领导权和文化认同：关于马克思主义中国化的思考

赵海峰

马克思主义中国化是一个未完成的、“现在进行时”的过程。笔者倾向于从意识形态领导权入手理解马克思主义中国化这一概念。面对目前意识形态多元化的态势，尤其是中国文化保守主义的挑战，强调马克思主义中国化这一概念，既是争夺意识形态话语权的需要，也是理解和表述中国独特的社会主义建设道路的需要。马克思主义中国化不仅仅是一个“即时性的”口号，也是统合各种相互异质的意识形态、建构社会主义核心价值观和文化认同的基础。本文从文化认同的角度出发，探讨马克思主义中国化的内在理据，对文化保守主义进行一些分析和回应。

一、在思想多元化态势下的意识形态领导权问题

从文化哲学的角度看，一个国家、民族或地区的生活方式的核心是一种文

化模式,而这种文化模式的核心则可以表述为一种哲学体系及与之相关的文化精神。越是规模宏大、在人类历史上产生过重要影响的民族与国家,其精神建构和哲学体系就越具有完整性和丰富性。所谓完整性,是指思想体系的完备性,重要的民族和国家都具有一些完备的哲学体系和思想体系,涌现出一系列伟大的哲学家与思想家;所谓丰富性,是指这些民族和国家的哲学和精神内部有着丰富而细致的成分和层次,其中不乏异质性和多元性的成分。民族和国家精神的丰富性和完整性不是互相矛盾,而是相辅相成的关系。比如,西方文明中的希腊传统与希伯来传统有着深刻的矛盾,但是也有互相补充的一面,它们彼此交汇,共同构成了西方文明庞大的思想体系,从中孕育了现代科学和人文文化。一个民族或国家,其内在精神中可能包含不同成分,这些不同成分在不同的时期内可能分别占据首要位置。如中国古代,儒家和道家都有过占据意识形态的首要位置的经历。哪种思想占据意识形态的首要位置,也就获得了意识形态的领导权。

在西方马克思主义思想史中,最先明确地表述意识形态领导权概念的思想家是葛兰西,但是其逻辑必须上溯到马克思和列宁那里。马克思在《黑格尔法哲学批判导言》里的名言"理论只要说服人,就能掌握群众"①,可以视为马克思主义理论对意识形态领导权的最早表述。列宁的阶级意识理论和党的理论则是意识形态领导权理论的深化形态。1923 年卢卡奇《历史与阶级意识》一书的出版,揭开了西方马克思主义意识形态领导权理论的新篇章。卢卡奇对阶级意识的强调,和列宁有着一致性。以往的研究往往强调卢卡奇和列宁的差异,这种强调容易忽视二者之间的一致性。笔者认为,关于阶级意识的形成、地位和作用,卢卡奇和列宁并无原则上的分歧,只是卢卡奇在总体性的方法论之下,更强调工人阶级和知识分子的一致,即理论和实践的总体性,而不再强调阶级意识是从外部灌输的。葛兰西在此基础上更进一步,提出了领导权(hegemony)和

---

① 马克思:《黑格尔法哲学批判导言》,载《马克思恩格斯选集》第 1 卷,人民出版社 1995 年版,第 9 页。

“组织化的知识分子”(organic intellectual)概念。① 意识形态领导权理论自此成形并且广为人知。随后,法兰克福学派对法西斯主义和发达资本主义社会的文化批判发展了意识形态领导权理论,直到拉克劳和墨菲的“后马克思主义”,依然将意识形态领导权当成当代马克思主义的最重要主题。这种现象,和思想家对现代化的深入理解有关。

现代化和前现代文化的最大区别之一,就是后者是建立在经验、传统、世俗权威和宗教信仰基础之上的,而前者是建立在理性的自我论证基础之上的。现代化来自启蒙运动,其特点就是用理性权威来打倒上述经验、传统、世俗权威和宗教权威,即使无法全部打倒这些权威,也要以理性为基础来重建这些权威。现代化的经验世界,是以理性为内在基础的。现代化语境下的宗教信仰,也是以理智信仰而不是迷信为基础的。现代的神学家不再机械地反对现代科学,而是试图回避现代科学问题,谋求科学与信仰的共存。在这种态势下,现代化特别强调意识形态的领导权。现代化的意识形态进行自我论证,是现代化本身的一个重要特点。一切大众文化产品,包括电影、电视、报纸、广告、网络等各种传播媒介,其思想内核都关乎现代化的自我论证。科学、自由、民主、法治这些观念的深入人心,实际上是现代化意识形态领导权自我论证、自我辩护的结果。因为现代化的意识形态领导权主要表现在文化层面,所以也可以称之为现代化的文化领导权。

马克思主义作为社会主义思潮的一个重要流派,本身就是现代化诸意识形态的一个重要部分。马克思主义本身宣示的人类自由解放和全面发展,就是一个最重要的现代化事件。马克思主义的中国化,本身就内在于中国文化现代化进程之中,而且自我确证为中国文化现代化的当代形态。马克思主义中国化的核心任务,是不仅仅在政治上,而且在文化上确立意识形态领导权。

现代社会思想领域中的多元化态势是历史的必然,不能也不可能将之强行取消或者“归于一统”,但是这并不是说各种意识形态都能占据平等的地位,实

① 原来有人将其译作“有机知识分子”,俞吾金先生撰文辩驳,认为此一词组的原意是“有组织的”“有组织意识的”。“有机”一词的生动,在于其灵活,与工农运动紧密结合的特性。参见俞吾金《何谓“有机知识分子”?》,载《社会观察》2005 年第 8 期。

际上,必然有一些主导性的意识形态。一个国家、民族、地区占据领导权的意识形态,其主要功能是负责说明整个国家和人民"向何处去""走什么路",在这个大问题下,举凡整体性的价值取向、精神指引、发展道路、人的具体存在方式等一系列问题,都与之有着深刻的关联。其他非主导的意识形态则在小范围内和多层次上与主导的意识形态之间构成互补和互动的作用。二者之间不必强求一致,也会有一些矛盾和张力,但是这些次要的意识形态不具有"全局性的"领导权。

改革开放以来,各种社会思潮在中国蓬勃兴起,他们之间争夺意识形态领导权的态势已经非常明显。文化保守主义、自由主义和马克思主义这三种主要的意识形态已经呈现"三方角力"的局面。马克思主义中国化本身永远面临着自我确证和自我辩护的问题,因为在思想多元化的态势之下,任何一种意识形态都不能自动获得领导权,谁获得领导权,是人民群众在实践中选择的结果。人民群众在实践中可能选择马克思主义,但也可能选择别的什么主义。这和胡锦涛所说的"过去先进不等于现在先进,现在先进不等于永远先进;过去拥有不等于现在拥有,现在拥有不等于永远拥有"是一个道理。

笔者认为,马克思主义应该也能够在多种意识形态中占据主导性位置,和其他思潮和平共处,在互补、互动、保持必要张力的情况之下得到健康的发展。但是这个主张不仅仅需要思想上的论证,也需要经过社会实践的检验。这样的任务当然远非一篇文章所能完成,笔者在这里集中探讨的是意识形态领导权和文化认同的关系。学界很多人主张把 hegemony 一词翻译成"霸权"①,笔者还是认为翻译成"领导权"更好,因为一个国家或社会的主导性意识形态起作用的方式是软性的引导和文化上的认同,而非硬性的"霸权"。马克思主义的意识形态领导权不仅仅是政治秩序意义上的领导权,更是文化的领导权。马克思主义意识形态的文化期许,本身就属于现代性事件之中最为核心的一部分。实际上,中国走的是借助马克思主义化来走进或者完成中国现代化的道路。换言之,中国要以何种面貌走进现代化,这才是马克思主义中国化的实质。中国的意识形

---

① 有代表性的论证见周凡《后马克思主义导论》,中央编译出版社 2010 年版。

态领导权问题,实质上是一个现代化问题,或者说,是一个“古今问题”,而不是“中西问题”。

二、古今问题和中西问题:理解马克思主义中国化的维度差异

马克思主义中国化这个命题,可以理解为一个双向互动的结果,即“马克思主义**化**中国”和“中国**化**马克思主义”,这里的“化”做动词意义理解。一方面,“马克思主义**化**中国”也就是用马克思主义来“教化”中国,使中国的主导意识形态由儒家变为马克思主义。如果说基督教“教化”中国的结果可以称为“中华归主”的话,马克思主义教化中国的结果就可以称为“中华归马”。这种维度是以马克思主义为主动一方,“中国”属于被动一方。另一方面,“中国**化**马克思主义”即中国文化将马克思主义变为自己本民族文化中的一个有机组成部分。正如中国文化同化外来的佛教文化,使佛教文化改变了属于印度的外貌,变为中国风格的佛教,“中国**化**马克思主义”的结果,就是把“外来的”马克思主义变为“中国的”马克思主义。这种维度是把“中国”(后来被“窄化”成了“儒家”)当成主动一方,“马克思主义”当成被动一方。按照前一种看法,“马克思主义化中国”中的“马克思主义”是普遍性命题,中国则属于特殊性情境,是一种“本地化”过程,也就是通常所说的“马克思主义普遍真理和中国革命具体道路相结合”的问题。由于马克思主义是一种现代性计划,“马克思主义**化**中国”和“自由主义**化**中国”同样属于“古今问题”。而后一种看法“中国**化**马克思主义”相应地就属于“中西问题”。

这两种“归化”过程是双向运动、并存发生的,坚持任何一方面都可能走入某些误区。“马克思主义**化**中国”可能被理解为消除和摧毁一切本民族的文化传统,走入文化虚无主义或历史虚无主义。“中国**化**马克思主义”则可能导致将马克思主义完全化为某种新的“中华主体思想”的从属部分,极端者,甚至可能试图从国家意识形态的旗帜上取消马克思主义的名号。学界热烈讨论的“中国文化主体性”和“中国学术主体性”,初衷是反抗西方的“文化霸权”和“学术霸

权”,但又难以防止一切以“中西”划界,走向另一种版本的“中国优胜论”或“传统文化优胜论”,最终倒向文化保守主义。

在20世纪中国思想史的舞台上,关于中国向何处去这一问题,一直存在三个大的理论走向:“中化派”(来自本民族传统的右翼的文化保守主义)、“西化派”(居中的自由主义)和“马化派”(左翼的马克思主义和社会主义),后两者均来自西方。这种三分的思想格局其实不独在中国存在,在许多其他国家比如俄国、印度、日本等都存在。因为中、俄、日、印面临的大的现代化局面和问题有相似性,但是由于各国具体国情不同,表现形式也有具体差异。中国的三派争论至今一直持续了百年左右。“西化派”和“马化派”共同分享的理论前提是“古今问题”,即中国的问题是现代化,马克思主义和自由主义是现代化的两种方案,分歧只在于哪个方案更好。“自由主义**化**中国”和“马克思主义**化**中国”,是古今问题的两种解决方案。马克思主义一直在论证自己是“最现代化”的意识形态,比自由主义更有优势。马克思主义者致力于揭露资本主义的民主、自由、平等在现实中的不彻底性和虚伪性。不可否认,这不仅仅是马克思主义的立场,也是整个世界左翼思潮的共同立场。西方世界的左翼思想一直在大学和知识分子里有着重要的地位。马克思的思想成为整个左翼思潮共同的理论资源。他们共享的这种超越资本主义的历史使命感,一直是马克思主义的魅力所在。

而文化保守主义则不同意“古今问题”这个理论前提,它认为中国的问题是“中西问题”,即中国的主要问题不是现代化,而是反抗西方霸权(即使认为反抗西方霸权和现代化同等重要,也会把反抗西方霸权作为当前更为迫切的工作)。由此,文化保守主义和民族主义结合在一起,成为和中国现代化并行的一个宏大主题。虽然“原教旨的”马克思主义并不是民族主义的,而是具有国际主义色彩的,但是马克思主义一旦在各民族国家“落地”和“附体”,就注定无法摆脱和民族主义的纠葛。这也是马克思主义中国化过程中所必须解决的“本土化”或者“本地化”问题。我们不能采取民族虚无主义的立场,社会实践也不允许我们采取这种立场。相反地,只有“本地化”了的、“接地气”的马克思主义,才是真正有血有肉的马克思主义,才是真正落到现实之中、参与社会实践的马克思主义,否则只能成为书斋里的理论游戏和书本上的教条。但是“中西问题”却不可能是马克思主义的预设立场，最直接的原因是马克思主义来自西方，同样分享了启蒙理性的大背景。它对于中国传统来说，同样是外来的、异质的。当文化保守主义者一再强调民族文化的主体性和“抗拒西方文化霸权”之时，必然隐含着把马克思主义同样当作“西方文化霸权”的一部分而加以拒斥的逻辑结果。

这种思想运作的逻辑，实质就是用“中西问题”来取代和掩盖“古今问题”。既然“中国文化的主体性”一直被西方所“压制”，那么它的重新恢复和发扬光大就自然成了比中国现代化更为重要的任务，甚至于直接取代了或者包含了中国的现代化。最后，“中国的现代化”就被等同于中国文化的主体性的重新获得，就被等同于“中国文化的伟大复兴”，但是这个复兴的内容，经过一系列修辞术的转换，自然抹掉了一切属于“西方霸权”的东西，变成完全中国的了。由此，文化保守主义者实际上承诺了一个“不需要西方”的现代化模式，他们会宣称：向西方学习，我们完全走错了路。这种思路自然有相当大的危险，危险在于把“现代”与“前现代”的差别，完全变成了“中国”和“西方”的差别，西方不再是“现代文明”的象征，而中国则成了“最文明”的代表。“中西问题”于是彻底地变成了“夷夏之辨”。古今问题—中西问题—夷夏之辨，这就是某些文化保守主义者的修辞术。

笔者认为，“西方文化霸权”的问题是个被策略地夸大了的问题。不知道中国主体论者是在什么意义上使用“霸权”一词的。按照笔者的思考，所谓西方文化霸权，最重要的部分其实就是西方人所占据的关于现代化的意识形态领导权。民族主义者口中的“西方霸权”，一方面来自西方世界在经济、政治、军事方面的强势力量，比如美国的全球战略和中国国家利益的冲突，也包含着近代中国饱受帝国主义欺凌的历史记忆和民族悲情，一方面来自科学、文化、教育体制等方面的“西化”（其中也包含着现代化的内容）。按照通常的器物（物质文明）—制度—文化的三分法，器物方面的现代化没有太多的人公然反对，争论比较激烈的问题基本集中在制度和文化层面。改革开放以来，中国人逐渐意识到现代化最终还是要落实在后两个层面上，否则就不是完全的现代化。此时，“西方文化霸权”的概念就应运而生了。它代表了中国的文化保守主义者夺取现代化意识形态领导权的一种论说策略，这种策略所代表的努力可以理解，甚至可以尊敬,但必须对它的理据进行深层次的理论检讨。

起源于西方的现代化进程,直接带来了资本主义主导的全球化。其原因就在于:第一,物质文明的现代化进程,革命性地改变了人类的生活,这使得现代化有了不需要证明的合法性。第二,这和基督教精神中包含的那种弥赛亚主义的救世情怀和传教热忱有着直接的关系(在某种意义上说,马克思主义也同样地分享了这种弥赛亚主义)。第三,来自现代科学、教育、文化体制的软性的影响力,也包括一整套自由、民主、平等、法治的意识形态。第四,资本主义的全球殖民体系和经济分工体系使得欧美发达国家获得了政治、经济、军事上的领导权和"话事权"。但这四点内容是否和中国崛起属于直接对立的关系?是否承认了"西方文化霸权"就必然导致"中国文化主体性"的失落?答案值得推敲。首先,物质文明和西方文化霸权没有直接关系,中国文化复兴,也需要满足人民物质文明的需要。其次,西方国家只要放弃军事侵略和武力干预他国内政,也并不一定直接导致"中国文化主体性"的失落。直接导致"文化霸权"的就是来自西方的教科文体制和意识形态,包括基督教精神。于是,对于文化保守主义者来说,只要提出可以与之抗衡的中国版本的意识形态,"西方文化霸权"自然就被驱逐了。这也必然使得马克思主义"去西方化",前文提出的"中国化马克思主义"也就成了文化保守主义的策略。

但是,西方教科文体制和意识形态是否一定和"中国文化主体性"相矛盾,其实是个大可存疑的问题。在文化传播史上,不同文化要素的互相融合是很常见的事情。出自印度文化的佛教来到中国,经历数百年后变成中国佛教,和其他国家的佛教呈现出不同的形态。但我们并不说这是"印度文化霸权"。近代日本接受西方文明的程度远远比中国要深,但是日本依然发展成为资本主义强国,跻身发达国家之列。日本国内虽然也有自己的文化保守主义派别,但是对西方文化并没有持明显的拒斥态度,而是广泛地学习西方的文教体制,依然保持了"日本文化主体性"。这些事实值得中国人深思。可见,关键问题不是如何抗拒"西方文化霸权",而是如何吸取其他国家现代化的经验教训,将现代化过程"本地化",走"中国版本"的现代化道路。在现代化的过程中,中西矛盾的确存在,但也只不过和西方各个国家的矛盾一样,更多属于现实的政治、经济问题。

如果说“西方文化霸权”概念的要害在于转换问题的关键,将“古今问题”转换为“中西问题”,那么,“儒家社会主义”的提法就是“中国**化**马克思主义”的理论策略的正面表述。看起来这个提法和“马克思主义中国化”差不多,但是其要害在于儒家的主导性。如果马克思主义和自由主义、法家思想以及其他的少数民族文化元素一样都成为儒家主导下的文化“大拼盘”里的一部分,那么,中国的现代化究竟要走向哪里,就势必要重新解释。

笔者认为,中国的现代化和民族崛起这两个目标之间既是互相支持的,但也存在巨大的理论张力。这种理论张力来自古今问题和中西问题揭示的思想的维度差异。古今问题是一个历时态的维度,而中西问题则是一个共时态的维度。文化保守主义以批判和否定现代化为基本的理论诉求,“儒家社会主义”则把问题的焦点巧妙地转换为“确立中华文化主体性”,实际上把否定现代化的内容隐藏起来了。① 其结果就会用民族崛起的目标来掩盖或者取消现代化的目标。马克思主义中国化的实质和目标,始终是中国的现代化,是以现代化的马克思主义来“**化**中国”,而不是以传统的“中国”来“**化**马克思主义”;是以马克思主义的精神来统摄包括以儒家为核心的中国传统文化、各少数民族文化、地域文化和世界先进的文明成果,而不是用儒家本位来统摄其他文化成分。

三、文化认同:多元意识形态的统合基础

综上所述,笔者认为意识形态领导权的运作方式主要是潜移默化的、软性的,而不是硬性强制的。它的现实基础当然包含政治认同,但是在此之外,更持久、更广泛的是文化认同。这可以从时间和范围上做出说明。

马克思主义中国化的历史进程,就是马克思主义逐渐在中国“落地”和“附体”、获得意识形态领导权的过程。这一过程最初和首先(不仅仅是时间上的,

① 儒家社会主义的倡导者甘阳在《通三统》一书中表达了中国文化传统一直没有断裂的思想,也表达了对中西之争的重视。他对毛泽东思想和邓小平理论的理解,也强调了二者同中国传统的一致性。见甘阳《通三统》,生活·读书·新知三联书店2007年版,第3~5页、第8~10页、第32~38页。

也是逻辑上的)是建筑在政治认同的基础上。在20世纪前半期,马克思主义主要是作为一种解决中国问题的"一揽子"政治方案被引进来的,其影响力主要是政治上和思想上的。在20世纪后半期,中国共产党已经成为执政党,马克思主义中国化的基础由政治认同逐渐拓展为广泛的文化认同。马克思主义的影响力从政治领域渗透到整个社会生活乃至思想文化的方方面面,成为一个宏大的社会改造工程的主导力量,深入人民群众的日常生活和具体社会实践之中,而这种深入,正是意识形态文化认同的根源。

改革开放之后,中国逐渐走上了社会主义市场经济道路。马克思主义的意识形态领导权受到了一定程度的挑战和冲击,这是历史的必然现象。古代中国儒家思想的地位也曾不断地受到佛、道以及诸子百家挑战,但是儒家和百家最后形成了互动、互补而又互相影响的关系,儒家意识形态领导权地位的巩固,和儒家思想者努力和其他思想互动,进而吸收、转化其他思想中的积极成分有着直接的关系。同样,马克思主义者也能够吸收转化自由主义、保守主义等思想里的积极成分,在充分而深入的思想互动中保持自己的意识形态领导权。在这种思想互动的背后,文化认同所起的作用更加广泛、深入。

意识形态文化认同的基础首先来自人民群众的日常生活和社会实践。现代化文明的落脚点是日常生活和社会实践,而不是真空中的理论推导。民主、法治等现代化的价值观,也必须"落地",变为有效的社会制度,才能获得广大群众的文化认同。这样我们才能解释,为什么民主体制在西方比较容易"落地生根",而在东方社会就会产生"水土不服"的现象。这就是因为这些价值观在东方社会不能很好地"接地气",而必须经过一番艰苦而具体的转换工作,把它们变成"本地化"的版本。马克思主义中国化之所以有目前的成就,就是因为中国共产党人很扎实地做了一番转化的工作,找到了使马克思主义"落地"的好方法。但是,新的时代又对马克思主义者提出了全新的问题。在这种局面下,中国马克思主义就需要再次转换自己的形态。但不管如何转换,必须扎根在中国自己的日常生活和社会实践的土壤之上。

人民群众作为日常生活和社会实践的主体,自己可以从不同的意识形态中进行主动的选择,这是一种个体的"认信"过程,而意识形态则"召唤"和选择具体的个人、集体、民族，然后才得以实现自身的“落地”和“附体”，这个过程是双向的，是意识形态“本地化”的微观机制。这种过程必须在日常生活和具体的社会实践中进行。也只有在具体的日常生活和社会实践中，马克思主义才能从政治领域真正地进入更广泛的社会层面。

马克思主义中国化的新的局面，必须由“自在”变为“自为”和“自觉”。所谓“自在的”马克思主义中国化，即固守原有的马克思主义表述，简单地确认历史上的马克思主义中国化的现实成果；而“自为的”马克思主义中国化则指在新的历史条件下有所创新而不拘于成说。在新的历史条件下，仅仅抱住过去的历史成绩不放是不够的，而要与时俱进、打破教条、开拓进取，面对现实问题，也不能仅仅固守“原教旨”的马克思主义不放，而是要在价值尺度上说清楚马克思主义与基层民众的日常生活和社会实践的关联。任何现代化的理论言说，只有清楚而有说服力地解释自身理论与基层民众的日常生活、社会实践的内在关联，才能实现“说服人、掌握群众”的目标。

于是，能否实现中国的现代化，能否说清楚自身和人民群众日常生活和具体实践的关联，是马克思主义、自由主义和儒家思想能否在现实中国“落地”与“附体”的关键。目前这三派在中国的实际影响力、具体的受众群体和各自的运作机制都不大一样。究竟谁能够获得最大多数的民众，也需要历史和实践来选择。不过笔者相信，三派虽然有竞争，但是马克思主义还是能够取得主导地位，因为马克思主义具有的民众基础比较丰厚，其组织资源和社会影响力依然使它能够占据主导地位。其主要原因是马克思主义能够沟通现代化与民族主体性，至今依然是比较适合中国的现代化方案。现代化是马克思主义和其他文化成分的最大公约数，只有在现代化的立场之上，摆脱“中西古今”的迷思，坚持马克思主义和人民群众日常生活和社会实践的紧密联系，我们才可以建立一个以马克思主义为主导、最大限度地吸收其他思想的积极因素、多种思想成分积极互动、充满活力的中国特色社会主义意识形态聚合体。它不仅能解释和回答“中国向何处去”“中国走什么路”的问题，也能真正地建立“中华文明的主体性”。只有到那个时候，我们才能说，中国的现代化终于完成了。

非日常思维向日常思维转化机制研究

贺苗

在日常生活批判的视域内,我们将人的生活世界划分为日常生活与非日常生活,将人类的现代思维相对应地分为日常思维与非日常思维。从思维的基本规定性出发,日常思维的基本图式主要表现在两方面,一是日常思维的经验图式或常识图式,二是日常思维的习俗性图式或礼俗性图式。在人与自然的关系上,人们在日常生活中往往凭借经验思维和常识思维自在自发地进行维持个体生存与再生产的各种活动,它以重复性、自发性、实用性为基本特征,这与非日常思维的自觉性、反思性和创造性特征相区别。另外,在人与人的主体间关系上,人们基本上遵循世代相承的各种风俗、习俗、礼俗等进行日常交往活动,它具有礼俗性、情感性、不平等性的特征,这与非日常交往活动所具有的平等的、契约化的、理性化的思维特征相区别。无论是在人与自然,还是在人与人的关系上,非日常思维都较多地体现出对日常思维的超越,具有自觉性、平等性、反思性、创造性和理性化的特征。[①] 实际上,日常思维和非日常思维并不是两种截然分开和对立的思维方式,二者始终处于相互作用、相互渗透、相互融合的矛盾运动中,一方可以向另一方转化和生成。日常思维是非日常思维的根基,它为非日常思维源源不断地提供最真实、最丰厚的给养;当非日常思维不断向纵深拓展时,日常思维也随之不断地变革与重建。日常思维和非日常思维的双向互动机制构成我们进一步探究非日常思维向日常思维转化机制的基础。

在知识爆炸、信息膨胀的当今时代,非日常思维的每一根触须已经渗透到生活的每个角落,对人们的日常观念和认知活动发生着旷日持久的影响。在众多的非日常思维类型中,科学、艺术、哲学等非日常思维代表着人类理性和文化的最高成就,它们能推动社会进步,促进人类思维的整体跃迁。特别是随着现代化的进程和大众教育的普及,人们的日常思维观念中已经融入了越来越多的非日常的知识,大家不仅对这些知识耳熟能详,而且自觉不自觉地将它们视为理所当然。在这里,我们主要结合科学、艺术、哲学等三种最为典型的非日常思维形式来考察非日常思维向日常思维的转化机制。

一、非日常思维的技术化、实用化

非日常思维向日常思维的转化,通常是随着科学的技术化、实用化而展开的。科学的技术化、实用化、工具化已经成为这个时代最为突出的特征。现今科学,主要是指近代西方科学,也称为实验科学或实证科学,其内涵已不是一般的自然知识,而是一种意识形态体系。"它是在16、17世纪以来形成的一种特定的意识形态,包含着对事物特定的看法、处理问题特定的方法、知识制造特定的机制;它为人类规定了如何看待自然、研究自然、征服自然和改造自然的方式。"[②]事实上,近代科学的出现并不是一跃而成熟的,它最初总是依附在别的传统之上。"科学是源远流长的,可以追溯到文明出现以前。不管我们把历史

① 参见贺苗、王国有:《论日常思维的基本图式》,载《吉林大学社会科学学报》2012年第1期。

② 吴国盛:《科学的历程》,北京大学出版社2002年版,第54页。

追溯多远,总可以从工匠或学者的知识中发现某些带有科学性的技术、事实和见解;不过在近代以前,这些知识或服从于哲学传统,或服从于工艺传统的要求。”①追溯科学的起源,我们可以很清晰地看出科学本身所固有的双重传统:一是起源于哲学家纯粹理性的思辨,二是起源于工匠的实际操作和经验积累。科学思维这种理性精神和实践功能的交互作用是我们理解科学的实用化、技术化、工具化的一把钥匙。从哲学家传统来看,最初的科学知识是由巫师、僧侣或哲学家这样有身份、有地位的人所掌握和支配的。他们一般不会承认科学有任何实用的功能,科学本身就是目的。因而,他们追求真理、蔑视功利,这主要以古希腊时期的科学理性为代表。从工匠传统来看,各种实用的技术、技艺或技能则由普通的工匠、手工艺者代代相传。他们往往根据实践经验来应用种种技术或技艺,主要目的在于解决实际问题。因而,他们主要是追求实用,并不讲“理”(科学道理),这主要以中国古代发达的技术为代表。随着近代实证科学的崛起,科学与技术逐渐从最初相互排斥的两极走向融合,并且彻底消融,以至于无法将二者截然分割开来。技术就是科学的技术,是科学的某种应用;科学也因技术的刺激,开始向社会生产和日常生活广泛渗入。

随着科学技术化、实用化进程的展开,越来越多的科技成果应用到人们的日常生活中。在现今的世界,科学技术几乎规定了我们日常生活世界的每个细节。我们吃的东西,如肉、蛋、禽、蔬菜、水果及各类加工食品都是经由科学饲养、科学栽培或者科学工艺烹制而成的。我们对服装的追求已经远远超出了遮体、保暖的基本需求,更多的是一种审美的需求。纤维、人造丝等各种富含高科技成分的面料大规模生产和花样翻新的制作,几乎无限度地改善着我们的衣着。我们的住房,也不仅仅是一个栖身之所,具有各种用途的新型建筑材料和装饰材料像机器零件一样按照我们的需要用于房屋的建设。特别是负载着多种信息技术的互联网的出现,使人类一下子步入了一个数字化的虚拟世界。时空的界限消失了,地球变小了,人类梦幻般地生活在小小的“地球村”中。

然而,科学思维的广泛渗入并没有改变日常思维的本质特征,日常思维的

① 梅森:《自然科学史》,周煦良等译,上海译文出版社1980年版,第1页。

保守性与顽固性使科学知识不断被同化进日常思维,并成为其内在的组成部分。因此,卢卡奇指出:“科学因素的不断增加并没有把日常思维转变到一种真正科学的态度。”①科学的技术化、工具化往往以服从日常生活的实际需要为目的,它更多地是通过传统或习惯将成果或方法渗入日常生活,其结果就是科学成果虽然应用于生活,却不会引起日常思维的根本变化,从而使科学思维丧失了它本身所固有的特性。“不言而喻,这种为人所掌握的科学成果的社会历史积累也会改变日常的一般世界图像,但是这种变化就像毛细孔作用一样表面上几乎无法察觉。它逐渐改变着日常生活和日常思维的视野、内容等,但基本上不会改变它们的结构。”②科学技术化、实用化的程度越高,人们对科学技术和专业人员所组成的“专家系统”就越发信赖,这足够的信赖就代替了科学证明。举例来说,我们可以选择乘火车或者飞机出行,享受交通工具给我们带来的便利,却很少有人清楚火车或飞机的工作原理,更不用说开动火车和驾驶飞机了。然而,这些并不影响我们的日常生活,只要根据我们的经验积累和对“专家系统”的信赖就够了,根本不需要从原理的层面进行科学的探究。这正如卢卡奇所认为的那样:“科学对日益广大的生活领域的支配并没有取消日常思维,日常思维也并没有被科学思维所取代。”③恰恰相反,日常思维在吸收科技成果和方法的基础上不断发展。

二、非日常思维的通俗化和大众化

随着经济的全球化和信息传媒技术的扩展,大众文化已经日益成为深刻影响世界的全球性人文景观。大众文化或文化工业传播速度之快,应用之广,影响之深,恐怕是其他任何文化样态都望尘莫及的。特别是文化工业凭借互联网巨大的信息量和无远弗届的撒播功能,更加广泛而深入地扎根到人们的日常生活中。

---

① 卢卡契:《审美特性》第1卷,徐恒醇译,中国社会科学出版社1986年版,第10页。
② 卢卡契:《审美特性》第1卷,徐恒醇译,中国社会科学出版社1986年版,第94页。
③ 卢卡契:《审美特性》第1卷,徐恒醇译,中国社会科学出版社1986年版,第76页。

20世纪40年代,法兰克福学派的代表人物霍克海默和阿多尔诺首次用“文化工业”一词对大众文化所带来的负面效应进行了激烈的批判。他们认为,文化工业凭借现代的科技手段大规模地复制和传播商品化的、非创造性的文化产品,利用影视、广播、音乐、杂志、广告等大众传播媒介欺骗消费者,行使意识形态的统治功能。整个世界经过文化工业这个过滤器全部走样,都失去了自己的独立存在,成为这个不停运转的巨大机器中的一个标本,一个产品。而所有人从一开始,在工作时,在休息时,只要他还进行呼吸,他就离不开这些产品。没有一个人能不看有声电影,没有一个人能不收听无线电广播,社会上所有的人都接受文化工业的影响。文化工业的每一个运动,都不可避免地把人再现为整个社会所需要塑造出来的那种样子。① 文学艺术变成纯粹的商品,从生产到流通到消费,每个环节都严格地按照产业化方式进行生产和营销。以现代科技为依托,一切文化都是相似的,就像从工厂生产出来的零件一样,可以批量生产、大规模复制,艺术所内在的独特性和创造性被完全淹没在大众文化的汪洋之中。更为严重的是,文化工业极具欺骗性和“催眠”效果,操纵着大众的思想和心理,使人们沉溺在虚假的“幸福意识”中。琳琅满目的广告,使用了文化工业所特有的语言和风格,令人眼花缭乱;精彩刺激的影片,让人们默默欣赏和模仿影片中的内容,消除了机械工作的紧张和疲劳。“欢乐意味着满意”,“享乐意味着全身心的放松,头脑中什么也不思念,忘记了一切痛苦和忧伤”。②

随着大众文化全球化大幕的徐徐拉开,中国社会也被毫无例外地卷入了这一文化大潮中。只要环顾一下我们周围的现实生活,就不难感受到大众文化迅猛扩张的强劲势头。从20世纪80年代以来,包括畅销小说、流行音乐、影视、舞蹈、广告、时装、选美等如潮水般涌入日常生活,对人们日常的观念、心态及日常行为产生了深远影响。其中,电影、电视、网络无疑是大众文化传播最便捷、最理想的平台。仅以电视传媒为例,如20世纪80年代流行的电视连续剧《射雕英雄传》、90年代热播的《渴望》都曾激起大众前所未有的收看热情。21世纪

① 霍克海默、阿多尔诺:《启蒙辩证法》,洪佩郁等译,重庆出版社1990年版,第118页。
② 霍克海默、阿多尔诺:《启蒙辩证法》,洪佩郁等译,重庆出版社1990年版,第136页。

初泛起的韩剧热潮均以青春偶像演员为主打品牌,用高度唯美的形式,为观众建构了一个超越平庸的情感乌托邦,满足了一大批少男少女青春的幻梦。近两年来频繁出现的电视选秀节目,如湖南卫视的《超级女声》,央视的《非常6+1》《星光大道》,浙江卫视的《全国麦霸英雄汇》,江苏卫视的《非诚勿扰》等以其娱乐性、平民化的姿态,赢得了很高的收视率。再如“草根英雄”郭德纲、“小品王”赵本山以及近年迅速成名的“小沈阳”,他们都以自己独特的方式演绎了小人物的喜怒哀乐与悲欢离合,让大众在“笑料”和“包袱”中发现自己熟悉的生活原生态。从这个意义上,我们不能否认大众文化正面的积极意义,它大大提高了文学艺术向日常生活的渗透强度,使文学艺术作品更加贴近日常生活,更能反映生活。特别是大众文化所具有的消遣娱乐元素,有减压、缓解疲惫、放松身心的作用,迎合了被各种压力包裹的现代人内心孤寂、焦虑、情绪无从排遣、情感无处寄托的矛盾心态。

三、非日常知识的普及化和常识化

非日常思维向日常思维的渗入,很重要的一种途径就是通过教育的普及,使非日常的知识变成一种常识,从而成为个体的知识储备,自在自发地影响人们的日常观念。赫勒曾说:“日常思维可以或者的确采纳某些科学事实,但是它不能接受科学知识本身。当一个科学事实渗入日常思想中,它是被以逐条列记的方式,即以同其自身基质相分离的方式而同化到日常知识的基质中。科学信息的片断以这种孤立的形式,同它们自身的同质媒介相分离而出现于日常知识之中,成为日常思维的实用主义的牺牲品。它们部分地成为某种日常行为的出发点,部分地提供异质信息;最后,它们可以有助于日常生活的非拜物化。”①这段话清晰地为我们描述了非日常知识是如何与自身剥离,以“片断”的形式渗入日常思维中的过程。

一方面,非日常的知识往往以记忆的方式固定到日常思维中,内化为人们

① 赫勒:《日常生活》,衣俊卿译,重庆出版社1990年版,第203页。

内心潜在的认知结构。由于教育的普及,人们从小学、初中、高中直到大学,自觉或不自觉地学习或被灌输了大量的知识。尽管这些包括哲学、数学、物理、化学、生物等在内的知识会随着时间的流逝而逐渐被淡忘,但仍有一些零散的片段会作为必要的知识储备保存下来,从而潜移默化地扩大着日常思维的表现形式。同时,大量的科学知识也为日常生活提供了大量异质的信息,极大地满足了人们的好奇心。它们就像世代传承下来的传说、神话、风俗、习惯一样,普遍被人们所接受。随着科学教育的谈及,人们不仅在日常生活中已经开始讨论相关的科学知识,即便是与我们的日常观念极为矛盾的科学知识也会被不加分辨地全部接受下来。例如,地球并不像我们想象的那样是静止不动的,而是一颗围绕太阳旋转的行星。太阳也并不是像我们看到的那样真的在"升起",而是地球上我们所在的位置旋转到了它的光照之下。今天,我们的知识框架已经可以承担这些与常识相抵触的异质信息,可这在过去的很长时间内是根本无法想象的。不过,我们只是简单地接受了这些现成的知识,就和童年时听到的那些遥远的历史掌故、神话传说一样,共同支撑起对世界的认知图景。一旦个体对某个领域的知识产生兴趣,并试图深入地挖掘和研究,那就在一定程度上扬弃了日常思维本身固有的自在性和惰性,跃升到了自觉的、理性化的科学境界中。

另一方面,非日常知识失落了"为什么"的维度,凝固为既定的常识或教条。关于这方面,哲学教科书体系的教训无疑是非常深刻的。在过去相当长的时期,只要一提及马克思主义哲学,人们就会很容易地想到马克思主义哲学原理教科书,即所谓的"教科书体系",这曾是我们理解和掌握马克思主义哲学的重要依据。20 世纪 60 年代初,艾思奇主编了全国高校统一使用的哲学教材《辩证唯物主义　历史唯物主义》,其整体框架基本上沿袭了 20 世纪 30 年代苏联的教科书模式。从"艾思奇本"出版到 80 年代初,教科书体系的"板块结构"一直作为统一标准被广泛使用,成为普通大众的思想标准和行为准则。人们把教科书体系视为马克思主义哲学的"圣经",不仅在哲学领域内享有至高无上的地位,而且也是指导国家政治生活和社会生活的重要理论依据。在体系哲学的大一统之下,哲学的方方面面都盖上了教科书型的"图章",任何试图逾越体系的尝试和努力都被视为不合理的行为。特别是在日常生活中,人们总是倾向于把哲学视为某种现成的原理或结论,往往以贴标签式的方式去套用哲学。结果,哲学理论在大众化和通俗化的过程中失落了自身的批判精神和反思维度,也失去了哲学对个体生存和社会发展的重要作用,逐步演变成一种日常思维式的自在自发的教条,凝固为某种带有最大普遍性的既定的常识,从而极大地压抑了非日常思维的创新性和超越性的维度。

总之,日常生活并不是一个封闭的、静态的体系,而是面向历史、面向未来不断生成的。从古到今,日常思维与科学、艺术、哲学等非日常思维始终处于不断的相互作用中。“以日常生活为一方,以科学或艺术为另一方的这种矛盾的辩证法,始终是一种社会历史现象。这是一种具体历史的、受社会制约的情况。”①一方面,科学、艺术、哲学等非日常领域的成果不断注入并丰富着日常生活和日常思维的基本图式,并作为日常实践中积极的因素发挥作用;另一方面,“日常思维保持着对于更高的对象化活动进行思考的权力”②,并最终会成功抵制某些非日常思维的渗入,致使它们的本质发生严重变形,被同化进日常思维中。我们只有考虑到二者之间双向互动的机理,才能把握这两个领域的相关性和差异性,才能更加深入地认识整个生活世界。

---

① 卢卡契:《审美特性》第1卷,徐恒醇译,中国社会科学出版社1986年版,第40页。
② 卢卡契:《审美特性》第1卷,徐恒醇译,中国社会科学出版社1986年版,第40页。

论原址重建哈尔滨圣尼古拉教堂的文化意义

王志军

古往今来,建筑往往是一个城市文化传承和延续的最直接的表达形式之一,它可以让一个城市彰显特色和灵气,展现这座城市与众不同的历史。因此,历史上一些著名的建筑在毁坏之后,又被人们重建,甚至多次重建,如武汉的黄鹤楼,始建于三国时期,在唐、宋、元、明、清时期几经重建。圣尼古拉教堂曾经是哈尔滨最为著名的哥特式建筑,也是建筑艺术的精品之作。虽然它已经消失了五十多年,在这五十多年中,这座教堂原来的位置已经被其他建筑取代,但是仍有许许多多的哈尔滨人,甚至世界各地的曾经在哈尔滨生活过的人对这座华丽典雅的八面体全木结构的教堂记忆犹新。在他们的头脑中,圣尼古拉教堂似乎从来没有随着时间的流逝而消失。我们姑且不论作为哈尔滨市标的圣尼古拉教堂出现在大量中外有关哈尔滨历史的论著、画册里,仅就最近几年而言,消失了的圣尼古拉教堂对这座城市的影响也是非常巨大的。例如,2005 年,哈尔滨市的一些重要媒体围绕是否应该重建圣尼古拉教堂展开过一场大讨论;2010

年，中央电视台又播放了纪录片《圣尼古拉大教堂传奇》。在哈尔滨的百年城市史中，还没有一座建筑能像圣尼古拉教堂一样，无论是消失还是重建都能引发大量激烈的争议，没有一座建筑能像它一样集美与丑、爱与恨、过去与现在、光荣与屈辱于一身。从这点上说，哈尔滨圣尼古拉教堂对于哈尔滨人而言有着一种特别的意义，这使它有别于过去哈尔滨的所有建筑，甚至可能有别于人们将来在哈尔滨见到的任何建筑。从这一点出发，我们谈论圣尼古拉教堂，并不是要一味地回顾过去、复制历史，而是要关注现在、建设未来。需要明确的是，这篇文章讨论的是原址重建（以下简称“重建”）可能给哈尔滨城市文化带来的消极和积极影响的理论问题，而不是“能建不能建”等具体操作问题（如交通、资金、技术、具体的设计施工，以及与《中华人民共和国文物保护法》的关系等）。同样需要明确的是，我们这里所谈论的重建圣尼古拉教堂，一定是在“去宗教化”基础上进行的，只能是作为一座景观建筑的复原、一个文化符号的恢复①。

一、“屈辱”不能作为圣尼古拉教堂的唯一内涵

笔者认为，圣尼古拉教堂的历史与哈尔滨的城市历史一样，所具有的内容是多元的，“屈辱”“侵略”“殖民”只是其中的一个组成部分。

首先，我们不是要否定圣尼古拉教堂作为俄国殖民哈尔滨的标志。作为哈尔滨曾经的强势文化的最重要象征，圣尼古拉教堂的存在的确让这块土地上的中国人感到屈辱，将之视为“殖民侵略”的象征是完全符合历史的，这一点毫无疑问。但是问题在于，随着时间的推移，“屈辱”是否可以成为圣尼古拉教堂唯一的文化象征？圣尼古拉教堂的这种文化象征是否会随着时间的推移而改变？十月革命后，哈尔滨所经历的重大事件是否会使圣尼古拉教堂的“殖民侵略”象

---

① 现代符号学认为，一个物质性可供感知的事物若能代表它以外的某个事物，则该事物就成为一种符号，具有传达意义的功能。所谓文化符号，是经过时间洗涤之后沉淀下来的精华，是某种意义和理念的载体，而这种理念和意义是通过一系列外在特征表现出来的。另外，关于重建后的圣尼古拉教堂的“去宗教化”特征，人们可以考虑将重建后的圣尼古拉教堂与相邻的黑龙江省博物馆进行某种形式的结合等。

征意义发生本质性的变化？翻开尘封的哈尔滨城市历史,我们看到:从 1897 年中东铁路开始建设到 1917 年十月革命,哈尔滨作为中东铁路附属地的时间至多不过 20 年;从 1918 年到 1932 年 1 月日本人进入哈尔滨这 14 年,中国人是这座城市的主人;从 1932 年 1 月到 1945 年 8 月这 13 年,日本人是哈尔滨的实际统治者;从 1945 年 8 月到 1946 年 3 月这 8 个月为苏联红军占领时期;从 1946 年至今为中国人重新当家做主的时期。也就是说,圣尼古拉教堂不仅见证了俄国人对哈尔滨的侵略和殖民,也见证了哈尔滨在日本人刺刀下的所谓“王道乐土”,还见证了新中国的自由解放。在哈尔滨这百年的历史长河之中,俄国殖民哈尔滨的时间不过 20 年。仅仅从时间上说,20 年如何能涵盖 66 年？如何能代表百年的岁月流转？换句话说,圣尼古拉教堂曾是哈尔滨兴衰起伏的重要见证,作为一个地标性建筑、一个文化符号,如果将圣尼古拉教堂仅仅与“殖民侵略”象征联系在一起,不仅会抹杀圣尼古拉教堂所承载的其他无可置疑的文化意蕴,还会阻碍人们了解近代哈尔滨复杂的历史演进。这里,我们强调,圣尼古拉教堂是多种情感、多种文化象征、多种文化符号的集合体,任何单一维度都无法涵盖整体,对某一维度的过分强调可能会降低它巨大的影响力、感召力。

我们也不应忘记,圣尼古拉教堂不仅是俄国人殖民侵略哈尔滨的象征,也是俄国人遭遇苦难时坚守希望的象征。众所周知,十月革命后,俄国难民背井离乡,流亡到一个陌生的环境——哈尔滨。作为哈尔滨最为著名的东正教中心,圣尼古拉教堂也就成了他们的精神避难所(这里,我们用苦难的时代、苦难的俄国来形容当时俄国人的境遇应该不失贴切)。与此同时,这些俄国人也为哈尔滨这座城市留下了一笔无形的巨大精神遗产:在那种异常艰苦的情况下,他们无所畏惧、坚韧不拔,能够齐心协力,努力营造出自己熟悉的文化氛围。这种苦难与面对苦难的勇气不能不说也是哈尔滨圣尼古拉教堂折射出的另一笔重要的精神财富,它能影响过去、现在和未来生活在哈尔滨这座城市中的人们。

另外,即使作为俄国侵略中国、侵略哈尔滨的重要标志,圣尼古拉教堂带给哈尔滨的也不仅仅是屈辱,还包括先进的文化教育、科学技术,以及频繁的对外交流。学术界提出的俄国对早期哈尔滨影响的“两个西方”,我们一定不会陌生,它提示我们在看到“侵略的西方”的同时,也应注意另一个西方,即“文明的西方”。[1] 换言之,一方面,圣尼古拉教堂是沙俄势力的象征,它具备沙俄殖民主义的一切典型特征,即罪恶、血腥的“侵略的西方”,它集征服者的狂妄、投机者的贪婪、掠夺者的野蛮于一身,把哈尔滨变成了帝俄对华扩张的大本营。从这个角度上说,圣尼古拉教堂与19世纪末至20世纪初的哈尔滨城市化过程不可分开,与它所历经的血雨腥风、痛苦挣扎不可分开,动荡、阴谋、掠夺、犯罪、病疫、自然灾难,都是圣尼古拉教堂与哈尔滨早期历史不可分割的一部分。另一方面,圣尼古拉教堂又代表“文明的西方”,它与技术发达、社会进步联系在一起,与马克思主义传入的“红色丝绸之路”,近代资本主义生产方式的强行移植,近代化学校的产生,西洋音乐、舞蹈、电影进入中国密不可分。就此而言,圣尼古拉教堂也给哈尔滨这座年轻城市带来了希望与力量。总之,圣尼古拉教堂可以视为哈尔滨城市文化的多元性、共生性代表,是痛苦与新生、野蛮与文明、简单与复杂、光明与黑暗的集合体,“殖民侵略”只是其中的一个组成部分。

二、重建圣尼古拉教堂的文化意义

学者认为,历史建筑的重建,从性质上来看,至少可以分为文物建筑性质的复原和非文物建筑的复原。文物建筑性质的复原,是在充分研究史料、进行考古发掘的基础上,在不破坏原有遗址中的文物遗迹的情况下进行的复原工作。非文物建筑的复原则是在没有“不破坏原有遗迹”前提下的重建,这种情况下重建的建筑则不应以文物建筑的性质而论。杭州雷峰塔即属于后者,其性质属于景观建筑。[2] 重建后的圣尼古拉教堂也应属于这种包含历史信息的景观建筑。它除具备东西方交汇所形成的多元性、复杂性的文化特点以外,还应具有如下特征。

第一,重建圣尼古拉教堂不能不与当代中国的强大崛起以及哈尔滨人对过去历史的珍视、对未来生活的憧憬联系起来。无论人们对“文化”理解的差异有

① 参见石方、刘爽、高凌:《哈尔滨俄侨史》,黑龙江人民出版社2003年版,第586~587页。

② 郭黛姮:《关于文物建筑遗迹保护与重建的思考》,载《建筑学报》2006年第6期。

多大,都必须承认,文化具有动态性,它是不断发展变化的。被学者认作“人化”过程的“文化”,是某一个文化主体(它可以是一个个体、一个民族、一个国家,也可以是一个地区)通过充分开发和发挥其特有的历史、现实所具有的吸引力,潜移默化地对其他区域及其成员的精神世界施加影响的过程。这一过程随着新老文化主体的更迭而延续,同时,新的文化主体在延续的基础上又赋予了文化新的内涵。和文化一样,作为重要文化载体的建筑,它是历史形成的,也会随着历史而不断演绎出新的内容。在新的历史时期,重建后的圣尼古拉教堂除了会勾起人们对这座著名的老建筑的回忆之外,对于今天的哈尔滨人来说,它不仅能彰显出新时代的哈尔滨人对过去历史的铭记,更能表达一种开放的胸怀和自信的态度。中国有一句古话“金无足赤”,意思是说,世界上没有十全十美的事物。如果人们以一个完美的标尺去衡量,哈尔滨圣尼古拉教堂难逃诟病,但是,举世闻名的金字塔,难道不是统治阶级残酷统治的见证吗?泰姬陵更是用无数劳动者的生命换来的。以此类推,历史上哪个楼堂亭院、城邦街区、神舍庙宇能够完美无缺、白璧无瑕?在这一层意义上,我们要重建的不仅是一座老建筑,而且是一种无形的哈尔滨人的精神与气度、勇气与智慧,它比任何具体的物质上的重建更加重要、更加困难!

今天的哈尔滨人,有谁认为“洋房”林立的中央大街是屈辱的象征?又有谁能否认整修以后的索菲亚教堂是“冰城”一道靓丽的风景?在圣尼古拉教堂曾经存在的地方,我们曾先后修建了多座建筑,这些建筑,无论其自身的特点、品位、形式、审美情趣等,都远远不及圣尼古拉教堂,这难道不值得我们反思?退一步说,如果圣尼古拉教堂是我们这座城市屈辱的象征,那么这种屈辱会因为没有圣尼古拉教堂的重建而消失吗?历史会因为今天的人们做了些什么或不做什么而发生改变吗?甚至可以说,就算圣尼古拉教堂代表了屈辱,这也不能成为它不能重建的理由。孟子有一句著名的话:“生于忧患。”在新的时代,重建后的圣尼古拉教堂未尝不能是一座警钟,它更能激发中国人牢记历史、奋发有为、自立自强的精神!

圣尼古拉教堂与哈尔滨的过去密切相关,它不仅见证了俄国要将哈尔滨变成“黄色俄罗斯”的痴心妄想,见证了日俄战争的刺刀和马队,见证了哈尔滨重新回到中国人怀抱中的欢欣鼓舞，见证了日本人的坦克和大炮，见证了苏联军队的势不可挡，见证了哈尔滨的解放，同时，重建后的圣尼古拉教堂也必将见证改革开放以来哈尔滨的巨大发展。作为哈尔滨曾经的建筑典范、旅居哈尔滨的俄国人最重要的精神居所，历经了哈尔滨百年历史发展中的66载岁月变迁，圣尼古拉教堂不仅是一个较完美的建筑标本，也是一个凝聚了多种文化符号、不可替代的文化标本，它传递出来的情感与底蕴是复杂的，影响是巨大的。

第二，作为一个精美杰出的建筑艺术品，圣尼古拉教堂具有生动和直观的感性形式。费孝通先生在《乡土中国》中提出："文化是依赖象征体系和个人的记忆而维持着的社会共同经验。"①就是说，文化是代代相传的，任何一个社会的文化都包括以往文化的积淀。而一个城市中的著名建筑则是传承这个城市文化胎记的最好载体之一，它所包含的内容和意义都是通过特定的感性形式直接体现出来的，都是能够通过感官来接受和感悟的。重建的圣尼古拉教堂体现出的"哈尔滨特色"的内容和意义，不是抽象的、思辨的、逻辑的、理性的、文字的，而是直接的、感性的、具体的、看得见摸得着的，就像金字塔出现在埃及尼罗河畔的谷地、布达拉宫耸立在拉萨的山坡、自由女神像矗立在纽约港口，它是那么直截了当、不容置疑，又是那么让人印象深刻、难以忘怀，这就是一座著名的建筑带给人的视觉冲击和精神震撼。圣尼古拉教堂与它的诞生地——博物馆广场之间的联系，是历史形成的，它深深地铭刻于几代哈尔滨人的记忆之中，铭刻于哈尔滨这座城市的兴衰历程之中，有着感性、直观、鲜明的哈尔滨气派和哈尔滨风格。我们不能想象的是，易地重建的圣尼古拉教堂如何能够将过去的哈尔滨与现在的哈尔滨，在时间与空间上建立有效的联系。我们可以想象的是，百年间哈尔滨如此生动、直接、明显、影响巨大的文化载体是稀少与奇缺的。

第三，圣尼古拉教堂的重建将会使哈尔滨市内的多座东正教堂，如索菲亚教堂、圣伊维尔教堂、圣母守护教堂、圣母安息教堂、圣阿列克谢耶夫教堂等形成一个以圣尼古拉教堂为中心的俄罗斯文化圈，更加鲜明地凸显出哈尔滨这座城市具有的东正教文化的历史底蕴。同时，与现存的中东铁路建筑群、从前的

① 费孝通：《乡土中国》，北京出版社2005年版，第22页。

外国使领馆建筑群紧密结合,构成完整的近代哈尔滨城市风貌。① 也许人们会担心圣尼古拉教堂的重建会削弱中国传统文化的影响,笔者认为这种担心是不必要的。从哈尔滨城市的历史进程上看,生活在哈尔滨的中国人对自身传统文化的承继高扬,与以圣尼古拉教堂为代表的洋式教堂建筑关联密切。20 世纪 20 年代,在中国递次收回各种中东铁路附属地权利期间,中国人的民族精神和传统文化得到了大力弘扬,表现在建筑上就是极乐寺、文庙、普育中学(今哈尔滨市第三中学校址)等一批具有中国特色建筑的出现。我们知道,圣尼古拉教堂所在的南岗区大直街因地处高岗,被哈尔滨人视为关乎本地兴衰的"龙脉""龙脊"。作为旅居哈尔滨的俄国人最重要的精神中心的圣尼古拉教堂,就建在"龙脊"的中央。圣母安息教堂又建在大直街的最东端,这就让当时的一些人觉得,俄国人的教堂破坏了中国人的风水。1924 年 9 月 28 日极乐寺开光之日,便成了哈尔滨人"抱龙头""压龙尾""保风水"的吉日良辰。笔者认为,这其实是以圣尼古拉教堂为代表的东正教文化与中国传统文化之间相互影响的力证,是中西文化在早期哈尔滨同生共长的力证。换言之,缺少了圣尼古拉教堂的身影,对表现东西文化碰撞兼容的哈尔滨历史与未来是无益的。

第四,重提再建圣尼古拉教堂,笔者并不惧怕面对"为侵略者招魂""尖叫"等指责,而是希望寻找到一个理性对话的平台。这不仅对于重建圣尼古拉教堂来说是重要的,而且对于认识我们生活的这座城市的历史,对于我们认识自己的特点来说都是重要的。重提再建圣尼古拉教堂,并不是要无限夸大它的影响。作为一个文化符号,重建后的圣尼古拉教堂只是哈尔滨众多文化符号中的一个。像北京的故宫、长城、颐和园、天坛等一样,百年哈尔滨不同时期、不同风格、不同类型的标志性建筑,形成了一条反映城市历史发展轨迹的城市文脉,圣尼古拉教堂只是众多精美建筑中的一座。更何况,哈尔滨不仅具有中西兼容的文化特点,还拥有金源文化、黑土文化、冰雪文化、北大荒文化等特色文化。重提再建圣尼古拉教堂,更不是要抹杀今天哈尔滨城市建设所取得的巨大成就。以哈尔滨开发区、利民经济技术开发区、松北新区、群力新区为代表的崭新哈尔

① 阙维民、边雪:《世界遗产视野中的哈尔滨东正教堂》,载《城市发展研究》2009 年第 11 期。

滨的崛起,绝不可能因为一座老建筑的重建而失去光彩。今非昔比,万象更新,重建后的作为一座景观建筑的圣尼古拉教堂应该与哈尔滨其他优秀的建筑和谐地组合在一起,相映增辉。

历史是如何可能的

——科西克具体总体的历史观评说

李宝文

什么是历史？历史是如何可能的？捷克斯洛伐克享有世界声誉的马克思主义哲学家、"存在人类学派"的创始人卡莱尔·科西克(Karel Kosik,1926～2003)运用具体总体的辩证法思想对此做出了独特的分析与探究。在科西克看来,我们周围的世界是一个充塞着平日环境和惯常氛围的现象集合,这些现象以其规则性、直接性和自发性渗透到行动着的个人意识当中,个人意识将实在的表面形态固定下来,成为一个虚构的亲近、熟识、信任的世界。然而,这个看似熟悉的世界却是一个伪具体的世界。"伪具体的世界是一幅真理和欺骗互相映衬的图画。这里盛行着模棱两可的东西。现象在显露本质的同时也在掩盖本质。本质在现象中显现自己,但是,它仅仅显现到一定程度,仅仅显现出某些方面和侧面。现象指示出某些超出它自身的东西,它只有依赖于自己的对立面才得以存在。"①为了获得作为对立面而存在的本真的具体世界，必须摧毁作为对立面而存在的伪具体的现象世界。但是，摧毁伪具体并不是撕下一块帷幕，露出隐藏在后面的现成的、给予的、不依赖于人的活动而存在的实在。摧毁伪具体是构造具体实在并具体地观察实在的过程。在这个过程中，是否坚持以辩证－批判的态度看待具体成为全部问题的关键。

科西克认为，辩证－批判的态度是一种辩证的阐释方法原则。而"辩证的阐释方法的基础是把实在理解为一个具体的总体"②。所谓具体的总体，一方面是说，具体不是单独的、孤立的具体，不是一切方面、事物和关系的堆积，而是总体中的具体。总体中的具体不是把具体视为构成总体的个别事实或者特定要素，而是把它视为一个辩证的意义结构。另一方面是说，总体也不是所有具体相加之和，不是高于或者凌驾于一切具体之上的实体化的或空洞的总体，总体意味着实在是一个有结构的辩证的整体，在这个整体中并通过这个整体，任何特殊的事实（或事实的组合、排列）都可以得到合理的理解。但是，具体总体并不是试图捕捉和描述实在的一切方面、属性、特性、关系和过程的方法，宁肯说，它是关于实在之具体整体的理论。这种理论把实在视为一个具体的总体，一个结构性的、进化着的、自我形成的总体。"所谓具体性，所谓实在的总体性，不是事实是否完全的问题，也不是境域能否改变、能否转换的问题。它包含着一个根本性问题：什么是实在？就社会实在而论，如果把这个问题转换成社会实在怎样形成这个不同的问题，便可得到回答。这种通过确定社会实在怎样形成来确定社会实在是什么的提问方式，包含着关于社会和人的革命性概念。"③

相应地，就历史实在而言，科西克认为，历史既不是绝对具体的微观存在，也不是抽象空洞的宏大叙事，而是具体和总体的辩证统一。在科西克看来，"历

① 卡莱尔·科西克：《具体的辩证法——关于人与世界问题的研究》，傅小平译，社会科学文献出版社1989年版，第3页。

② 卡莱尔·科西克：《具体的辩证法——关于人与世界问题的研究》，傅小平译，社会科学文献出版社1989年版，第20页。

③ 卡莱尔·科西克：《具体的辩证法——关于人与世界问题的研究》，傅小平译，社会科学文献出版社1989年版，第30～31页。

史学家研究历史上发生了什么,哲学家则问历史是什么,它究竟是如何可能的"①。历史学家研究特定时期、特定内容的历史;哲学家则要知道,历史中的推测是什么,以及为什么会有历史这种东西存在。哲学家的发问并不侵犯历史学家的专门课题,哲学家所要探问的是历史得以存在的先决条件。因此,"在论证历史是怎么样的之前,我们必须先知道历史是什么,它是如何可能的。历史是荒诞的、残酷的、悲剧性的,还是滑稽可笑的?历史中是否实现着某种天意的蓝图或固有的规律?历史是冒险家的乐园还是决定论的荒野?所有这些问题,只有在我们知道了什么是历史时,才能得到满意的答案"②。那么,历史究竟是什么?历史到底是如何可能的?科西克分别从平日与历史、历史行状与历史决定论、历史与自由等多重维度运用具体总体的辩证方法进行了充分的阐明与探究。

一、平日与历史

科西克认为,平日是古往今来任何朝代、任何人均不可缺少的存在常态。这种常态存在于每一时代,存在于每个人生活的每一天。人类的每一种生存方式或在世方式都有它的平日。平日不是作为公共生活对立物的私生活,也不是与某种高雅的官方世界对立的所谓的粗俗的生活。刀笔小吏和皇帝同样生活在平日之中。整个世代、千百万人民曾经或正在生活在他们的平日生活之中。平日是时间的组织,是推动个人生活史展开的节律,是一种自然氛围。在平日中,活动和生活方式都变为本能的、下意识的和不假思索的机械过程。平日表现为平淡未分化的、机械的和本能的黑夜,即表现为熟知的世界。平日中的一切都处于"在手"状态,个人可以实现他的自我意图,在自己的经验、自己的可能性、自己的活动的基础上发生各种关系,把平日看作自己的世界。这是个体能

---

① Karel Kosik, *Dialectics of the Concrete: A Study on Problems of Man and World*, Dordrecht and Boston: D. Reidel Publishing Company, 1976, p. 140.

② Karel Kosik, *Dialectics of the Concrete: A Study on Problems of Man and World*, Dordrecht and Boston: D. Reidel Publishing Company, 1976, p. 140.

够筹划并控制的、可信的、熟识的世界,是直接经验与可重复性的世界。然而,“平日的熟识世界并不是一个已知的被认识了的世界。为了揭示它的实在,必须撕去其拜物教化亲密的假面,暴露其异化的残忍”①。在科西克看来,“平日生活只有在被打断时才成了问题,才暴露自己为平日”②。平日表现为把千百万人的生活组织成一种规则的、可重复的工作、行动和生活的节律,所以,只有当千百万人受到强烈震撼而脱离了这一节律时,平日生活才被打断。在人类社会生活中,一种极端而又强有力的方式时常打断平日生活,这种方式便是战争。战争打断平日生活,战争强有力地把千百万人拖出他们的环境,把他们从工作中撕扯出来,把他们逐出他们所熟悉的世界。在(历史的)战争对平日的撞击中,平日被征服了,人们习惯的生活节律完结了,历史(战争)改变了平日。于是,素朴的意识认为,平日与历史之间的生活断裂是一种宿命,它暴露了平日的残忍,昭示了平日的真理,正所谓平日断裂处历史显现。然而,在科西克看来,平日绝非仅仅通过历史的冲撞才显现出自身真理性的一面。事实上,平日与历史的冲撞昭示着各自的真理。这种冲突既暴露了平日的性质,也暴露了历史的性质,以及二者的关系。因此,科西克批评性地指出:“平日并不意味着一种与反常、节庆、特殊或历史……相反的东西。假定平日是与作为反常现象的历史不同的一种常规,这本身就是某种神秘化的结果。”③

那么,人们应该如何看待平日与历史的内在关系?在科西克看来,平日与历史的冲撞的确引起巨变。历史(战争)打断了平日的生活,但平日也能制服历史,因为任何事情都有它的平日。即使是断头台也可以成为习惯,集中营也有它的平日。就平日与历史的关系而言,平日与历史是相互渗透的,在互相缠绕中,它们表面上的性质改变了。平日不再是平常意识中的那个样子。同样,历史也不再是它显现给平常意识的那个样子。与此相反,素朴意识认为,平日是

---

① Karel Kosik, *Dialectics of the Concrete: A Study on Problems of Man and World*, Dordrecht and Boston: D. Reidel Publishing Company, 1976, p. 48.

② 卡莱尔·科西克:《具体的辩证法——关于人与世界问题的研究》,傅小平译,社会科学文献出版社1989年版,第54页。

③ 卡莱尔·科西克:《具体的辩证法——关于人与世界问题的研究》,傅小平译,社会科学文献出版社1989年版,第53页。

一个自然氛围或熟悉的实在,而历史仿佛是一种超越性的实在,它发生在平日的背后。平日与历史截然地分离与对立。平日表现为信任、熟识、亲近,表现为“故乡”;而历史则表现为出轨、对平日生活的打断,表现为意外和陌生。“这一断裂把实在一劈两半,一面是历史的历史性,另一面是平日的非历史性。历史变化着,平日则保持不变。”①也就是说,平日原本是历史的基础和原材料,它支撑并滋养着历史,但它本身却没有历史并且在历史之外。对于这种脱离平日历史维度的做法,科西克尖锐地质问:在什么样的环境中平日变成了“工作日宗教”?在什么样的环境中平日成了人类永恒的、不可改变的条件?既是历史的产物和历史性之渊源,平日又如何最终与历史分离?它如何考虑历史中的自相矛盾,即事变和事件之间的相互矛盾?在科西克看来,平日是一个现象世界,在掩盖实在的同时也以某种方式揭露着实在。素朴意识没有注意到实在的这种双重特性,没有注意到“平日”与“工作日宗教”(异化了的平日)之间的明显区别,导致他们把平日看作不可靠的历史,认为向可靠性转化是对平日的丢弃。于是,竟造成严重后果。“把平日与可变性、历史僵硬地分开,一方面会导致历史的神秘化,这种历史的神秘化可以表现为马背上的皇帝和……历史;另一方面会抽空平日,导致平庸陈腐和‘工作日宗教’。与历史离异,平日会变得空洞乏味,以致演变成荒诞的不变性。与平日离异,历史就会变成一个荒诞的软弱无力的巨人,它作为灾难闯入平日却无法改变它,即无法清除它的陈腐,无法给它以充实的内容。”②简言之,平日与历史的分离,既脱离了平日的历史维度,使平日无法向历史延伸,又阻断了历史的平日向度,使历史无法向平日回归。

素朴意识为什么会特别强调平日与历史的分离、断裂、对立?为什么特别看重历史对平日生活的冲撞意义?在科西克看来,这背后反映出一个更为深刻的问题:“人们对平日的自动性和不变性提出疑问,并不是因为它本身能成为问题。相反,平日成为问题反映着实在成了问题。从根本上讲,人所寻觅的不是

---

① 卡莱尔·科西克:《具体的辩证法——关于人与世界问题的研究》,傅小平译,社会科学文献出版社1989年版,第55页。

② 卡莱尔·科西克:《具体的辩证法——关于人与世界问题的研究》,傅小平译,社会科学文献出版社1989年版,第56页。

平日的意义，而是实在的意义。”①实在是一个具体总体的过程，是一个不断发展变化着的历史过程，所以，科西克的这种深层反思无疑是在告诫人们平日生活本身就包含着历史，人类历史的变革不是外在的“强制”，而是发端于平日生活自身。在科西克看来，平日生活自身的提升与超越，就是对异化了的、伪具体的平日世界的摧毁。摧毁伪具体的平日世界的方法不是单一的，而是多元的，除了通常的“革命性的变革”之外，还包括“间离”“存在主义的更改”等。尽管这些方式各自发挥着不可替代的作用，但是，无论哪一种都是外在于平日生活本身的，因而或者是不彻底的，或者是充满历史荒谬感的。因此，时至今日，人类尚未真正形成一种源自平日生活本身的历史自觉。对此，科西克不无伤感地痛斥道：“为了窥见异化了的平日之真情，人们必须与它保持一定的距离；为了取消它的熟识性，人们必须对它施行‘强制’。为了使人们的真实形象得到恰当的表现，他们不得不‘变成’寄生虫、狗、类人猿。这是什么社会，什么世界！为了表现人和他的世界，为了让人们看清自己的面目并认识自己的世界，需要多么‘牵强’的比喻和寓言！”②换言之，就平日与历史的关系而言，历史的可能性并不在于对空洞虚假的伪历史的超越性诉求，而在于对本真具体的平日生活的历史性自觉，在于辩证-批判地生成平日生活的历史之维。

二、历史行状与历史决定论

当科西克批判性地分析了平日与历史这个现实层面的历史可能性问题之后，他开始将目光转向理论层面问题的探究。在科西克看来，人们对历史行状与历史决定论问题的误识是阻碍人们形成正确历史观的最大障碍。为此，科西克从三个方面展开了辩证的分析与批判。

---

① 卡莱尔·科西克：《具体的辩证法——关于人与世界问题的研究》，傅小平译，社会科学文献出版社 1989 年版，第 59 页。

② 卡莱尔·科西克：《具体的辩证法——关于人与世界问题的研究》，傅小平译，社会科学文献出版社 1989 年版，第 60~61 页。

1. 辩证法与历史决定论

在历史观的理论问题上,历来存在多种见解,其中,历史决定论的相对主义与自然权力论的非历史主义是当代两种十分典型的历史观理论。历史决定论的基本命题是人不能超越历史;而自然权力论(唯理主义)则主张人必须超越历史达到某种形而上的东西,达到某种能够保证知识和道德的真理性的东西。科西克认为,这两种表面上貌似截然对立的观点实质上有一个共同的假设:历史具有易变性、不可重复性和个别性。在历史决定论那里,历史消散于环境的易逝性和暂时性之中,把环境中诸要素联结起来的不是它们自身历史的连续性,而是一种超历史的类型学,即人类精神阐释原则。于是会得出"人不能走出历史"这样一个公式,这个公式意味着达到客观真理是不可能的。然而,在科西克看来,这是一个模棱两可的公式。因为,历史并不像历史决定论认为的那样,它是排斥绝对性和超历史性的历史性、易逝性和不可重复性。在自然权力论那里,作为一个进程的历史则被视为非实体性的。他们认为,在历史的背后存在某种超历史的、绝对的东西,历史进程不能对它发生影响,历史现实是不变实体的外部变异,是永不停歇的进程与消逝。而在科西克看来,这种观点同样失之偏颇。因为,如果绝对、普遍和外观是不变的,永久性是独立于变异的,那么历史就只在表面上是历史。由此,科西克深刻地指出了二者隐而不显地包含着的共同结论:"历史相对主义的信奉者与他们的对立面,即自然权力的辩护者,在一个中心点上殊途同归:两派都取消了历史。"①

针对这种倾向,科西克提出了具体总体的辩证法原则,他认为辩证法既不同于历史决定论的相对主义,也不同于自然权力论的非历史主义。辩证法不承认任何先于历史、独立于历史以及作为历史终极构想的绝对和普遍。相反,辩证法认为绝对和普遍都是在历史进程中实现的。非历史的思维只强调形而上学意义上的绝对,即非历史的永久的绝对,历史决定论则把绝对和普遍全部从历史中剔除。辩证法与这两者完全不同,它认为历史是相对中的绝对与绝对中

---

① 卡莱尔·科西克:《具体的辩证法——关于人与世界问题的研究》,傅小平译,社会科学文献出版社1989年版,第103页。

的相对的统一,它把历史看作一个过程,在这个过程中,人、普遍、绝对既表现为一般先决条件,又表现为特殊历史成果。因此,“历史之所以是历史,是因为它既包含着环境的历史性(historicity),又包含着实在的历史行状(historism)。短暂的历史性沉入过去,并且一去不复返。历史行状则是持续着的东西的形成,是自我形成和创造”①。历史就是历史行状与历史性的有机统一,唯其如此,历史才成其为历史。

2. 历史实在与历史事实

科西克已经正确地指出实在是一个具体的总体,一个结构性的、进化着的、自我形成的总体。但在历史决定论的理论视野中,实在是分裂的:一端是易逝的、空寂的、贬值的事实;另一端是实在之外价值的先验存在。实在被分解为历史事实的相对化世界和超历史价值的绝对化世界,实在的历史内容和形式都被唯心主义化了。然而,“被伪具体掩盖又在伪具体中显现自身的真实世界,既不是与不真实环境世界相反的真实环境世界,也不是与主观幻想世界相反的超越世界,而是一个人类实践的世界”②。对此,科西克进一步指出:“作为人类本质的社会实在与它的产物和实存形式是不可分离的,它就存在于这些产物的历史总体之中。这些产物决不是外在附属‘物’,它们揭示出(实际上是倒溯地构造出)人类实在的特性(即人的本质特性)。人类实在不是前历史的、超历史的不变实体。它是在历史进程中形成的。实在并不仅只是环境和历史事实,但它也不忽视经验实在。一方面是易逝的、空洞的经验事实;另一方面是独立不依地高居上方的理想价值的精神王国,这种分裂状态是特殊历史实在的存在方式。历史的实在就存在于这种分裂状态之中。它的完整性是由这种分裂构成的。”③因此,在科西克看来:“人类世界的唯一实在是两个方面的统一:一方面

---

① 卡莱尔·科西克:《具体的辩证法——关于人与世界问题的研究》,傅小平译,社会科学文献出版社1989年版,第104页。

② 卡莱尔·科西克:《具体的辩证法——关于人与世界问题的研究》,傅小平译,社会科学文献出版社1989年版,第8页。

③ 卡莱尔·科西克:《具体的辩证法——关于人与世界问题的研究》,傅小平译,社会科学文献出版社1989年版,第105~106页。

是经验环境及其形成过程；另一方面是易逝的或有生命的价值及其构造过程。”①也就是说，实在不是诸多事件的一团混沌，也不是稳固环境的一团混沌，而是事件与主体的统一，是事件与它们的形成过程的统一，是超越环境的实践－精神能力。这种精神能力可以引导人类超越历史事实和历史环境的束缚，使人类从意见到认识、从神话到真理、从偶然到必然、从相对到绝对的前进成为可能。

3. 历史总体化与暂时性

科西克认为：“历史是人创造的，这是历史的第一个前提。但它的第二个前提同样重要，这就是创造的必然的连续性。历史之所以可能，是因为人们并非永远从起点重新开始。相反，人们承袭着过去世代的道路和成果。”②历史实在不断地克服自身的事实属性，从而构造实在的历史行状，使历史实在成为高于其自身实存的环境和历史形式。历史实在的这一功能突出地表现为它能够不断地克服一切暂时性和瞬息性的本质，它能够将过去的事物抽出来注入现在，从而超越暂时性。这个过程既是对过去的批评，又是对过去的占有。为了证明这一点，科西克说，孕育了赫拉克利特天才的那个社会、产生了莎士比亚艺术的那个时代、在自己“精神”中发展出黑格尔哲学的那个阶级，都在历史上无可挽回地消逝了。但是，“赫拉克利特的世界”“莎士比亚的世界”“黑格尔的世界”还活着，还作为现在的活生生的要素存在，因为它们已经永久地丰富了人类主体。因此，科西克结论性地指出：“人类历史是连绵不断的对过去的总体化。在这个总体化过程中，人类实践对过去的各种要素进行整合，从而把它们保存下来。从这个意义上说，人类实在不仅是新事物的生产，而且也是旧事物的批判的辩证的再生产。总体化就是生产和再生产的过程，是保存和更生。”③毫无疑问，在任何时代，总体化能力和总体化过程都既是必要前提又是历史结果。

---

① 卡莱尔·科西克:《具体的辩证法——关于人与世界问题的研究》，傅小平译，社会科学文献出版社1989年版，第106页。

② 卡莱尔·科西克:《具体的辩证法——关于人与世界问题的研究》，傅小平译，社会科学文献出版社1989年版，第182页。

③ 卡莱尔·科西克:《具体的辩证法——关于人与世界问题的研究》，傅小平译，社会科学文献出版社1989年版，第107页。

三、历史与自由

自从文艺复兴"发现人"以来,人的自由问题便成为人类存在的核心问题。而人怎样看待历史则成为人能否获得真正自由的重要前提。近现代以来,人们形成了各种各样的历史观,诸如决定论的与非决定论的、理性的与非理性的、天意的与浪漫主义的等。但是,在科西克看来,每一种深刻系统地阐述历史之本性的尝试,都难免带有神秘化的色彩。因为,历史的真正难题在于"已经发现历史是人类实在的一个基本向度的历史意识,其本身却不能在自身内证明历史的真理是什么"①。因此,关于历史是什么以及历史与自由的问题,我们只有在祛除神秘化的批判过程中才能发现它的真实意义。

1. 历史不是给定的

科西克认为,近代以来,存在两种主要的历史决定论思想,一种是天意论的历史观,另一种是规律论的历史观,它们都把历史视作给定的东西,从而把历史中的人的自由也视作被动的给定的自由,即被历史规划好了的自由。天意论的历史观主要体现在维柯、谢林和黑格尔的历史哲学中,"天意"被视为历史建构的要素。他们认为,历史是某种天意,是"看不见的手""理性的狡黠""自然的意图"等的结果。历史在这些要素的作用下总是趋向于合理性。历史总是存在的,存在的历史总是合理的。自由是历史唯一的合理性目的。纯粹的理论推演似乎具有一定的意义,但是,历史是一个现实过程而不是一个理论过程,逻辑应当反映历史,而不是相反。对此,阿格尼丝·赫勒在《现代性理论》一书中曾指出,如果自由作为历史的基础,也就意味着一切都根本不存在基础。因为每一项政治行为都可以据此以自我所谓的自由为根据,每一种生活都可以据此以自我所谓的自由为基础,每一种哲学都可以据此以自我所谓的自由为根基。所以,自由"可以以各种可能的方式得到解释,这些解释往往不只是在理论上相互

---

① Karel Kosik, *Dialectics of the Concrete: A Study on Problems of Man and World*, Dordrecht and Boston: D. Reidel Publishing Company, 1976, p. 140.

矛盾,而且在实践上——在判断和行动中——相互矛盾”①。天意论的历史观就是建立在抽象自由基础之上的虚假的历史观。

与此类似,规律论的历史观则从另一方面曲解历史。这种历史观主要体现在当代伪马克思主义者对马克思主义的错误理解之中。一些人以马克思的代言人的身份教条地理解和运用马克思的历史思想,把历史变成了“铁的规律”,人则变成了服从这一规律的工具。科西克对这两种历史观进行了深刻的批判,认为在它们虚假对立的现象之后存在着共同的本质:人类理性的误用。天意论的理性历史“把历史预先设计为合理的,并且只有在这个没有事实根据的形而上学设想基础上,才能构造出‘理性的狡黠’‘看不见的手’‘自然的意图’等概念。也只有借助于这些概念,亦即借助于神秘的辩证变形,无序的、特殊的人类活动才能得出合理的结局。历史之所以是合理的,只是因为它被预先设计和规定为合理的”②。而在规律论的历史中,人们虽然在历史中行动着,但他们只是看上去像是在创造历史,事实上只不过是“工具”和“实施武器”。上述两种历史观虽然表面上互相抵制,但是,双方都把历史看成了理性给定的东西。当历史变成了伪历史与反历史的东西时,人也就毫无自由可言。

2. 历史不是任意的

与决定论相反,浪漫主义的历史观把历史视为任意创造的。对此,科西克质疑道:“假如人们可以任意地行事,任凭自己的激情和兴趣去从事他们的利己主义事业和各自的特殊偏好,那么历史就不是朝着一个末世的终点前进,而是在理性与非理性、善良与邪恶、人道与非人道之间循环往复,永无穷期。”③显然,历史离不开历史实在本身。马克思和恩格斯曾指出:“历史的每一阶段都遇到一定的物质结果,一定的生产力总和,人对自然以及个人之间历史地形成的关系,都遇到前一代传给后一代的大量生产力、资金和环境,尽管一方面这些生

---

① 阿格尼丝·赫勒:《现代性理论》,李瑞华译,商务印书馆2005年版,第29页。

② Karel Kosik, *Dialectics of the Concrete: A Study on Problems of Man and World*, Dordrecht and Boston: D. Reidel Publishing Company, 1976, p. 144.

③ Karel Kosik, *Dialectics of the Concrete: A Study on Problems of Man and World*, Dordrecht and Boston: D. Reidel Publishing Company, 1976, p. 142.

产力、资金和环境为新的一代所改变,但另一方面,它们也预先规定新的一代本身的生活条件,使它得到一定的发展和具有特殊的性质。"①但是,"迄今为止的一切历史观不是完全忽视了历史的这一现实基础,就是把它仅仅看成与历史过程没有任何联系的附带因素。因此,历史总是遵照在它之外的某种尺度来编写的;现实的生活生产被看成是某种非历史的东西,而历史的东西则被看成是某种脱离日常生活的东西,某种处于世界之外和超乎世界之上的东西"②。正是基于对马克思和恩格斯历史观的准确把握,科西克进而从历史的连续性角度,进一步对浪漫主义历史观提出了批判。他指出:"如果人类开创的每一个时代都与另一个时代毫无瓜葛,如果每一个行动都没有先决条件,那么,人类将永远停留在一个地方而无法前进半步,人类存在将运动于绝对开端和绝对终点周期循环的圆圈之中。"③

3. 历史是人自身的实现

在科西克看来,历史是人创造的,这是历史的第一个前提。"人在历史中实现了什么?是自由的进步,天意的蓝图,还是必然的进程?人在历史中实现了他自身。在历史之先或在历史之外,人不知道自己是谁,甚至根本不能成其为人。人实现自身,在历史中人化自身。"④人不是被机械地构造出来的,历史中既不存在过去决定现在和将来的天然法则,也不存在抽象的将来决定现在的定律。"人不同于下落的石头,人的存在不同于物体的存在。"⑤人是历史的真正主体,历史是离不开人的实在。"只有把人包括在关于实在的构想之中,把实在当作自然和历史的总体来把握,解放哲学上的人的问题才有了条件。没有人的

---

① 《马克思恩格斯选集》第1卷,人民出版社1995年版,第92页。

② 《马克思恩格斯选集》第1卷,人民出版社1995年版,第93页。

③ Karel Kosik, *Dialectics of the Concrete: A Study on Problems of Man and World*, Dordrecht and Boston: D. Reidel Publishing Company, 1976, p. 145.

④ 卡莱尔·科西克:《具体的辩证法——关于人与世界问题的研究》,傅小平译,社会科学文献出版社1989年版,第181页。

⑤ Karel Kosik, *The Crisis of Modernity*, edited by James H. Satterwhite, Boston and London: Rowman & Littlefied Publishing Group, 1995, p. 36.

实在是不完全的,而若没有世界,则人也同样只是一个残片。"①那么,人对实在的理解如何可能?人们怎样能够理解有认识能力的有限存在与世界其余部分的关系?科西克认为:"人只有在实践造成的开放性的基础上,才能理解事物及其存在,理解世界的诸种特殊性和它的总体。"②也就是说,历史不是外在于人的客体,而是与人的实践相统一的具体总体。于是,阐明历史如何可能的问题实质上转变成了阐明人在这个世界上如何存在的问题。在科西克看来,"人是这样一种存在:他的存在以社会-实在的实践性生产和人类实在、超人类实在乃至一般实在的精神上的再生产为基本特征"③。在这里,科西克把人的存在指向了实践问题。他认为,实践是人类存在的基本方式,实践打开了通达人和理解人的途径,也打开了通达自然以及解释并驾驭自然的途径。正如马克思所说,历史的全部运动,既是它的现实的产生活动——它的经验存在的诞生活动——同时,对它的思维着的意识来说,又是它的被理解到和被认识到的生成运动。只有在人类自由自觉的实践运动中,人类才能实现自己的自由。

通过把实践植根于历史的基础地位,科西克揭示了古典哲学关于历史问题的错误倾向。在古典历史哲学中,不管人们假定历史是合理的还是有一个更高的目标,人都是把自身堕落为历史的工具。古典历史哲学中的自由实际上是虚构的。通过反思那种把绝对自由和绝对必然加以片面抽象化的方式,科西克把自由和必然看成是辩证地构建着的历史过程。由此,他得出结论:"一切哲学问题从本质上说都是人类学问题,因为人把他与之发生理论的与实践的联系的一切都人类学化了。"④人是历史的核心,人的自由是建立在实践基础上的历史性的自由。当然,在科西克看来,自由不是某种终极的存在,"自由是一个历史过程,它被'历史载体'(社会、阶级、个人)的活动所扩展和实现。自由不是一种

---

① Karel Kosik, *Dialectics of the Concrete: A Study on Problems of Man and World*, Dordrecht and Boston: D. Reidel Publishing Company, 1976, p. 152.

② 卡莱尔·科西克:《具体的辩证法——关于人与世界问题的研究》,傅小平译,社会科学文献出版社 1989 年版,第 174 页。

③ Karel Kosik, *Dialectics of the Concrete: A Study on Problems of Man and World*, Dordrecht and Boston: D. Reidel Publishing Company, 1976, p. 152.

④ Karel Kosik, *Dialectics of the Concrete: A Study on Problems of Man and World*, Dordrecht and Boston: D. Reidel Publishing Company, 1976, p. 149.

状况,而是一种历史活动。这种历史活动构造出相应的人类共同存在模式,即构造出一个社会空间"[①]。在这个社会空间中,人不断地实践着历史,不断地实现着自身,从而不断地实现着自由。归根结底,人,只有人在历史中得到实现。因此,历史不是悲剧,虽然历史中确有悲剧,历史不是荒诞的,虽然荒诞也确实在历史中展开;历史不是残酷的,虽然历史中出现过残酷行为;历史也不是滑稽可笑的,虽然其中上演着一幕幕喜剧[②]。所以,"历史的意义就在历史之中:人在历史中阐明着自身。这种历史的阐明(也就是人和人性的形成过程)是历史的唯一意义"[③]。

---

① Karel Kosik, *Dialectics of the Concrete: A Study on Problems of Man and World*, Dordrecht and Boston: D. Reidel Publishing Company, 1976, p. 147.

② 参见卡莱尔·科西克:《具体的辩证法——关于人与世界问题的研究》,傅小平译,社会科学文献出版社 1989 年版,第 181 页。

③ 卡莱尔·科西克:《具体的辩证法——关于人与世界问题的研究》,傅小平译,社会科学文献出版社 1989 年版,第 181 页。

论多重实在

——许茨著作节选

张彤

威廉·詹姆斯在《心理学原理》中分析了我们对实在的感觉。正如他所述，实在仅仅意味着它与我们的感情生活和主动生活的关系。所有实在的来源都是主观的，凡是激励和刺激了我们的兴趣的事物，都是真实的。称某种事物为真实意味着这种事物与我们自身有某种关联。简言之，“真实的”一词就是某种晕圈。我们原始的冲动就是要立即证实我们所构想的一切事物的实在，只要它们不矛盾。但是实在界有好几种，很可能有无限多种不同的秩序，每一种都有其特殊的和独特的存在风格。詹姆斯称其为“次级宇宙”，并且在多个例子中提到它：感觉或物质事物的世界（作为最高实在）、科学的世界、各种理想关系的世界、“部落偶像”的世界、神话和宗教的各种不同的超自然世界、个人观点的不同世界、彻底疯狂和异想天开的世界。一般人或多或少不加以联系地构想所有这些次级世界，而当涉及其中之一时，会暂时忘记与其他的关系。但是，我们想到的每个对象最后都指涉这些次级世界中的一个。每个世界当以它自己的方式被注意的时候,就是实在的,实在只是随着注意力的消失而消失。

凭借这些评论,詹姆斯已经触及了最为重要的哲学问题之一。由于他有意将自己的研究限制在此问题的心理学方面,他避免了着手研究此问题所涉及的许多含义。下面这些思考,尽管零碎,但其试图概括出其中一些含义的某种初步进路,以达到澄清日常生活的、世界的实在与理论的、科学的、沉思的实在之间的关系的特殊目的。

一、日常生活世界的实在

1. 日常生活的自然态度及其实用动机

我们从对日常生活世界的分析开始。完全清醒的、成熟的人与其同伴就在日常生活的世界之中活动并影响这个世界,他在自然态度之中将日常生活的世界当作一种实在来经验。

日常生活的世界应该意味着主体间性的世界,它在我们出生之前很久就存在,由他人、我们的祖先当作一个已组织好了的世界来经验并加以解释。现在,我们对它的经验与解释是给定的,对这个世界的所有解释都建立在对此世界以前的某种经验储备的基础之上,建立在我们自己的经验储备以及由我们的父母和老师传授给我们的经验的基础之上,这些经验储备以"现有的知识"的形式作为某种参考方案而起作用。

属于我们这种现有的经验储备的知识是:我们所居住的这个世界是一个非常受限制并且具有明确属性的对象的世界,我们在这些对象之中运动,它们抵制我们,我们也可以影响它们。对自然态度来说,这个世界绝不仅仅是有色的点、不连贯的杂音、温暖和寒冷的各个中心构成的一个集合。我们对经验构造的哲学的或心理学的分析,可以在以后从回顾的角度描述这个世界的各种成分如何影响我们的感官,我们如何以某种不确定的和含混的方式被动地感知它们,我们的心灵如何凭借主动的统觉从这个感知的领域中挑选出某些特征,并将其设想为对应某种或多或少没有明确说明的背景或视域而凸显出来的很好描述的某物。自然态度并不知道这些问题,对于这种态度来说,这个世界从一开始就不是单个个体的、私人的世界,而是一个对我们所有人都是共同的主体间性的世界。在此世界中,我们并非具有一种理论的兴趣,而是具有突出的实践的兴趣。日常生活的世界既是我们行动和互动的舞台,也是我们行动和互动的对象。为了在这个世界里、在我们的同伴之中实现我们所追求的意图,我们不得不支配这个世界,不得不改变这个世界。我们不仅在此世界里工作和操作,而且还影响这个世界。可以说,我们身体的运动——动觉的、运动的、操作的——都与世界相连,在校正或改变它的对象及其相互关系。同时,这些对象也对我们的行为提供阻力,我们或者不得不克服这种阻力,或者不得不向其屈服。因而,可以正确地说,一种实用的动机支配着我们对日常生活世界的自然态度。世界在此意义上是我们凭借行动不得不校正的某种东西,或是校正我们的行动的某种东西。

2. 外部世界中人的自发生活的各种表现及其形式

我们对行动一词必须作何理解? 自然态度的人如何在世界之中控制他自己的行动,并影响这个世界? 显而易见,行动是人的自发生活的各种表现。但是人既不把所有这些表现视为行动,也不把他的所有行动视为在外部世界正在造成的变化。不幸的是,所有这些经验的不同形式在目前的哲学思想中并非清晰可辨,因而,并不存在任何被普遍接受的术语。

我们向现代行为主义以及它对公开的行为与隐藏的行为之间的区分寻求帮助也将是徒劳无益的,对于这种行为主义来说,第三范畴即次级公开行为的范畴,有时得以补充进来,以便描述言语行为中自发性行为的表现特征。在这里批评这种行为主义观点的基本错误或讨论三分法的不适当和不一致并非我们的目的。我们的目的是表明:对自发性行为这种行为主义的解释对我们所关心的问题并没有任何帮助,即自发性行为的不同形式由产生它们的心灵来经验,行为主义充其量是一种对他人的行为的观察者有用的参考方案。他,并且只有他,可以在诸如刺激 - 反应或有机体 - 环境的有关的参考方案之下对考虑人或动物的活动感兴趣,并且唯有从他的观点来看,这些范畴才是完全可及的。然而,我们的问题并非人作为一个心理生理的单元会想到什么,而是他在面对这些事件时所采取的态度。简言之,即人赋予其自发生活的某些经验的主观意义。客观地呈现给观察者的同一行为对于行为主体来说,可能具有非常不同的意义或者根本没有意义。

意义,正如 A. 许茨在《社会世界的现象学》中已表明的,并非发生在我们意识流中的某些经验的固有属性,而是一种以反思的态度从现在来看对某个过去经验的解释的结果。只要人生活在自己的行为之中,直接面对这些行为的对象,这些行为就不会有任何意义。只有人将它们当作过去的受到充分限定的经验,以回顾的方式来理解它们的时候,它们才是有意义的。因而,唯有那些不具有现实性而能够得以回忆起来,并且能够对其构成加以质疑的经验才是主观上有意义的。

但是,如果接受了关于意义特征的这种描述,那么还有在主观上根本没有意义的有关自发生活的任何经验吗?我们认为回答是肯定的。存在纯粹的生理反应,诸如膝跳、瞳孔的收缩、眨眼睛、脸红,还存在莱布尼茨所说的觉察不到的和含混的微小感觉的波动所引起的某些被动反应。此外,还有步态、面部表情、心境、可以用笔迹学解释的某些笔迹特征等自发生活表现。所有这些不自觉的自发性行为方式在其发生之时得以经验,但是在记忆中没有留下任何痕迹,它们是如此之经验,再从莱布尼茨那里借用一个术语,对此独特的问题是最合适不过了:感觉而非统觉。它们来源于边缘经验中不稳定的和不可分开的经验,因而,对这些经验既不能加以描述,也不能加以回忆。它们属于本质上实际经验的范畴,即它们只存在于正在经验的现实当中,而不能凭借一种反思的态度来加以领会。①

发源于我们自发生活的主观上有意义的经验应该被称作"行为"(conduct)。[我们避免使用"举止"(behavior)一词是因为它在目前的使用中还包括了在主观上没有意义的自发性行为表现,诸如反应。]"行为"一词——在这里被使用——是指所有各种主观上有意义的自发性行为的经验,不管它们是内在生

① 关于"反思态度",见马文·法伯《现象学基础》,剑桥,1943 年版,第 523 页及以后、第 378 页及以后。另见多瑞恩·凯恩斯:《现象学》,载马文·法伯编《纪念埃德蒙德·胡塞尔哲学论文集》,剑桥,1940 年版,第 8 页。然而,"本质上实际上经验"的概念,未在胡塞尔的著作中发现。胡塞尔的观点是:原则上,第一个行为都由反思来领会。

活的经验,还是连接外部世界的经验。如果人们允许在对主观经验的描述中使用客观的术语——并且经过前面的澄清之后,误解的危险不再存在——我们可以说,行为可以是公开的或隐蔽的。前者应被称为纯粹的作为,后者应被称为纯粹的思考。然而,这里所使用的"行为"一词并非意味着对意图的任何所指。各种所谓的内在生活或外在生活的无意识的活动——习惯性的活动、传统的活动、情感的活动——都落入这一类,被莱布尼茨称作"经验性行为的类型"。

应该把经过提前设计的行为,即以一种预先设想的计划为基础的行为,称为行动(action),不管它是公开的还是隐蔽的。关于后者,不得不区分是否有伴随计划而出现的要实现它的意图——将其贯彻下去,会造成已设计的事态的意图。这样一种意图将纯粹的预谋变成了一个目的,将计划变成了一个意图。如果缺少将其实现的意图,则这种已设计的隐蔽的行动就会成为一种幻觉,像一个白日梦;如果存在这种将其实现的意图,则我们可以谈到一种有意图的行动或执行。有关一个隐蔽的行动是一种执行的例子是已设计的思想的进行过程,正如在精神上解决一项科学问题的尝试。

说到所谓的公开的行动,即由身体运动连接到外部世界的行动,对没有实现意图的行动与那些具有实现意图的行动进行区分并非必要。任何公开的行动在我们界定的意义之范围内都是一种执行。为了将纯粹思考的(隐蔽的)执行与那些(公开的)需要的身体运动区分开,我们应该称后者为工作。

工作则是外部世界的行动,它以一种计划为基础,并且以具有凭借身体运动而造成已经计划的事态的意图为特征。在所有自发性行为的现有描述形式中,工作的形式对于日常生活世界的实在的构造来说是最重要的一个。正如我们不久将要表明的,完全清醒的自我在其工作中,并且凭借其工作将过去、现在和未来结合成一种特定的时间维度。在其工作行为中,它作为一个整体而实现自身;它通过工作行为而与他人沟通;它通过工作行为将日常生活世界的不同空间视角组织起来。但是,在我们转向这些问题之前,我们必须解释一下"完全清醒的自我"一词的意义。

3. 意识的张力与注意生活

柏格森哲学的核心观点之一是他的以下理论:我们的意识生活显示为无数

的不同的平面,从行动的平面的一极向梦的平面的另一极延伸。这些平面中的每一个都以某种特定的意识张力为特征,行动的平面显现意识张力的程度最高,梦的平面显现意识张力的程度最低。根据柏格森的观点,意识张力的这些不同程度是由于我们生活中变化的兴趣,行动代表了我们符合实在及其要求的最高的兴趣,梦则是完全缺乏兴趣。因而,注意生活(attention a la vie)是我们意识生活的基本调节原则。它界定了与我们有关联的世界的领域;它连接我们那不断流动的思想之流;它决定我们记忆的广度和功能;它使我们——用我们的语言——或者生活在直接针对其对象的我们现在的经验之中,或者以一种反思的态度回到我们过去的经验中寻找意义。①

凭借使用"完全清醒"一词,我们要意指一种起源于完全注意生活及其需要的态度的最高张力的意识平面。唯有这种执行,特别是工作的自我才是完全对生活感兴趣,因而是完全清醒的。它存在于其行为当中,它的注意专门指向将其计划付诸实施,指向执行其计划。这种注意是一种主动的,而非被动的。被动的注意是完全清醒的反面。例如,在被动注意中,我经验无法辨别的微小感觉的波动,这些感觉,是本质上的实际经验,而非有意义的自发性行为的表现。有意义的自发性行为被莱布尼茨定义为:达到其他感觉并且总是达到其他感觉的努力。在其最低的形式中,它导致将其转化为统觉的某些感觉的分界,在其最高形式中,它连接外部世界并校正它的工作的执行。

完全清醒的概念为我们认知生活的一种合法的②实用主义解释提供了出发

---

① 该表述并没有严格遵照柏格森的术语,但充分地体现了他的重要思想。这里选择了其著作中对我们的问题有重要意义的一部分:《论意识的直接材料》,巴黎,1889 年,第 20 页以后、第 94 ~ 106 页;《材料与记忆》,巴黎,1897 年,第 189 ~ 195 页、第 224 ~ 233 页;《论梦》(1901),载《精神的力量》,巴黎,1919 年,第 108 ~ 111 页;《理智的努力》(1902 年),载《精神的力量》,巴黎,1919 年,第 164 ~ 171 页;《形而上学导论》,载《思维与运动》,巴黎,1934 年,第 233 ~ 238 页;《现在的记忆与错误的认识》(1908 年),载《精神的力量》,巴黎,1919 年,第 129 ~ 137 页;《意识与生命》(1911 年),载《精神的力量》,巴黎,1919 年,第 15 ~ 18 页;《变化的感觉》(1911 年),载《思维与运动》,第 171 ~ 175 页、第 190 ~ 193 页;《活人的幻想》与《心理探索》(1913 年),载《精神的力量》,巴黎,1919 年,第 80 ~ 84 页;《问题的地位》(1922 年),载《思维与运动》,巴黎,1934 年,第 91 页以后。

② 除了极少例外,普通的实用主义并不考虑包含在生动的自我或匠人的概念(大多数作者将其作为一种给定之物而开始)中的意识生活的构成问题。因而,在很大程度上,实用主义只是对日常生活的工作世界的人的态度的一种常识性描述,而非研究这种环境的前提的一种哲学。

点。工作自我的这种完全清醒的状态描绘出世界上与我们在实用角度上相关的那部分的轮廓,而且这些关联决定了我们思想之流的形式与内容。决定形式,是因为它们控制我们的记忆的张力,以此控制我们过去回忆的经验和我们未来预期的经验的范围;决定内容,是因为所有这些经验都通过预想的计划及其实施而经历了特定的注意力的校正。这引导我们立即进入对时间维度的分析,在这种维度中,工作自身经验着其自己的行为。

4."生动的自我"的时间视角及其统一

我们从进行某种区分开始,这种区分指涉一般的行动,即在一方面作为某个正在进行过程中的、处于进展中的行动和另一方面作为已完成的行为、已经做成的事情的行动之间区分隐蔽的和公开的行动。当我生活于正在进行的行动中时,我直接面对这种行动所造成的事态。但是,那时我没有考虑这种行动正在进行过程中我的经验。为了考虑它们,我不得不以一种反思的态度回头,转向我的行动。正如杜威曾经描述过的:我不得不停下来思考。如果我采取了这种反思的态度,我所能领会的就不是进行中的行动了。我唯独能领会的是我已经完成的行为(我过去的行动),或者,如果我的行动仍在继续而我转向(我现在行动)的那些已完成的最初阶段。而当我生活在我进行中的行动时,它只是我的生动的现在的一个成分。现在,这种当前已经转变成过去,我进行中的行动的生动经验已让位于我对已做行为的反思或对正在完成的行动的滞留。从我采取这种反思的态度的实际的现在来看,我过去或现在完成的行动唯有凭借我已完成的行为才是可想象的。

因而,我可以或者生活在我的行动的不断进行过程中,直接面对其对象,以及我在现在时态(modo presenti)中行动的经验,或者比方说,我可以迈出那不断进行之流而从过去时或过去完成时(modo praeterito)中以一种反思的眼光来看以前的行动过程中那些已完成的行为。这并非意味着——根据前面的部分所述——唯有已完成的行为才是有意义的,而不是正在进行中的行动。我们必须牢记的是,通过下定义,行动总是以一种预想的计划为基础,正是这种对以前计划的指向才使这些行动和行为都有意义。

但是,一个已经计划的行动的时间结构是什么?正如杜威指出:当我在计划我的行动时,我正在想象中排演我的未来行动。这意味着我会预期我的未来行动的结果,我会在我的想象中将这种预期的行动视为将要做完的某件事情、将要由我完成的行动。在计划中,我以将来完成时来看待我的行为,我通过将来完成时来思考它。但是这些预期是空的,可能由曾经完成的行动来实现,也可能不会实现。然而,过去或现在完成的行为表明没有这些空的预期。计划中空的预期已经得以实现或者没有实现。没有什么尚未解决,也没有什么未被决定。当然,我可能记得包含在计划的行为中开放的预期,甚至是伴随我生活在我的行动的不断进行过程中的那些延展。但是现在,以回顾的方式,我依据我过去已经实现或没有实现的预期记得它们。因而,唯有已完成的行为,而绝非正在进行中的行动,能作为某种成功或失败的结果。

到目前为止,我们所陈述的内容对所有行动都有效。但是现在,我们必须转向作为外部世界中身体执行的独特的工作结构。柏格森和胡塞尔的研究都强调了我们的身体运动对外部世界构造及其时间视角的重要性。我们同时在两个不同的平面上经验我们的身体运动。因为它们是外部世界的运动,所以我们将其视为发生在空间以及空间化的时间中依据其穿过的路径而可以测量的事件;因为它们与来自内部当作正在发生的变化和从属我们的意识流的自发性行为的表现一起得以经验,所以它们参与了我们的内在时间或绵延。在外部世界中发生的事件与在没有生命的自然中发生的事件属于同一时间维度。它由合适的工具来加以记录,并且由我们的计时器来加以测量。它是空间化的、同质的时间,这是客观时间或宇宙时间的普遍形式。它是内在时间或绵延,我们的实际经验在其中凭借回忆和滞留与过去相联系,凭借延展和预期与未来相联系。在我们的身体运动之中,凭借我们的身体运动,我们进行从我们的绵延到空间或宇宙时间的转变,我们的工作行动参与这两个过程。在同时发生之中,我们将工作行动经验为在外部时间和内在时间中的一系列事件,将这两个维度统一为应该被称为生动的现在的单一之流。因而,这种生动的现在起源于绵延与宇宙时间的一个交叉点。

生活在不断进行的工作行为中的生动的现在,直接指向对象及其将要达成的目标,工作自我将自身经验为不断进行的行动的发起者,因而也经验为一个不可分割的整体自我。它从内部经验身体运动;它生活在有关联的本质上的实际经验之中,这种经验是回忆和反思所不及的;它的世界是一个开放预期的世界。工作自我,并且唯有工作自我,用现在时经验这一切,并且将自身经验为这个不断进行工作的发起者,它作为一个整体而意识到自身。

但是,如果自我以一种反思的态度回过头来看已完成的工作行为,并且以现在完成时来看待它们,则这一整体就瓦解了。过去完成行为的自我不再是这个不可分割的整体自我,而是一个部分自我,指向属于它的一系列相关行为的执行者。这个部分自我仅仅是一个角色的承担者,或——詹姆斯和米德在引入文献中并在所有必要的保留的意义上使用的一个模棱两可的词——一个客我。

我们这里不能进入此处所包含的困难含义的某种详尽的讨论之中。这将需要某种主张,和对米德处理这些问题相当不完全和不连贯的批评的尝试。我们将自身限定在让人们注意到米德在行动自我的整体,他称为"主我"与完成行为的部分自我,角色的承担者,他称为"客我"之间所做的区分上。笔者赞同米德的以下陈述:唯有在"主我"已经完成行为之后,因而作为客我的部分在经验上显现之后,即客我显现为在我们记忆中的经验时,"主我"才进入经验之中。①

对于我们的目的来说,我们的身体运动的内在经验、本质上的实际经验以及开放的预期都是反思的态度所无法领会的,这种单纯的思考充分清晰地表明,过去的自我绝不会超出在其不断进行的工作经验中实现自我的整体的某个方面。

我们不得不增加一个有关在公开的工作与隐蔽的执行之间进行区分的观点。在纯粹执行的例子中,例如在精神上解决一道数学题的尝试,如果结果没

---

① 参见G.H.米德《心灵、自我与社会》,芝加哥,1934年版,第173~175页、第196~198页、第203页;《自我的起源》,载《现在的哲学》,芝加哥,1932年版,第176~195页,特别参见第184页以后;《心理学必须预设什么社会对象?》,载《哲学杂志》1910年第8期,第174~180页;《社会自我》,载《哲学杂志》1913年第10期,第374~380页。也可参见阿尔弗雷德·斯坦福·克莱顿论述米德的出色著作《实现的心灵与教育》,纽约,1943年,第136~141页,特别参见第137页。看到行为、自我、记忆、时间与实在之间的关系,无疑是米德的功绩。现在这篇论文的立场当然不会与米德关于自我的社会起源及其诱使他依据刺激-反应解释所有前面提到的现象的已修正的行为主义理论相一致。詹姆斯的《心理学原理》的著名一章(第10章)中有更多的真理,在那里,不仅能够发现对客我与主我的区分,还能发现对身体运动、记忆与时间感的指涉。

有实现我的预期,并且我对其结论不满意,则我能取消整个精神操作的过程,而重新开始。在外部世界中什么也没有改变,将不会留下任何已经取消的过程的痕迹。在此意义上,纯粹精神上的行动是可以挽回的,然而,工作是无法挽回的。我的工作已经改变了外部世界。充其量,人可以通过相反的运动而回到最初的位置,但是,我不能使我已经做完的事情变成没有做的。那是为什么——从道德和法律的观点——我需要对我的行为负责,而不需要对我的思想负责。那也是为什么我在外部世界执行这项工作之前,或者至少当生动的现在正在执行,因而仍对校正开放之时,我仅仅对内心中已计划的工作,有多种可能性选择的自由。依据过去,没有任何选择的可能性。由于已经实现了我的工作,或至少部分实现了,我一劳永逸地选择了已经做完的东西,而现在必须忍受其结果。我不能选择我已经做过的东西。

到目前为止,我们的分析已经涉及了在单一个体的孤立的意识流之中的行动的时间结构——并且作为一种必然结果,也涉及了自我的时间结构——似乎自然态度中的完全清醒的人能被与其同伴分开来考虑。当然,这种虚构的抽象只是为了更清晰地阐述所涉及的那些问题。我们现在必须转向工作世界的社会结构。

5. 日常生活世界的社会结构

如前所述,我们从一开始就出生于其中的日常生活的世界是一个主体间性的世界。这意味着,一方面,这个世界不是我私人的世界,而是一个我们所有人共同的世界;另一方面,在这个世界之中,存在着我通过多重的社会关系与之联系的同伴。我的工作不仅影响无生命的东西,而且影响我的同伴,受他们促使而做事,并且促使他们做出反应。这里如果我们无法进入有关社会关系的结构及其构成的具体讨论,我们可以只将其作为许多形式之一的例子而提出,即我的已完成的行为可以促使他人的反作用,反之亦然。例如,我对他人的询问具有使他回答的意图,而他的回答也由我的问题所引起。这是“社会行动”的许多类型之一。在那种类型中,我的行动的“目的动机”成为伙伴做出反应的“原因动机”。

社会行动包含着沟通,并且任何沟通必然建立在工作行为的基础之上。为了与他人进行沟通,我不得不在外部世界执行公开的行为,这种行为作为我打算传达的信号而由他人加以解释。手势、言谈、文字等都建立在身体运动的基础之上。到目前为止,对沟通的行为主义的解释被证明是合理的。而将沟通的媒介即工作行为,与沟通的意义自身相等同就是错误的。

让我们从解释者的观点来检验一下沟通的机制。可以发现,或者将他人的沟通行为的现成结果看作对我的解释是给定的,或者我可以参与作为进行中的他人的沟通行为的不断进行过程的同时性之中。前者的例子是,如果我必须解释一个由他人竖立的路标,或者由他生产的某种工具。如果我正在听我的伙伴的讲话,就会出现后一种关系。(存在着许多这些基本类型的变体,正如阅读他人的信时,以一种准同时性参与到不断进行的沟通过程之中。)他一字字地、一句句地、一段段地逐步建立起他想要向我表达的想法。当他这样做的时候,我的解释行动也以同样的节奏跟随其沟通行动。我们二者,都在生动的现在经验着这种不断进行的沟通过程。当沟通者说一段一段话来表达他的想法时,他不仅仅经验到了他实际上说出来的东西,而且包含延展和预期的某种复杂的机制在他的意识流中将他以前讲话的某种成分和将要讲的某种成分组成他想要传达的思想统一体。所有这些经验都属于他的内在时间,并且这些经验的另一方面是由他造成的在外部世界的空间化时间中他的讲话的事件。简言之,沟通者在其生动的现在作为一种工作而经验这种不断进行的沟通过程。

而作为听者,我也从这一方面将我的解释行动作为一种在我生动的现在正在发生的事件来经验,尽管这种解释并非一种工作,而只是在我们界定的意义中的一种正在执行。一方面,我在外部时间经验到了他人正在说话这一事件;另一方面,我将我的解释经验为发生在我的内在时间中由我作为一个整体单位而理解他人想法的目的而相互联系的一系列延展和预期。

现在,让我们思考发生在外部世界中的事件——沟通者的讲话——即当其进行时,他的生动现在和我的生动现在有共同的某种成分,因而二者是同时发生的。因而,我参与到他人的沟通建立的进行过程的同时性是一个新的时间维度。当这种过程继续时,他和我,我们分享着一种共同的生动的现在,这使他和我可以说:“我们一起经验了这个事件。”因而,凭借我们已建立的关系,我们——他,在对我说,而我,在听他说——都生活在我们相互的生动的现在之中,在这种沟通过程中,凭借这种沟通过程,目标指向将要实现的想法。我们是一起变老练的。

迄今为止,我们对我们关系生动的现在中沟通的分析一直限制在所涉及的时间视角中。我们现在必须将他人的身体运动的特定功能考虑为一个可以作为他人想法的记号而进行解释的表达领域。很清楚,即使沟通发生在生动的现在,此领域的延伸也可以变化相当大。如果在伙伴之间不仅存在时间共同体,而且存在空间共同体,则此领域将伸展到其最大值,即社会学家所称的一种面对面的关系的情形。

为了更清晰地说明这一点,我们继续举说话者和听者的例子,并且分析包括在这种情境中的可以解释的成分。首先是根据词典和在语言中使用的语法而具有意义的说出的字词,加上这些词来源于说话者的独特环境中谈话的语境及伴随其发生的含义而接受的额外的边缘意义。此外,还有说话者嗓音的感染力、他的面部表情、他谈话时的手势。在正常条件下,根据我们的定义,唯有凭借适当选择的词语来表达的那些思想才由说话者所设计,因而构成"工作"。从说话者的观点来看,在可以解释的领域中的其他成分并没有进行计划,因而至多只是行为(单纯地做事)或仅仅是反应,是不具有主观意义的本质上的实际经验。然而,它们也是听者对他人的心理状态进行解释时不可分割的部分。空间的共同体容许伙伴不仅作为在外部世界中的事件来理解他人的身体表达,而且作为沟通过程自身的某些因素来理解他人的身体表达,尽管它们并非起源于沟通者的工作行为。

在面对面的关系中,每一个伙伴不仅分享另一个人的生动的现在,而且,具有其自发生活的一切表现的他们中的每一人也是他人环境中的一个成分,二者都拥有另一个人的工作行为可以联结的外部世界的一套共同的经验。在面对面的关系中(并且只有在这种关系中),伙伴才能将其同伴的自我视为生动的现在中的一个完整无缺的整体。这具有特殊的重要性,因为正如上文所表明的,我只能用现在完成时来看待我自己的自我,并且只能理解作为我过去的这个自我的某个方面,只能将我自己作为某种角色的执行者,作为一个客我来理解。

所有其他多种多样的社会关系都来源于时空共同体中对他人自我整体的最初经验。对“环境”概念的任何理论分析——用于当前的社会科学中的最不清晰的词语之一——将必须从作为日常生活世界的一种基本结构的面对面的关系开始。

这里我们无法分析这些衍生关系的框架的细节。对我们来说,重要的是作为一个整体的伙伴不可通达他人的自我这些衍生关系的任何一个。他人仅作为一个部分自我,仅作为这些和那些行为的发起者而呈现,我不能在一种生动的现在中共享这些行为。我们关系的这种分享的生动的现在预设了伙伴的共同存在。来源于生动的现在的某种类型的独特的时间视角,都属于每一种类型的衍生的社会关系。存在某种独特的准现在,在其中我将他人正在沟通的行动解释为纯粹的结果——手写的书信,打印的书——而没有参与到沟通行为正在不断进行的过程之中。还有其他的时间维度,在其中,我与我从未见面的同时代人,或与前人、后人联系。还存在历史时间,在其中,我将实际的现在经验为过去事件的结果。还有许多更多的时间维度。所有这些时间维度都能参照生动的现在:我自己实际的或以前的生动的现在,或者我依次在最初的或衍生的生动的现在之中与之相联系的我的同伴实际的或者以前的生动的现在。所有这一切都发生在潜在性的或准现实性的不同方式之中,每一种类型都具有其时间性减少和增加的自身形式,以及在一种直接的运动中或“骑士的运动”中跳跃的适当的风格。此外,还有对这些不同视角的重叠和相互渗透的不同形式,存在凭借从一个向另一个转移和一个向另一个改变的进入活动和不再活动的不同时间视角,以及对其进行综合、合并或孤立、分解的不同类型。由于这些不同的时间视角及其相互关系是多种多样的,它们都起源于绵延和宇宙时间的一个交叉点。

处于自然态度之中我们的社会生活并通过社会生活,这些时间视角被理解为、结合成某种单一的、假定同质的时间维度,这不仅包括我们每个人在其完全清醒的生活中一切个人的时间维度,而且包括对我们所有人都是共同的时间维度。我们应该称其为城市时间或标准时间。它也是宇宙时间和内在时间的交叉点。关于后者,只是内在时间的一个独特方面——在其中,完全清醒的人将其工作行为经验为处于其意识流之中的各种事件。标准时间带有宇宙时间的特征,因而它可以由我们的时钟和日历来测量。标准时间与我们在其中经验我们的工作行为的内在时间感一致,如果——并且仅仅是如果——我们是完全清醒的,则它支配着我们的设计所属的计划体系,诸如生活计划、工作计划、休闲计划。标准时间对我们所有人都是共同的,因而它使在不同个体计划体系中的某种主体间的合作成为可能。因而,对于自然态度而言,城市时间或标准时间在相同的意义上是自然态度之中的日常生活的主体间性的世界的普遍时间结构,其中,地球是包括我们每一个人的空间环境的普遍空间结构。

6. 工作的日常世界的实在的层次

自然态度中完全清醒的人最感兴趣的是,处在他的范围之内的以他自身为时空中心的日常生活世界的那部分。我的身体在世界之中占据着位置,我的实际的这里,是我在空间中确立我的方位的出发点。可以说,它是我的坐标系的中心"原点"。相对于我的身体来说,我将我的周围成分在左与右、前与后、上与下、近与远等范畴下分类,并且以某种相似的方式,我的实际的现在是所有时间视角的起源,处于我实际的现在之下,我将世界之中的事件组织为诸如以前和过后、过去和未来、同时性和连续性等的范畴。

然而,在定位的基本方案之中,工作世界结构化为实在的不同层次。米德①的重要功绩在于分析了至少与人的行动,特别是与手头上实际操控的对象有关的物质事物的实在的结构化。他所称的"操控领域"构成了实在的核心。这个领域包括既可以看见又可以触摸的那些对象,与不能用接触来经验,但仍处在可见的领域之中的远距离对象截然不同。唯有处于可操控领域之内的物质事物的经验才容许所有实在的基本检验,即阻力,唯有它们界定了米德所称的事物的"标准尺寸"的一切东西,它于可操控的领域之外在视角的扭曲中呈现出来。

当然,突出操控领域的理论集中在本文提出的论点上,即我们的工作世界、

① George H. Mead, *The Philosophy of The Present*, Chicago: 1932, p. 124ff; *The Philosophy of The Act*, Chicago: 1938, pp. 103 ~ 106, 121ff., 151ff., 190 ~ 192, 196 ~ 197, 282 ~ 284.

身体运动的世界、操控对象以及处理人和事物的世界,构成了日常生活的具体实在。然而,对于我们来说,在通过触摸而经验到的对象与远距离的对象之间在别的地方是最重要的区分并非具有最大的重要性。我们能够容易地表明,这种二分法起源于米德的基本行为主义的立场以及他对刺激-反应方案未加批判的使用。我们,与日常生活的完全清醒的成年人的自然态度相联系。他总是处理以前的经验储备,对距离本身的看法以及凭借工作行为克服距离的可能性,即运动的看法都在其中。因而,在自然态度中,远距离对象的视觉意味着,凭借运动远距离的对象能够得以接触的这种预期,在此情形下,那些对象变形的视角将会消失,它们的"标准尺寸"将会得以重建。这种预期像其他任何的预期一样,可能经得起伴随发生的实际经验的检验,或可能经不起检验。它受到经验的反驳将意味着:处于考虑之中的这个远距离的对象不属于我工作的世界。一个孩子可能要求触摸星星。对于自然态度之中的成年人来说,它们是处于他的工作范围之外的发光点,即使他将它们的位置应用于发现其方位的一种途径,也仍然有效。

因而,对我们来说,我们建议将个人经验的这个工作世界层次称为他的实在的核心:处于他可及范围之内的世界。他的这个世界不仅包括米德的操控领域,而且包括处于其视力范围与听力范围之内的事物,此外,不仅包括对他的实际工作开放的世界领域,而且包括他潜在工作的紧接着的世界领域。当然,这些领域没有严格的边界,它们有其晕圈和开放的地平线,并且这些都受到各种兴趣和注意态度的校正。很明显,通过我的任何运动,"处于我可及范围之内的世界"这整个体系经历着变化;通过转移我的身体,我移动我的坐标系的中心原点,仅仅这样,就改变了属于这个体系的所有数量(坐标)。

我们可以说,处于我的实际可及的范围之内的世界本质上属于现在时态。然而,处于我的潜在可及的范围之内的世界则显示出某种更加复杂的时间结构。我们至少不得不区分潜在性的两个范围。以前处于我的实际可及的范围之内的世界,我设想,能被再带回到我的实际可及(处于可复原达到范围之内的世界)的东西指涉过去第一个范围。它所包含的这种设想建立在支配着自然范围之内的所有行为的这种理想化的基础之上,即我可以像迄今为止已经活动那样继续活动下去,我可以一而再地在同一条件下重新开始同一行动。胡塞尔在处理用于逻辑的特别是纯粹分析的基础起普遍作用的这种理想化时,称其为“诸如此类”的理想化和“我能再做一次”的理想化,后者是前者的主观相关物。① 举一个例子:凭借某种运动的行为,以前“处于我可及范围之内的世界”可以达到我可及范围之外。我的坐标系的中心原点的移动已经将我以前的在这里的世界变成了一个现在的在那里的世界。② 但是在“我能再做一次”这种理想化的指引下,我假设我能够重新将实际的在那里变成一个新的在这里。处于我可及范围内的我的过去世界在这种理想化的指引下具有能够再带回到我的可及范围内的世界的特征。因而,例如,我的过去的操控的领域继续以在那里的方式作为一种潜在的操控领域在我的现在起作用,并且现在具有重新复原的特定机会的特征。③

由于潜在性的第一个范围与过去相关,因而第二个范围以未来的预期为基础。在我的潜在可及的范围内也是一个既非已经处于我的实际可及的范围内,也非曾经处于我的实际可及的范围内,但在“诸如此类”(能够达到的范围内的世界)这种理想化的指引下,是仍然可以达到的世界。潜在性的第二个范围最重要的例子就是,处于我同时代的同伴实际可及的范围内的世界。例如,他的操控领域并没有——或者至少没有全部——与我的操控领域相符,因为仅仅对于他来说,才是以在这里的方式存在的某种操控领域,但对于我来说,则是以那里的方式存在。然而,我的可达到的操控领域将会成为我的实际的操控领域,如果我处于他的位置,而且凭借合适的运动,它将会真正地变成一个实际的操控领域。④

我们已经指出,有关同时代的同伴的操控领域非常普遍地适用于处于你们的、他们的、某个人的可及范围内的世界。这不仅意味着处于他人的实际可及的范围内的世界,而且意味着他的可复原的或可达到的范围内的世界,因而延

① Edmund Hussel, *Formale und transzendentale Logik*, Tübingen: 1981, p. 167.

② 我们采用胡塞尔在《笛卡儿的沉思》第 53 节及以后部分中使用的术语。

③ 参见《现象学与社会科学》第 125 页及以后;《萨特的他我理论》第 201 页及以后。

④ G. H. 米德在其论文《各种视角的客观实在》(载《现在的哲学》)中,得出相似的结论:“现实的实在是一种可能性。如果我们是在那里,而不是在这里,就会是这样。”(见第 173 页)

伸到社会世界的所有不同层面的这个整体体系一起显示出起源于诸如亲密和匿名、陌生和熟悉、社会邻近和社会疏远等社会性视角的所有影子,这些社会性视角支配着我与合作者、与同时代人、与前人和后人的关系。所有这些在这里都无法一一处理。对于我们来说,表明整个社会世界是一个处于我的可达到的范围内的世界,并具有其特定的达成机会就足够了。

而潜在性第一种范围特有的复原的特定机会,与第二种范围特有的达成机会并非等同的。关于前者,我们不得不思考现在对于我来说只是一个可复原的范围的机会,而在以前是由我作为正在我的实际可及的范围内所经验的东西。我过去完成的工作行为,甚至在过去只是计划了的那些行动,属于那时处于我的实际可及范围内的世界。它们与我现在的心理状态相联系,之所以如此,是因为现在的过去的实在曾经是现在的实在。因而,曾经在我可及范围内的实际的世界的预期的可能重新实现建立在我自己过去的完成经验的各种复制和延展之上。复原曾经的实际可及的机会则是一种最大的机会。

潜在性的第二个范围预期地指向我未来的心理状态。除了它预期(如同所有预期)起源于并且不得不与我过去实际在手头的经验储备相一致这个事实以外,它并不与我过去的经验相联系。这些经验能使我权衡执行我的计划的可能性,并且使我评估我的能力。很显然,第二种范围根本不是同质的,可分为达成的不同机会的各个部分。这些机会随着我的工作世界的实际中心的各个部分的空间距离、时间距离和社会距离的不断增加而成比例地减少。这种距离越大,我可达成的实际的预期就越不确定,直到这些预期成为完全空的和无法实现的为止。

7. 作为最高实在的工作世界;原始焦虑;自然态度的悬置

一个整体的工作世界,作为最高实在对应于许多其他实在的次级宇宙之上而凸显出来。它是包括我的身体的物质事物的世界;它是我的运动和身体操作的领域;它提供需要我们努力去克服的阻力;它在我面前提出任务,容许我去执行我的计划,并且使我在达成我的目标的尝试中获得成功或者失败。我凭借着我的工作行为,与外部世界相连接,改变这个世界,而且这些改变,尽管由我的工作所引起,但是既能由我自己也能由他人作为起源于独立于我的工作行为的这个世界之中的事件来加以经验和证实。我与他人分享这个世界及其对象；我与他人具有共同的目标和手段；我在多种多样的社会行为和社会关系中与他人共同工作，验证他人，并由他人所验证。工作世界是在其中沟通并相互促进、相互作用成为有效的实在。因而，它能够在两个参考方案的指引下，在多种动机的因果关系的指引下，以及在各种意图的目的论的指引下得以经验。

正如我们上面所述，这个世界对于我们的自然态度来说，不是我们思想的某个对象，而是某种支配的领域。我们对其具有一种突出的实践的兴趣，这是由符合我们生活的基本需要的必然性所引起的。但是，我们对工作世界的所有层面并不同样地感兴趣。我们兴趣的有选择的功能在两个方面组织这个世界——关于空间与时间——在主要的关联或次要的关联层面。在我实际的或潜在的可及范围内的世界中，那些对象作为在实际上是或未来有可能成为实现我的计划的各种目标和手段，或者作为对我是或将会是危险的或快乐的或要不然有关系的首要重要性而得以选择出来。我不断预期我可以从这些对象中期待的未来反响，并且不断预期我的已经设计的工作将会带来的与其有关的未来变化。

让我们更加清晰地指出“关联”在其上下文中的意义是什么。例如，在自然态度中，我强烈地对我的行动的结果，特别是对我的预期会否经受住实际的检验的问题感兴趣。正如我们前面已经看到的，所有的预期和计划都指向现有的经验，这能使我权衡我的各种机会。但这只是故事的一半。我所正在预期的东西是一回事，而我为什么预期其确定发生则根本是另一回事。在某些条件和环境下可能发生什么是一回事，而我为什么对这些发生感兴趣，我为什么应该强烈地等待我的预言的结果则是另一回事。唯有这些二分法的第一部分可以参照作为以前经验沉积的手头上的经验储备来加以回答。这些二分法的第二部分则指向日常生活的自然态度中的人受其指引的各种关联系统。

这里我们无法揭示关联问题的所有含义，我们刚刚已经接触了其某一方面。但一言以蔽之，我们想要阐明，自然态度中支配我们的各种关联的整个系统建立在我们每个人的基本经验基础之上：我知道我将会死亡并且我害怕死亡。我们建议将这种基本经验称为原始焦虑，它是所有其他预期起源于其中的原始预期。从这种原始焦虑中,产生出希望和恐惧、愿望和满意、机会和冒险的许多相互联系的系统,这些刺激自然态度中的人去尝试统治世界,去克服各种障碍,去草拟计划并且去实现它们。

但是原始焦虑自身只是作为日常生活的最高实在之中的我们人类存在的一个相关物,因而,各种希望和恐惧以及相关的满足和失望都以工作世界为基础,并且只有在工作的世界中才是可能的。它们是实在的本质要素,但是它们并不指向我们对其的信仰。相反,这正是自然态度的特征:将世界及其对象视为理所当然的,直到有反面的证据强加于它自身。只要曾经建立的参考方案,我们的和他人的已证明了的经验系统起作用,在其指引下完成的行动和操作产生了想要的结果,我们就必须相信这些经验。我们对发现这个世界是否真的存在或它是否只是不断呈现出来的一个连贯的体系的问题不感兴趣。我们没有理由对我们证明了的经验提出任何质疑,所以我们相信,这些经验是作为果真如此的事物而给予我们。它需要一种特殊的动机,无法纳入手头上的知识储备或与其不一致的某种"陌生"经验的打断,而使我们修改我们以前的信仰。

现象学已经向我们讲过现象学的悬置的概念,通过使笛卡儿哲学怀疑的方法彻底化,悬置我们对世界实在的信仰,以此作为手段,以便克服自然态度。① 我们可以冒险地提出下列建议:自然态度中的人也使用一种特定的悬置,当然,是与现象学家非常不同的另外一种悬置。他并不是悬置了对外部世界及其对象的信仰,相反,他悬置了对其是否存在的怀疑。他放在括号里的是这个世界及其对象与其呈现给他的样子不同的这种怀疑。我们建议将这种悬置称为自然态度的悬置。②

---

① 参见马文·法伯《现象学基础》,剑桥,1943 年版,第 526 页及以后。

② 尽管目前的论文在许多方面与赫伯特·施皮格伯格的观点不同,但是我应该希望读者注意他非常有趣的论文:"实在现象与实在",载马文·法伯编《纪念埃德蒙德·胡塞尔哲学论文集》,第 84 ~ 105 页。他在该论文中试图分析与实在有关的可怀疑性和含糊。根据他的观点,实在标准是有关准备、坚持、感知边缘、具体对象的边界、独立性、阻力以及同意的现象。

西方文化批判理论

物化时代的文学生存

于文秀

尼采曾对现代人的急功近利及现代文化的匆忙浮躁深恶痛绝。这位被视为"生在死后"的具有先知气质的哲学家,一再悲切地指出:"普遍的匆忙和越来越快的生活节奏"以及"一切悠闲和单纯的消失",是"文化整个被连根拔起的征兆"。[①] "……那种匆忙,那种令人不得喘息的分秒必争,那种不等成熟便采摘一切果实的急躁,那种你追我赶的竞争,它在人们脸上刻下了深沟……仿佛有一种药剂在他们体内作怪,使他们不再能平静地呼吸,他们心怀鬼胎地向前猛冲,就像烙着三 M——Moment(即刻),Meinung(舆论),Moden(时尚)——印记的奴隶。"[②]尼采对人类现代文明异化乃至堕落本质洞若观火,也一语道破了当下文学状况的本质和物化时代文学的特征。

如果说 20 世纪 80 年代是注重人之启蒙的激情而温暖的文学时代,90 年代是更多注视自我和确证自我的婉转低回的文学时代,那么,21 世纪则是文学高

① 弗里德里希·尼采:《作为教育家的叔本华》,周国平译,译林出版社 2012 年版,第 30 页。
② 弗里德里希·尼采:《作为教育家的叔本华》,周国平译,译林出版社 2012 年版,第 55 页。

调彰显自我(或伪自我)、文学底线不断被突破的时代。文学创作不再是人类精神栖息守望、道义救赎担当的阳春白雪场,而是被感官欲望全方位冲破的、众声喧哗的、五味杂陈的场域和空间。此际出场的"70后""80后"作家的写作,则是在以市场经济为底色的物化时代进行的文学行为。他们的作品是名副其实的"市场经济下的蛋",它们联袂掀开并制造了21世纪初中国文学场的喧嚣与风景。

一、命名的暂时性和市场集体主义

不同时代,文学的成功因素和作家的成名方式是不尽相同的。在大众文化没有真正出现的文学年代,文学是时代文化的中心,人们无比崇尚经典和原创,作家往往是以个体方式出现的。进入媒介时代后,已有的文化秩序乃至价值取向皆有了变化,文学失去了往日的单纯,市场和媒介的介入使文学场域不免成为嘈杂纷乱的名利场,作家寻求成名的路径和策略也是五花八门。在此社会文化背景下,"70后""80后"以"代"的名义在文坛集体亮相,依托纯文学刊物出道,却依靠出版业包装与媒体炒作走红,他们借势媒体,不免喧闹和夸张,有意或无意地制造着事件,成为舆论关注的焦点。

文学杂志《小说界》从1996年开始设立"七十年代以后"栏目,随后,《山花》(1998年第1期)、《芙蓉》(1998年第4期)、《作家》(1998年第7期)、《长城》(1999年第1期)也先后推出类似专栏。1998年,这批作家在文学杂志《作家》集体登场,发表了一份文学宣言,并自称是"断裂的"一代。在接下来的三四年时间里,在这些栏目中共发表70篇小说,其中近七成是女作家的作品。1999年以后,打造"美女文学"的主力已经从纯文学期刊转为图书出版业。2000年,上海文艺出版社首次出版了《"七十年代以后"小说选》。

"70后""80后"作家这一命名,属广义上的文化社会学界定,依据的是适用于各种亚文化研究的社会学代际理论。因为社会学家认为:"年龄是形成一个行为角色社会的和文化的特点的基础。”①对于“70 后”“80 后”的命名和称谓，学界的看法并不一致，一直存在质疑和争议。著名学者邓晓芒就说，真正的作家不会一批批而是一个一个地出现的。② 还有评论家认为，这种命名方式“不符合文学对每一个体独特性的期待”，“这是一种偷懒的、粗暴的命名。它既不构成一个文学上的命名，也不是严格的社会学命名，最多不过是一个‘媒体命名’”。③

应该说，“70 后”“80 后”作家并非严谨规范的文学范畴，对于目前的文学来说，“70 后”“80 后”这种命名无论如何都是一种权宜之计，这样的称谓只是按作家出生的时间来命名，虽然其好处是简便易行，但其文学特征内涵的明确性、完备性都很欠缺，这种命名本身有暂时性的特征。随着时代推进，这种命名方式会自行消散或消亡，成为曾经存在过的一个文学之历史符号。

关于“70 后”“80 后”青年人群身上呈现的文化特征，有很多种归纳概括，笔者认为以下的概括较为准确和切合实际。

《作家》杂志主编宗仁发等人曾将“70 后”作家的特征概括为五个关键词：

[背景]生在红旗下，长在物欲中。

[风格]“雅皮士”的面孔，“嬉皮士”的精神。

[性爱]有经历，无感受。

[立场]以享乐为原则，以个性为准绳。

[作品]向世纪末集体逼近的突围表演。④

2008 年，《记者观察》杂志以《80 后　市场经济下的蛋》为总题，刊登了关于“80 后”“京漂族”的价值观念和生活状况的报道，并在调查的基础上提炼概括了“80 后”人群的文化特征。

1. 他们离经叛道，但遵守游戏规则；他们崇尚自由，但不排除合作；他们追逐财富，但讲究取之有道。

---

① 迈克尔·布雷克：《越轨青年文化比较》，北京理工大学出版社 1989 年版，第 33 页。

② 邓晓芒：《文学与文化三论》，湖北人民出版社 2005 年版，第 614 页。

③ 张柠：《“80 后”的生存状况、价值取向和想象方式》，载《中国图书评论》2008 年第 11 期。

④ 宗仁发、施战军、李敬泽：《关于“七十年代人”的对话》，载《南方文坛》1998 年第 6 期。

2. 以前为理想,现在为梦想。理想可望而不可求,梦想则可随时变成现实。他们比父辈更注重实际。

3. 他们衡量道德价值的标准不是荣誉、崇高、理想,而是财富、积累、成功,已经蜕化为彻头彻尾的市场化的“经济动物”。

4. 力求稳定,又不甘于寂寞;义无反顾、追求冒险,又谨小慎微、患得患失;既儿女情长、小资情调,又寻找刺激的江湖豪气。

有学者指出:青年亚文化的制胜法宝之一就是“抵制”,而在当今市场经济和媒介主宰的时代,年轻人“抵制”的典型行为正通过商业化过程和在媒体中的重新定义不断恢复,或者通过谴责并制造所谓的道德恐慌来达到抵制的目的。①“70 后”“80 后”作家也深谙这种“抵制”之道,这也是他们制胜的法宝。由上述概括可以看出,“70 后”“80 后”单纯又功利,年轻却“明智”。他们有物欲,重实际,幻想成功,注重享受,在市场经济大潮中长大,是彻头彻尾的市场化的“经济动物”。他们深知仅凭自己的写作实力,循着以往作家的生存和成长方式,可能出名无望,只能“一蓑烟雨任平生”,想出名只能趁早凭借外力。他们接受媒介的整编和打造,与媒介相互利用,通过各自获利达到自己的目的。对此中奥秘,法国哲学家布尔迪厄可谓一语中的:“若科学场、政治场、文学场受到传媒控制力的威胁,是因为在这些场的内部,有一些不能自主的人,以场内的专业价值标准衡量,他们很少得到认可,……由于他们在场内得不到认可,所以热衷于到场外去寻求认可(快速的、过早的、不成熟的或一时的认可),此外,他们往往被记者们所看好,因为他们不让记者们感到害怕(与较为独立的作者不同),时刻准备按照记者们的要求行事。”②

昆德拉说过:“小说(正如一切文化)越来越落入各种媒体手中。”③这句话中饱含着这位文学大师的无奈与痛楚,表达的是对小说越来越成为人的存在之轻的无限忧虑。然而,如今的文坛早已不像从前,成长于市场经济和物化时代的年轻作家们多背离了前辈的立场,主动寻求与媒介的合作,并借助媒体吸引

---

① 西莉亚·卢瑞:《消费文化》,张萍译,南京大学出版社 2003 年版,第 192 页。
② 布尔迪厄:《关于电视》,许钧译,辽宁教育出版社 2000 年版,第 74 页。
③ 米兰·昆德拉:《小说的艺术》,上海译文出版社 2004 年版,第 23 页。

大众和市场的关注。近年来文坛就不断发生着与“70后”“80后”有关的事件，如年轻作家集体发表断裂宣言、卫慧与棉棉的互攻、韩寒与白烨的“韩白之争”、郭敬明抄袭案、“80后”作家张一一求婚、顾彬炮轰当代文学和作家富豪榜、“80后”作家加入作协、“人造韩寒”等。这些事件和纷争或真或假，或主动或迎合，翻云覆雨，但都成为文坛、媒体乃至社会的焦点事件。他们的成功并不单单取决于文学本身，还有文学以外的因素。

阎连科在一次讲演中提出，个人主义是成就文学经典的关键，真正的个人主义应该是鲁迅的《阿Q正传》、沈从文的《边城》、萧红的《呼兰河传》、张爱玲的《金锁记》、卡夫卡的《城堡》以及塞林格的《麦田里的守望者》等。但当今中国的文学创作深受集体主义的束缚，其中一种现象看似个人主义，其实是一种伪个人主义，那就是市场集体主义，这是当下困扰文学发展的一大障碍，“这种市场的集体主义，和别的集体主义一样，正在更严重地抹杀着文学创作中最为可贵的个人主义”①。从本质上看，“70后”“80后”的写作行为以及在社会上集体获得的成功，用阎连科的话来说，总体上正是一种市场集体主义。文学在他们手里既是“宝贝”，也是“糖”，既承载着他们的奔突与不羁，也印刻了他们对文学的背离和真正文学的迷失和虚妄，文学难以脱离市场而成为彼岸之花。

二、标举年轻主义与性感美学

当今时代，文化的一个突出特点，就是界限的内爆，各种场域、事物、现象乃至理论，很多的界限都已模糊不清，相互混搭，已不再界限分明、边界明确、规则有效。原创与模仿、文学与娱乐之间难以分辨，尤其是在文学边缘化而媒介成为中心和强权的当下，媒介更多地在干预着文学场中的结构和规则，甚至改变着文学的走向。正如学者指出的那样：“如果说在1980年代（也在一定程度上包括90年代）文学场还掌握在作家与批评家手里，那里还是他们言说与对话的

① 阎连科：《文学的个人主义——在上海大学文学周的讲演》，载《渤海大学学报》（哲学社会科学版）2009年第2期。

风水宝地,那么,新闻场介入文学场之后,话语权却转移到媒体记者和时评家手里,他们开始控制局面……文学事件也就不可能不被并入到新闻化、娱乐化的轨道之中。"①在媒介干预下的文学,审美取向和标准也与娱乐界的标准趋同,因此,年轻和性感便成为最耀眼的符码,标举年轻主义和性感美学,用肖鹰的话说就是"性的青春形象",便成为"70 后""80 后"众多女作家出击社会和文坛的文化资本和撒手锏。与此同时,她们奉行"年轻主义"和"坏女孩走四方"的时尚信念,以此"惊艳"的形象现身商品社会,进而驰骋文坛。

著名女作家王安忆在圈内以"谨言"著称,但在一次接受记者采访时表示,对于二十几岁的时候就登上当代文坛的她来说,二十几岁发表小说没什么值得大惊小怪的:"所以那个所谓八十年代后,炒什么炒? 二十多岁写作不是很正常的吗?"②的确,王安忆说得没错,纵观现当代文坛,二十几岁写作乃至成名的并不鲜见。且不说现代文学史上郁达夫、郭沫若、冰心、曹禺、张爱玲等在 25 岁以前都已发表了代表作,就是当代作家中也不乏王蒙、王安忆、贾平凹这样 20 出头也已发表处女作的,还有刘震云、苏童、余华等成名时均未超过"70 后""80 后"作家中很多人走红时的年龄。

当然,标举年轻、崇尚年轻不是个体的而是时代的问题所在。这不仅是文明进程特点所致,也是现时代中国社会文化使然。青年亚文化在 20 世纪开始形成并风行全球,它大大改变了人类社会的文化结构和文化秩序,带来了文化的、价值的青春化取向的定位。法国社会学家埃德加·莫兰在《时代精神》一书中提出:如果 1789 年标志着政治的青春的太阳的升起,那么在 1777 年歌德的《少年维特的烦恼》宣告了文化的青春的太阳的升起。20 世纪 30 年代至 20 世纪 60 年代,欧美国家的大众文化与青年亚文化相互影响、相伴相生,并共同扬弃以往由经验和老年为关键词的文化类型,青少年作为年龄阶级闯入了 20 世纪的文明中。一个青少年的年龄阶级的形成不仅在西方文明中,而且在世界范围内发生。

---

① 赵勇:《文坛媒介化:从文坛事件看文学场的位移》,载《博览群书》2008 年第 11 期。

② 《王安忆:所谓海派作家,是别人强加给我的》,中国网,http://www.china.com.cn/book/txt/2008-07/07/content_15965301.htm,2008 年 7 月 7 日。

20世纪80年代以来，大众文化和青年亚文化在中国已越来越强劲并势不可挡，不论守护传统和经典的知识分子们是否接受，它们在社会转型的中国文化语境中异军突起并占据重要地位。市场经济宰制下的物化社会，其本质是注重当下和现时，与之同气相求的消费文化，其本质也重生理、重感观、重青春，大众文化瓦解了老人统治的价值，它的箴言是：让你漂亮，让你恋爱，让你年轻。大众文化在它的整个广阔的战线上崇尚现在，这个战线支持和刺激现实性。"70后""80后"人群成长和崛起，在大众文化推动下迅速成为时代中心，旁若无人。

"70后""80后"的写作者们之所以能在当今的文化语境中堂而皇之甚至趾高气扬，其存在的逻辑前提是年轻主义，而这年轻主义是以在物化时代大行其道的消费主义为内在支撑。在崇尚年轻的时代文化里，年轻主义成为至高无上的标准，"美丑与否已经变得不是那么重要（日益发达的美容术彻底废黜了美的天赋特权），重要的仅仅是你是否年轻……基于此，影像文化最有利于将年轻而非成熟打造成时尚。一旦此种时尚形成，青春的年龄前限便会失却理性把守的可能"①。

年轻主义对时代带来的震撼和冲击是全方位和深层次的，"一方面是对于衰老的极端恐惧，另一方面则是对于年轻缺乏底限的认可……单纯由身体层面显现出来的速度与力度开始在文学领域初见成效，以最短暂的时间在最年轻的时候谋取成功的梦想计划，导致该领域向来倚重的时间积累历史的原则遭临严峻挑战，'80后'整体一代的提前出场应该说正是此种时势使然"②。

的确，青年文化本质上是一种"张扬的文化"，它们被特地制造出来供观赏和展示。"在这些公开展示的青年文化中，年轻和年长之间的差别是通过特意使用明显的和另类的标志而创造出来的，即采用一种特殊的风格，将人变成一个带有编码的影像，供其他人观赏的展品。"③年轻、光鲜、性感成为时尚中最抢

---

① 路文彬：《城市空间、视觉媒介与女性形象——中国当代影视女星青春形象的历史渐变》，载《文艺争鸣》2006年第3期。

② 路文彬：《试论"年轻主义"于中国当代文学中的形成》，载《文学评论》2008年第4期。

③ 西莉亚·卢瑞：《消费文化》，张萍译，南京大学出版社2003年版，第213页。

眼的符码,正如批评家指出的那样:"'性的青春'的形象化及其向全社会的普遍渗透,一方面表现了当代社会对以'性'为核心的感性欲望的解放,另一方面则表现了消费文化对'性的青春'的无限生产力。无疑,'性的青春'已经变成了消费文化的一种最基本的文化资本,因此,将产品贴上'性的青春'符号正在成为一种营销定律。"①诺贝尔经济学奖获得者赫伯特·西蒙认为:"随着信息的发展,有价值的不是信息,而是注意力。"②对此,在市场经济背景下长大的"70后""80后"作家具有先天的敏感,他们深知,在新经济下,注意力,即眼球经济就是成功,就是财富。

"性的青春形象"是物化时代"70后""80后"的文化资本,虽然不免被视为有勇无谋的"行为艺术",却是他们自恋炒作的砝码和得以纵横江湖的秘籍。正是在年轻主义和性感美学这种风向标的指引之下,一种新的性别意识形态又重新席卷时代文化文学的场域,那就是"坏女孩走四方"与突破禁忌。

在中国传统观念和影像文化中,好女孩的形象应该是笑不露齿、行不摆裙、深居简出,甚至是大门不出、二门不迈。唐代宋若莘、宋若昭姐妹所著《女论语》中就有"凡为女子,先学立身。立身之法,惟务清贞,清则身洁,贞则身荣,行莫回头,语莫掀唇……"等女性道德行为规范。在传统社会中,人们一般认为背离这些女性道德和行为准则的即为"坏女人"。而在生活和文学中,"坏女人"大多是没有好下场的。在中外文学艺术作品中,"坏女人"的外表大都是美丽的。传统的女性道德观念压抑并扭曲了女性的心灵和人生。对此话题,我们姑且悬搁,不做女性主义方面的评判。

从文学艺术发展史看,一般来说,女性从事文学艺术创作是从"坏"开始的。这里的"坏",是指不按传统社会和传统观念为女性设定的既定的准则和方式来生存和行事。女诗人翟永明对"坏女孩艺术家"做了这样的定义:"在艺术界,'坏女孩艺术家'基本上是一个专有名称,专指那些惊世骇俗,不以性别既定规矩出牌,不按艺术史对女性的传统定义行事,一'坏'(或称艺术)到底的女性艺

---

① 肖鹰:《青春审美文化论——电子时代的"青春"消费》,载《中国人民大学学报》2006年第4期。

② 马成鸣:《再论媒体的发展对传统电视生存空间的影响——以网络共享视频发展为例》,人民网,http://media.people.com.cn/GB/40628/6021023.html,2007年7月23日。

术家。”①敢于打破陈规陋习，敢于走自己的路，自己为自己设定标准，这应该是“坏女孩”的主要内在特质。

在对待“坏女人”或“坏女孩”这种身份指认上，女作家、女艺术家的态度也发生着变化，在不同时代，她们的接受程度和反应截然不同。例如，南非女画家杜玛斯就不认同这样的称谓，也不屑于以此来寻求艺术上的成功：“人们总想探究我是好女孩还是坏女孩，现在，一些新生代女艺术家喜欢扮演坏女孩的角色，似乎那是一种殊荣。我想，我是永远做不到真正意义上的坏。”②又如，女作家在面对自己创作的小说文本里的人物与作家个人的关系上，其中的变化也是巨大的，甚至有天壤之别。以往的女作家一般都很忌讳读者或批评家将自己的作品中所描写的人与事和自己对号或等同。当年著名女作家丁玲就曾因受自己所写的莎菲女士的牵连，而多次声明“我不是莎菲”。而当今的女艺术家、女作家却对此不以为意，对“坏女孩”不仅不反感，而是主动接受。一位著名女艺术家说：“你的身体就是战场。”③德国女心理学家乌特·艾尔哈特写了《好女孩上天堂，“坏”女孩走四方》一书，影响了很多女性，成为许许多多的中国年轻女孩的枕边书。

将“坏女孩”作为自我形象来建构，甚至故意制造亦真亦假的迷雾，也成为文艺界、娱乐界许多女性的炒作和营销策略。“70后”“80后”人群的偶像麦当娜就说：“我希望人们能够看到，我的生活并不轻松，并进一步看到，这部电影并非我的全部。你们可能一边看电影一边说，我还是不了解麦当娜，那很好。因为你们将永远不会了解真实的我，永远不会。”

“70后”“80后”的女作家们早已把陈腐的清规戒律抛到九霄云外，完全反其道而行之。《作家》在1998年第7期为“70后”女作家开设专辑，“70后”作家们皆将自己装束为美女，以图片和文字的方式同时登场，那一期的《作家》杂志简直成了美女作家们的相册。“70后”“80后”女作家很少有传统的负荷和积淀的、压抑的记忆，对于“坏女孩”的称谓，大多不回避、不介意，相反甚至愿意

---

① 翟永明：《天赋如此——女性艺术与我们》，东方出版社2008年版，第77页。

② 翟永明：《天赋如此——女性艺术与我们》，东方出版社2008年版，第79页。

③ 翟永明：《天赋如此——女性艺术与我们》，东方出版社2008年版，第77页。

被人误解、误读、误判。她们在性别问题上轻装上阵,对已有性别问题既不对抗也不消解,正像有人指出的那样:“一般来说,她们回避它,但有时又利用它。性别不会成为使她们感到麻烦的问题,而只会偶然成为她们艺术盛餐中的下酒菜。”①卫慧在《上海宝贝》中就自封为“坏女孩”:“总有一天我会死得很难看。因为,我是坏女孩,上帝不喜欢坏女孩,虽然我自己很喜欢自己。”棉棉的《糖》更是写一个涉足性与毒品、沉迷酒吧的“坏女孩”。九丹小说中的女主人公也说:“我是个坏女人,可是我还能哭泣!”

这里的“坏”字已偏离了女性主义最初反抗男权中心主义的主旨,已不完全是基于女性的抵抗立场,游戏规则被游戏本身代替,在很大程度上成为女性写作和市场经济“吊诡的合谋”。正如批评者指出的那样,“坏”实际上是一个大肆宣扬的卖点。“中国的坏女孩写作”成为2005年在上海召开的第四届国际亚洲研究学者大会的一个专门议题。“与会专家认为,‘坏女孩作家群’的出现是社会发展的一个侧面,但是性对于她们来讲,并不是真的‘性趣’,而是用以追求名誉以及财富的工具。……‘身体写作’问题的根本,不在于女性作家的品行或其作品优劣与否,更重要的是,它刺激起一大批写作者,尤其是年轻女性写作者的强烈名利欲,和‘一夜暴富’的文化赌徒心理。”②从历史流变上看,这种文化和文学的功利主义倾向,打破了中外女性文学的传统和女性意识的自觉。

新一代女性对性别问题有别样的处理方式,不再像前辈女作家那样执着甚至执拗于两性的真正平等和分庭抗礼。她们用具有个性色彩的语言代替具有性别意味的语言,她们表面上很叛逆,其实很圆滑,讲究生存策略。在物化时代里,对她们来说,女性群体的文化追求和文化生存已退居于个人的名利得失之后。这种女性意识和价值追求的弱化,再一次证明了国人的线性进化论思维在文明和精神的历史视野中作为评价的逻辑前提的局限乃至谬误。

---

① 翟永明:《天赋如此——女性艺术与我们》,东方出版社2008年版,第122页。

② 林宋瑜:《吊诡的合谋:“美女作家”与大众文化》,载《南方文坛》2009年第5期。

三、真实的感性，脆弱的理性

20 世纪末，以“70 后”作家为代表的文学新人以不可阻挡之势隆重登场，迅速成名，成为文坛的新贵。其中的奥秘除了媒体和书商的大力炒作和包装因素外，笔者认为起重要作用的还有他们感性化的写作心态和文本中散发出的无遮无拦的真实的氛围。这是他们与以往作家完全不同之处。他们毫无遮拦的感性写作以及隐秘心理透明化等特征，令前辈作家感到无比的新鲜和艳羡，因为这份充分独立、完全松弛的心态，也令以往的作家感到一种内在的心灵解放和人性释放。正像评论者指出的：“‘七十年代人’相对于以往，是一群‘解禁的个人’，是一些捆绑不住的手脚，是彻底过滤掉了‘拥护/反对’式的精神遗骸的一代。”①“七十年代人”给中国文坛带来的初步成果是呈现的勇气。

的确，“70 后”“80 后”在小说文本中大胆、直白、毫不顾忌对欲望的坦白和对禁忌的侵犯，同时他们又都喜欢用极度膨胀、躁动、疯狂和打破规范的感性话语，表达仿佛生成于瞬间的冲动，不假思索地脱口而出，释放着只有青春期才有的感性能量，展现了物化时代空虚而又充满欲望的时代情绪。“70 后”作家自己也总结道：“他们面向生存，更为本真；面向官能，更为愉悦；面向调侃，更为戏谑；面向欲望，更为人性；面向世界，更为自由”。②

宗仁发：“七十年代以后出生的作家是一群感性动物，他们以一种撕去修饰的真实击倒那些条分缕析的虚弱的理性。他们站在生活舞台的背后，大声喧哗，用一个又一个谁也无法抵赖的细节，戳穿所有自欺欺人的童话。”③

“70 后”“80 后”作家将写作的重点放在对个人性的情绪感受上，大都把笔触限制在具体的、为自己所熟悉的感受和个人视野内的东西。对此他们坦率承认而又乐在其中：“可以这么说，我的小说就是我的生活。我关注我身边的男女，他们都是一些深陷于时尚中的年轻人，当然我也是他们中间的一个，从我们

---

① 宗仁发、施战军、李敬泽：《关于“七十年代人”的对话》，载《南方文坛》1998 年第 6 期。

② 康城、黄礼孩、朱佳发等：《70 后诗集》，海风出版社 2004 年版。

③ 宗仁发、施战军、李敬泽：《关于“七十年代人”的对话》，载《南方文坛》1998 年第 6 期。

出生的那一天起,众多的新鲜事物就开始频繁地出现,我们崇尚潮流,自我感觉良好。"(周洁茹《我想我是鱼》)

"我们的生活哲学由此而得以体现,那就是简简单单的物质消费,无拘无束的精神游戏,任何时候都相信内心的冲动,服从灵魂深处的燃烧,对即兴的疯狂不作抵抗,对各种欲望顶礼膜拜。尽情交流各种生命的狂喜包括性高潮的奥秘,同时对媚俗肤浅、小市民、地痞作风敬而远之。"(卫慧:《像卫慧那样疯狂》)正是由于"70 后""80 后"都处在感性的漩涡中,他们在酒吧、迪厅、咖啡室、暗夜的居处,在昏暗的、颓废的、感官的、无法自持的空间里,尽情释放感性,疯狂起舞,书写各类彼此缺乏联系的表象片断,仿佛不再受到理智的控制。"我们在自己的笔尖底下跳摇摆舞,尖叫,做各种怪异动作,活蹦乱跳又快乐不已。"①

一样的青春年华,却有不一样的青春书写。在"70 后"作家们的眼中,前辈作家的作品中充斥的是"老姑妈时代的人物",他们笔下的青春也是老姑妈时代的青春。而且以往的青春书写,在"70 后"的作家看来并非出自本真,而是把自我抛得很远、藏得很深,很受压抑,即使压抑不住也还是遮遮掩掩,不敢完全释放,被"70 后"的作家们视为追求站在水边也不湿鞋的效果。对此,年轻的作家觉得很虚伪、很可笑,也深表不解:"站在河边脚不沾水地看生活的河流流淌,看别人在水里挣扎,自己安全地心宽体胖地写写弄弄,用概念化的东西创造故事。"②

"70 后"作家对青春的展示,是对以往青春叙事的颠覆性重写,青春在他们的生命和世界中别有一番体验。在他们的文本中弥漫着这样的主题词:酷、性、尖叫、疼痛、疯狂、欲望、飞翔。面对青春,他们有一种破坏的冲动,即希望把所有的事情都弄糟,弄得不可收拾。

下面就看看他们是怎样界定青春的,青春在他们的眼中为何物。

棉棉:"有人喜欢把青春和幸福混为一谈,那天我却把青春和失控混为一谈,我觉着我的青春是一场残酷的青春。"(《九个目标的欲望》)

---

① 魏微:《一个年龄的性意识》,载《"七十年代以后"小说选》,上海文艺出版社 2000 年版,第 465 页。

② 卫慧:《痛并快乐着》,载《南方文坛》1999 年第 6 期。

周洁茹则称，青春是“一种化学的发疯形式”。(《我想我是鱼》)

丁天：“对我们来说，青春仅仅意味着一段虚度的光阴，是一个在路边莫名等待的岁月，一个在夜晚幻想加手淫的年代。……我的全部青春就是生活在一个彻头彻尾的错误中。”(《饲养在城市的我们》)

卫慧在她的小说《艾夏》的篇首语中写道：“如果我有一种激情，那么这就是想告诉你，我所有青春年少时的梦魇。”这梦魇就是：“我在路上，逃亡的路，回归的路，自由的路，祭祀的路，我为我绝望而畸形的爱情赎罪的漫漫之路。黑夜温柔，温柔地将疲倦、无助、迷失的灵魂庇护着，就像上帝庇护着有罪的羔羊。”(《黑夜温柔》)

春树：“一个时代造就一个时代的青春期，我小说里描绘的青春生活，与王蒙在《青春万岁》里写的青春生活是截然不同的。”(《国际化的青春期片段》)

张悦然：“80 后最初的文学创作中，充斥着各种外国品牌、乐队和导演的名字。他们还从中得到一种情绪——垮掉的，孤独、颓废并且厌世的情绪。这种情绪没有成为我们的精神力量，倒成了不求上进的借口。我们就是从这些当中找到自己的个性，把被美化的品味当作一种创造吗？是的，整个青春期，鉴赏力代替了创造力，制造出繁盛的幻觉。”(《鲤・嫉妒》)

郭敬明：“青春是道明媚的忧伤。”(《爱与痛的边缘》)

九把刀：“青春是一场大雨，即使感冒了，还盼望回头再淋它一次。”(《那些年，我们一起追的女孩》)

毋庸置疑，“70 后”“80 后”作家在书写感觉和语言表达上，的确不乏闪光点，很多句子让人眼前一亮，也令人欣喜地发觉和感知着文学表达上的某种进化。然而，惊喜之余，也让人明显地感到他们在写作中和接受访谈时所存在的表演性，常常是表演意味十足，有评论者也称之为“伪造的生活”(葛红兵)。因为表演，所以难免夸张，我们看到他们书写着与年龄不相称的创伤，他们的表演有时不免令人惊骇，但就像有勇无谋的“行为艺术”。同时，他们的确胆大无畏，却不免有无知者无畏的嫌疑，只能给人惊叹，无法让人感佩。他们“亮出了虚假繁荣的七十年代的旗帜，我们低吟浅唱，七十年代要说话”。(周洁茹《我想我是鱼》)

"70 后""80 后"在青春生存叙事中的表演性,从本质上看无疑也是一种媚俗,尽管他们不乏叛逆的姿态或高调标榜自己的与众不同,但他们为写作而炒作和伪饰生存并陶醉其中,自我欣赏,进而散发出浓郁的自恋。对媚俗内涵的准确揭示莫过于米兰·昆德拉,他说:"媚俗者的媚俗需求,就是在美化的谎言之镜中照自己,并带着一种激动的满足感从镜中认出自己。"①"70 后"的卫慧自封为漂亮宝贝,"80 后"的春树则承认自己是喜欢虚荣和虚幻的"北京娃娃"。

"70 后""80 后"书写的青春是与城市有关的另类的青春,也呈现了穿越城市的一种青春生存的状况。城市是他们的生存背景和文化依托,而他们是都市的浮华与时尚的点缀,也是都市的恶之花。本雅明在《夏尔·波德莱尔》一文中说过:"大城市并不在那些由它造就的人群中的人身上得到表现,相反,却是在那些穿过城市,迷失在自己的思绪中的人那里被揭示出来。"②

熟悉的地方没有风景,土生土长之地难以唤起人们的文学激情和描写的欲望,新的文化环境不仅改变着生存状态,也会带来文化震荡,带来写作的可能性,这是文学创作中的普遍现象。很多"70 后""80 后"作家都有过穿越城市的青春生存经历,卫慧、棉棉、春树是其中的代表。卫慧并非土生土长的上海人,为此她还受到棉棉等正宗上海人的嘲弄。在上海读书的经历是她写作的真正资源,正因为这样,她的《上海宝贝》只是写了附着于摩登与时尚的炫目都市的上海,没有自幼长于弄堂巷口的上海人写作中的上海文化的深厚底蕴,更多体现的是都市生活的艰辛和隔膜。正如卫慧自己所说:"面对身处于其中的城市(上海)我们既爱又恨,城市的浪漫,城市的冷酷我们都真真切切无时无刻不感受着。"

棉棉是正宗的上海人,然而,她的写作却发生在走过了处于改革开放前沿的深圳、广州等城市后。正是开放的城市让高二辍学的她,经历了歌厅、摇滚、同居、性、吸毒等另类生活,有了堕落不堪而又失魂落魄的残酷青春。"80 后"的春树并非纯粹的"北京娃娃",而是在山东出生,9 岁时随父亲迁居北京,因此

---

① 米兰·昆德拉:《小说的艺术》,董强译,上海译文出版社 2004 年版,第 167 页。

② 本雅明:《发达资本主义时代的抒情诗人》,张旭东、魏文生译,生活·读书·新知三联书店 1989 年版,第 6 页。

她常怀念着家乡,惦记着乡下。她的写作中呈现的是“永远昂着傲气凌人的头,穿鲜艳但廉价的T恤,戴着张扬的黑墨镜,指间夹着烟,典型的新一代‘愤青’模样”。各自的穿越,不同的结局,一样的都市另类青春。城市、穿越、青春、文学,永远交织一处,翻卷着人生的爱与恨。

“70后”“80后”作家因所受观念束缚和传统牵绊较少而拥有真实的表述和良好的感性,但相对来说却没有与之匹配的深刻理性,她们只是在感性叙事中自由穿越腾挪,却难以埋下头来理性沉思,常常显得感性丰富而理性贫困。优秀的文学创作显然应该是感性和理性的完美统一,也就是说,既要有超乎寻常的文学感觉和语言表达,又要有深度的意义思考。

造成上述贫困的原因,除了经验与文学储备的窘迫,还有精神的浮躁与贫瘠以及功利心理等个体因素,同时也是商品社会和大众消费文化合力作用的结果。在大众文化主宰的社会中,人们崇尚消费至上、快乐至上甚至娱乐至死。他们“对自己有着强烈的自恋,对快乐毫不迟疑地照单全收”,“放弃了对时代深处的真理做出认真回答的野心”。(卫慧语)

当然,有时他们自己也不免心虚,就像张悦然说的:“我总有一种担心,若干年后回顾过去的时候,这些青春的记忆会否让我们觉得羞愧。因为所有的热爱,都没有根基,也没有给过精神力量。它们像某个名牌的十年二十年回顾画册,展现着一年又一年的流行风尚。而偶尔有过的激情,也显得如此莽撞和苍白,像一些被线绳支配的小丑。”(张悦然:《鲤·嫉妒》)这样的叙述中不乏反思和疑惑,这些反思和疑惑也可能成为这些年轻作家在未来进行自我提升和超越的契机。

四、仍然“在路上”

2006年文坛的“韩白之争”是主流文学界与“80后”作家的代际文化冲突的集中爆发。主流文学界对“80后”的接受困难与“80后”对主流文学界表现出的不屑,显现了文学发展的奇异和尴尬。从没有年轻作家如此嚣张、狂妄地对待文坛,应对严肃、专业而且并无恶意的评论。以韩寒为代表的“80后”作家的行动给文坛带来了很大震动。然而文坛还是宽容的,正如有学者指出的:“2007 年似乎成了主流文学界与‘80 后’作家的和解年。在铁凝担任中国作协主席,不少新生代作家登上各省作协领导岗位的大背景下,中国作协张开了怀抱,接受‘80 后’作家入会申请。与此同时,2007 年 3 月 25 日,由中国小说学会主办的 2006 年度中国小说排行榜揭晓,张悦然长篇小说《誓鸟》上榜,似乎标志着主流批评界对‘80 后’作家的承认。”①

然而,进入作协并不等于被评论界完全接受。“70 后”“80 后”的介入,已改变了文学的规则,冲击了文学的道德和价值标准。文学不再是“清洁的精神”的载体,在受到市场的“咸猪手”袭扰后,欲哭无泪又强颜欢笑,不得不在规则上接受市场的收编。正如研究者指出的那样:“‘80 后’整体一代的提前出场应该说正是此种时势使然。至此,文学需要的仿佛不再是思想而只是体力,以及纯粹由体力层面展现出的鲁莽勇气。所谓文学梦想的成功意指的不是你写出了什么杰作,仅仅是你是否已经名利双收。文学不过是一种手段,手段讲求直接,它要在最短的距离内走向目的。成熟意义上的智慧是压根儿不必要的,这太耗费时间,必要的只是卖力的炒作。‘炒作’令人从中意识到的是这个时代对于虚名的空前器重,而虚名径直通往的则是铺满黄金的星光大道。它不但能给作者带来丰厚的收益,更能为出版商赚取高额的利润。”“真正富足起来的仅仅是作者和出版商,文学本身非但没能因此收获富足,反而因此招致了伤害。文学已经无法再属于它自已,而只能寄身于庞大的商业之躯。这一现状注定了文学写作的个性在这个时代必然丧失。作者和出版商双双获胜,而文学却输了个落花流水。”②

“70 后”“80 后”的青春书写对传统、对文学的反叛和断裂,虽说更彻底,但其本身的破坏性更大,以致突破了文学本质的底线。正如雅克・德里达所说:“游戏的规则已被游戏本身替代。”③春树在《关于 80 后,我又能说什么》中曾

---

① 葛红兵、许道军:《交汇・互动・交锋——2007 年中国文坛热点问题述评》,载《探索与争鸣》2008 年第 1 期。

② 路文彬:《试论“年轻主义”于中国当代文学中的形成》,载《文学评论》2008 年第 4 期。

③ 雅克・德里达:《结构,符号,与人文科学话语中的嬉戏》,载王逢振、盛宁、李自修编《最新西方文论选》,漓江出版社 1991 年版,第 150 页。

说:“在我们之前,有垮掉的一代、迷茫的一代、爱与和平的一代、虚无的一代,可我们都不是。前辈们的可以反讽、解构有了收获,它们到我们这里就成了天经地义理所当然。我们的反叛不是反叛,而是理所当然。我们本身就是叛逆。我们是没有理想、没有责任感、没有传统观念、没有道德的一代。所以我们比 70 后、60 后、50 后……更无所顾忌、更随心所欲。我们对于理想以及目标都没有什么执着的追求。执着不适合我们。速战速决、屡败屡战适合我们。我们乐此不疲。”春树的一番反叛宣言,在一定程度上概括了一代人的文化特质和精神状况,他们不管不顾地炒作和无以复加的自负言论令文坛和评论界难以接受。

对新人类写作批评得最为激烈的,莫过于顾彬的“垃圾说”。顾彬这个德国汉学家、诗人,一向文风麻辣犀利、态度鲜明强硬,而且惯于以纯正的欧洲古典精英立场评价中国文学,从不迁就妥协,即使对苏童、莫言、余华等文坛实力派人物,也照样有直截了当的“恶评”。在被问及对苏童等人“恶评”的原因时,顾彬说,他们以往的创作还是很优秀的,但他们现在产量过多,写得过快,没有更多的新东西,很难自我超越。“他们已经过时了! 他们不让我思考什么。”在顾彬的眼中,卫慧、棉棉等人的写作更是将文学变成了垃圾化的存在。

文坛和大众对顾彬的“垃圾说”,反应不一。与此同时,评论界的“黄金说”观点也横空出世,著名文学研究者陈晓明高调提出:目前中国文学达到了前所未有的发展的最佳成熟期,也取得了从未有过的最高成就,当代文学成为中国文学发展的黄金时代。一时间,“垃圾说”和“黄金说”成为迥然不同的两种评价。

学界对陈晓明的论断有着不同的声音和反应,笔者在此暂且不对陈晓明的论断做简单评定或细致分析。对顾彬的“垃圾说”,国人的反应是复杂的,因为这种说法一方面的确令国人难以下咽,但另一方面也给人带来了莫名其妙的些许快意。正如批评家说的那样:“顾彬的‘垃圾说’,因其明快和粗暴的双重属性,给公众带来了强烈的刺激和乐趣,也为公众释放对中国当代文学的不满情绪,提供了机会。报纸和网络等大众媒介的大肆报道,暗含着公众对顾彬的支持,但反对者也不少。根据不同的动机,可将反对者分成两类,一类是心态上的不接受,一类是事实上的不接受。心态上的不接受,就是死要面子,活不认账,但内心还是有点发虚。事实上的不接受,则是要找理论上的借口,用理性思维做工具,把死的说成活的。”①这些话里主要暗含着对陈晓明的“黄金说”的批评。

面对顾彬的说法,学者肖鹰的评价还是比较中肯的,也是笔者较为赞成的。肖鹰认为,顾彬的分析是应该认真对待的,因为他的批评切中要害,也在一定程度上提示了当代文学的病根所在,因为当代作家普遍缺少对文学坚定执着的信念,以功利和游戏之心对待文学,他们的文学生命短暂。同时,当代中国作家普遍缺少关注现实的勇气,回避问题,重复历史题材,不能成为当代中国社会(民众)的代言人。另外,在艺术上,功利取向和浮躁心理致使当代作家普遍不重视写作语言的提炼和升华,自动降低艺术上的自我要求,很多作家难以达到应有的专业水平。

米歇尔·福柯曾说:重要的不是话语讲述的年代,而是讲述话语的年代。对于生活在物化时代的“70后”“80后”作家,一切的文化文学都在大众文化的裹挟和兼容中。在这个物化时代,文学和艺术的经典性和永恒性被大大消解,所谓艺术的永恒的时代被一时成名的和闪光镜头的迅如闪电的时光、时事新闻的洪水般的流动所接替。一个总是新鲜的现在被大众文化所浇灌。这些“问题孩子”所面临的生存环境,正是这十多年来致富阶层形成过程中无法回避的精神空白与欲望泛滥所造成的。“在她们生长的年代里,中国社会……由极端压抑人的本能欲望的政治乌托邦理想逐步过渡到人的欲望被释放、追逐、并在商品经济的发展中被渲染成为全民族追求象征。”②

尽管如此,我们依然要坚守作家应有的文化立场和角色的责任,在物化时代不丧失自我,在浊浪中保持清醒和理性,也就是说,应该在自己身上战胜时代。正像尼采所崇尚的境界:“当哲学家获得了对人性和生命价值的坚定信念之后,他也就‘在自己身上战胜了时代’,不再会依据身处的这个糟糕的时代来

① 张柠:《垃圾与黄金:中国当代文学评价的两个极端》,载《羊城晚报》2009年11月14日B05版。

② 陈思和:《现代都市社会的“欲望”文本——以卫慧和棉棉的创作为例》,载《小说界》2000年第3期。

判断生命的价值。”①“70 后”“80 后”作家今后在经过年龄、经验、思想的沉淀后,应该有更深的思考和超越,不被物化时代绑架,走出物化时代的荫蔽。因为超越自己,就等于带动时代、改变时代。

① 弗里德里希·尼采:《作为教育家的叔本华》,周国平译,译林出版社 2012 年版,《译者导言:哲学·人生·时代》,第 25 页。

西方现代性内在文化逻辑的理论谱系与批判

姜华

西方现代性自产生以来就对非西方世界的落后地区和国家产生了巨大的影响与挑战。作为后发现代性国家的中国,百年来所遭遇的挑战和文化危机,除其外在的经济、政治等因素之外,亦有深层的内在文化因素,即存在一个19世纪以来西方现代世界对自身文化的普遍性认识与表述问题,其背后的文化逻辑是一个把自己和世界等同起来,把世界视为自身内部的经济、政治、法律和价值观念体系,并迫使后发现代性国家和地区在接受其经济优势的同时接受其政治、文化的主体性,使当代人类世界受到一种普遍价值的价值单一性或单一化的挑战问题。因此,当下中国所遭遇的越来越多的挑战与西方世界对自身文化的普遍性的理解和表述有着内在的、必然的逻辑。因而,研究西方现代性所内蕴的普遍性文化逻辑,并在此基础上运用马克思主义理论对西方现代文化的普遍性逻辑进行解读和批判就具有重要的理论价值和现实意义。

一、现代性与西方现代文化的普遍性

西方现代世界对自身文化的普遍性认识和表述是随着西方现代性的扩张和发展确定起来的。从启蒙开始，并经历了现代性的高峰期，在当前全球化和后现代时期获得了前所未有的“合法性”或普遍化。一般认为，“所谓‘现代性’是指自启蒙运动以来的资本主义历史时代及其基本原则”①。广义的现代性也包括同资本主义精神紧密相关的资本主义政治、经济、文化和整个社会制度、思考、行为模式以及生活方式。在这个意义上，现代性被看作一种“文化的存在”。19世纪以来，西方世界的现代性扩张，借助一种新的生产方式，凭借在技术、制度等方面的优势，对非西方世界的国家和地区推行了强势的文化扩张和文化霸权，使西方现代性自产生伊始就具有扩张和宰制的倾向。具体说来，这种倾向表现在文化上就是西方现代文化的自我认识和理解，它代表着一种普遍性的价值，并成为世界文化先进与落后的判断标准。也就是说，对于非西方世界或后发现代性的国家而言，伴随着西方现代性的扩张，面对的是包含着一种将价值、利益和意义领域里的西方关于自我的认识和表述作为客观历史领域里的普遍性强加给他人的过程，并将它作为改造整个世界，改造一切他人及其固有的文化、社会制度和习俗的一种理论依据，从而使这种体现西方主体性的历史作为资本主义的精神获得一种所谓的“历史规律”的普遍性。

在此基础上衍生的西方现代文化或西方世界文化是一个把自己和世界等同起来的文化概念，把世界视为自身内部的经济、政治、法律和价值观念体系。由于这种文化概念存在以其普遍性和自我中心主义，排斥任何“异己”和“他者”自身独立发展其文明体系的合理性或合法性，或者是直接将“他者”吸收、涵盖为自己文化内部的一种边缘化、亚文化的存在的倾向，从而对所有现存的社会形态和文化主体意识都提出了挑战。正如斯宾格勒所言，这种西方文化是一种全面综合的文化，是唯一征服了全球的文化，是达到了充分自我意识的文化。

① 高宣扬：《后现代论》，中国人民大学出版社2005年版，第100页。

这样,西方文化就成为一种本质性的文化存在,一种力图跃居其他文明之上的西方现代文化。基于这种文化的普遍性认识,在20世纪末,借助全球化的趋势,西方现代文化更具有把自己表述为一种具有普遍主义意识的价值观的趋势和倾向。

二、西方现代文化内在普遍性逻辑的形成与确定

西方现代文化所体现的这种内在普遍性逻辑,是其伴随着现代性的扩张,通过西方启蒙运动以来的哲学话语中确定下来的。这个发展过程是启蒙时代以来欧洲人通过自我认知,借助于现代性的扩张,来为世界立法的过程,也是西方文化不断扩大自己的文化内涵和外延的过程。这种西方现代文化概念有其发展的理论谱系,历经卢梭、康德、黑格尔、尼采、韦伯等思想家,逐步确立和建构起来,使现代西方文化的主体性作为资本主义文化精神获得了一种所谓"历史规律"的普遍性或合法性与合理性,从而存在将西方现代文化的普遍性视为一种逻辑的和历史的,亦是自然的和理性的表述倾向。

1. 西方现代文化的合法性基于一种普遍理性的确立

西方启蒙思想运动的主旨是为西方现代世界提供一个文化的共识、合法性或者价值的普遍性,这个合法性、普遍性的基础就是普遍理性概念的形成。在西方文化的理论谱系里,西方世界文化的普遍性是依于西方现代主体对自我认识和自我理解的合法性和正当性而确立下来的。它的起点就是法,即任何合法的东西。而任何合法的东西,均源于正当化的原则。正当化原则是指"任何政治社会的品格都来源于一套特殊的公共道德或政治道德,源于它认为公众所支持的东西;也意味着,任何政治社会的品格源于社会的首要部分(未必是多数部分)认为正义的东西"①。这个合法性和正当性就是在一种普遍理性基础上形成的合法性和正当性。

---

① 刘小枫:《苏格拉底问题与现代性——施特劳斯讲演与论文集:卷二》,彭磊等译,华夏出版社2008年版,第30页。

普遍理性概念的形成，自启蒙运动以来经卢梭和康德等思想家逐步确立起来。卢梭认为人具有的自然本性不足以指导自己如何塑造自身，自然本性给予人的可完善性和可塑造性只有依靠建立市民社会才能保存。但是，这个市民社会结构建立于“普遍意志”的基础上，即“一个寓于或内在于被适当地构成的社会之中的意志取代了超越的自然法”①。按照卢梭的看法，“普遍意志”的形成并能被确定为“普遍意志”，乃因为“普遍意志”是善的，而它之所以是普遍的，乃因为它是合理的，它是通过将人们的特殊意志普遍化来实现的。“这个划时代的思想在康德的道德学说中达到了完全的明晰：对行为准则之善性的充分检验，乃是查考它们是否可能成为普遍立法之原则；保证内容的善的仅仅是合理性之形式，也就是普遍性。”②康德的“普遍意志”是基于人的内在的理性。康德提出理性为“自然立法”，他力图以纯粹理性为核心，为现代西方世界创造一个普遍的“自然法”基础。

这样，西方关于理性的自我认识和表述，从一开始就不是一个纯粹的逻辑概念或认识论概念，而是有其道德基础、历史基础及其政治性诉求的，以此将西方现代世界视为一种合乎理性的、自然的所谓道德状态。与此相应，其外化衍生的经济、政治、制度、意识形态、价值观等西方现代文化形态也就都具有了合法性或普遍性的理论基础。

2. 黑格尔确立了西方现代文化普遍性的“历史性”

黑格尔确立了西方现代文化普遍性的一种“历史性”的表述。具体而言，黑格尔在康德普遍理性的基础上进一步将世界史解释为世界精神和绝对精神的自我实现。对于黑格尔而言，历史过程是一个合理的、理性的过程，其最终实现为合理国家，即资本主义民族国家。合理国家是人类有史以来第一次有意识地建立在对人之权利的肯定基础之上的国家形态，因而是理性精神的最高实现。基于此，黑格尔赋予历史以永恒进步的指向，认为历史是绝对精神不断外化及

---

① 刘小枫：《苏格拉底问题与现代性——施特劳斯讲演与论文集：卷二》，彭磊等译，华夏出版社2008年版，第40页。

② 刘小枫：《苏格拉底问题与现代性——施特劳斯讲演与论文集：卷二》，彭磊等译，华夏出版社2008年版，第41页。

实现自身,并最终回到自身的过程。对此,斯宾格勒指出,黑格尔的精神作为一种以前方式外化和内化自身的自我意识,它本然的就是历史的,历史既是自由意识的进步,文化则是这个精神自身外化、自我认识过程中的产物,它的命运已由精神的本质先在地决定了。并且,在黑格尔看来,精神在现实中呈现自身有两种基本方式,一是精神首先表现为民族精神,只能从民族起步,以民族精神为呈现方式。二是精神运动的根本动力表现为市民对财富的追求。市民对财富的追求,在黑格尔看来,成为欧洲启蒙以来现代性发展的根本精神动力。他说:"市民社会的这种辩证法,把它——首先是这个特定的社会——推出于自身之外,而向外方的其他民族去寻求消费者,从而寻求必需的生活资料,这些民族或者缺乏它所生产过多的物资,或者在工艺等方面落后于它。"①他甚至认为"奋发有为的一切大民族,它们都是向海洋进取的"②。因此,在《历史哲学》中,黑格尔将世界历史的开端定义为欧洲民族国家在世界的旅行和对世界的发现。因为,他认为"精神,只是通过欧洲国家在世界上的'旅行',方才得以在世界范围内呈现自身,这便是现代历史开始的标志,而欧洲现代民族国家,便是精神发展和走向'世界精神'的工具"③。从而,黑格尔将欧洲资本主义的扩张理解为世界历史的开端,将现代性扩张的历史视为实现世界精神的工具和自由意识在世界的实现与进步,并由此确立了西方现代文化普遍性的一种"历史性"表述。

3. 尼采对西方现代文化普遍性的颠覆与重塑

19 世纪后,面对黑格尔普遍叙事话语的解体,马克思对资产阶级市民社会进行普遍性或合法性的批判与挑战。以诊治资产阶级文化危机的医生自诩的尼采,以市民阶级长久利益和根本的自我认识的永恒需要为基础,他的反现代性、反历史主义的文化批判和针对整个市民—基督教道德秩序的价值重估,以及理论批判宗旨都指向西方这个文化主体的根本性在历史领域和社会领域内

---

① 黑格尔:《法哲学原理或自然法和国家学纲要》,范扬、张企泰译,商务印书馆 1982 年版,第 246 页。

② 黑格尔:《法哲学原理或自然法和国家学纲要》,范扬、张企泰译,商务印书馆 1982 年版,第 247 页。

③ 韩毓海:《五百年来谁著史:1500 年以来的中国与世界》,九州出版社 2011 年版,第 345 页。

重建自身的价值普遍性及合法性问题。从而，启蒙以来的普遍性话语在尼采的价值重估的文化哲学里进行了再次的普遍化。

尼采猛烈攻击西方现代性的基本价值框架，在西方文化领域内部重新组织起关于西方现代性的自我认识和自我表述。尼采既否定康德所谓的人类的理性交往，也反对黑格尔的绝对理性和世界历史。在他看来，人类关系的实质绝不是康德所谓建立在法律基础上的权利互相尊重，而是商品交换和买卖关系，是债务人与债权人的关系，人把自己看成是衡量价值的、是有价值的、会衡量的生物，看成是自身会估价的动物。① 由此，尼采“相信自己已经发现了人类创造性与一切存在者的根本统一性：‘在我发现生命的一切地方，我都发现了权力意志。’”②。尼采认为价值重估的根基是最高的权力意志，人的自然本性便是权力意志，而在原初的层面上就意味着超越和征服他人的意志，人的生存斗争到处都围绕着优势、生长和扩展。因为，出于人的自然本性，人是不会意欲平等的，人的愉悦源于超越和征服他人及自身，人类也就存在“永恒的不平等”，即人类社会永远存在主人与奴隶、征服与被征服的斗争和辩证法。对此，卢卡奇的结论是：尼采的哲学标志着资产阶级从安全的自由时代转变到了伟大的政治时代和为统治地球而斗争的时代。这个市民阶级的伟大的政治时代和“为统治地球而斗争的时代”就是20世纪，就是从康德到黑格尔关于绝对国家理想的破灭，资本主义国家在世界范围的矛盾和冲突所导致的四分五裂，转化为残酷的、你死我活的阶级斗争、民族战争、意识形态对抗和文化冲突的历史。

因此，以尼采思想为转折，现代西方的普遍性论述被市民阶级如何确定自己的根本价值和文化的危机感取代，以应对自身价值体系的崩溃和来自无产阶级、非西方世界的独立解放运动的挑战。卢卡奇讽刺地称这是统治者如何继续坚持的问题。尼采的道德超越、价值重估、对伟大个人或“超人”的期待和对意志的强调都是为这个“坚持”服务的。在这种“坚持”中，尼采通过将权力意志普遍化，使主人与奴隶的斗争变成了新的普遍性概念的历史依据。也就是说，

---

① 韩毓海：《五百年来谁著史：1500年以来的中国与世界》，九州出版社2011年版，第350页。

② 刘小枫主编：《苏格拉底问题与现代性——施特劳斯讲演与论文集：卷二》，彭磊等译，华夏出版社2008年版，第45页。

尼采带来了西方历史上又一次深刻而持久的价值转向。在这个过程中,西方的主体通过新一轮的普遍化,把自己再一次在资本主义社会新的发展阶段中确立起来。这种普遍化的结果,就是尼采的主人道德学说颠覆了一切人类文明既有的价值标准,将战争、征服、掠夺和统治,作为主人道德、强者的逻辑,认为这才是世界现代文明的真正实质,从而使欧洲19世纪以来"张扬的'强权即公理的法则',视为人类新价值观、新法律观的起源"①。

4. 韦伯对西方现代文化普遍性的内在化

继尼采将权力意志视为普遍性的逻辑之后,韦伯从资本主义宗教、文化和信仰等出发,再一次从理论上将资本主义理性化的逻辑普遍化,完成了西方现代文化普遍性的内在化的理论辩护。

"作为资产阶级的马克思"的韦伯揭示了西方资本主义理性化的一种普遍发展趋势,他把经济因素与宗教等文化、心理和价值因素结合起来,提出资本主义并不是普遍的东西,而是一种唯有西方才有的特殊的理性化社会生产组织系统,即资本主义作为一种理性化组织的外在形式是可以被"他者"采用的,但就资本主义根本的文化属性而言,其精神或灵魂是唯有西方人才有的。也就是说,韦伯认为只有在西方的社会、文化、价值和心理结构中才可能孕育和产生资本主义文化精神。可以说,韦伯的理论标志着西方思想试图从西方自身内在的文化资源中为资本主义普遍性进行论证,再用资本主义的物质力量将其特殊的内在文化和价值属性合法化、普遍化的理论企图,从而说明只有西方的精神生活才能内在地通向资本主义,因为西方的价值世界本身含有这样的能动因素,才使西方适应新的世界性的变动,并把变化的世界据为己有。在这个过程中,瓦解了"他者"的历史、文化、价值体系,在使之按照资本主义理性化逻辑所规定的方式现代化、"西方化"的同时,也进一步把西方的历史、资本主义视为西方自身内在精神世界和文化世界的一种产物。因为西方国家有其宗教信仰,才使这个世界有了资本主义。这样,韦伯通过对西方现代文化普遍性的内在化,非西方世界的历史文化也就从整体上被外在化、"他者"化了。

---

① 韩毓海:《五百年来谁著史:1500年以来的中国与世界》,九州出版社2011年版,第279页。

这样，通过康德、黑格尔、尼采及韦伯等西方思想家对西方现代文化的自我认识，西方文化的普遍性逻辑同时在物质和精神两个方面以及在法律和公理基础上将自身作为现代世界的普遍性建立起来。这种文化认识宣称西方现代文化是文化本身，是世界唯一的、普遍性的文化，因为它最符合人的本质，是最自然和最发达的，从而力图将"他者""西方化"，这种片面的、普遍性的企图日益成为现代世界文化价值冲突的主要根源。

另外，我们还应注意的是冷战后西方现代文化的普遍性论述的发展趋势。随着经济全球化的迅猛发展，在由国际垄断资本主义主导的全球化和世界进程中，资本主义正逐渐把整个世界作为自己的"自由王国"，力图在全球化的体系中超越民族国家或地区政治实体的控制。因此，西方现代文化的普遍性论述呈现出了一种新的理论发展趋势，即西方的新干预主义、普遍人权的话语、世界人权等话语的形成和对自己的历史的重新发现，出现了一种回归康德理论的发展趋势。这种理论趋势表现在西方文化价值诉求上，主要是存在一种把康德的普遍公民社会理想作为自我表述的理论依据的发展倾向。我们知道，在康德理论的思想体系中，理性是核心。在康德看来，理性现在还只是局部的，还没有完成，它的完成需要世界政府。只有民族国家政权还不够，因为民族国家的行为是不受约束的。在他看来，民族国家生活在一种自然状态下，只受丛林法则的制约。历史理性的目标是普遍的公民社会，是世界政府，只有实现这一目标之后才有永久和平。并且，基于这种回归康德的理性主义和自由人文主义的传统，当代西方文化所表现出的新干预主义及世界人权话语正试图超越民族国家的主权概念。在西方知识谱系内部，超越民族国家是指由资本主义市场和代议制民主构成的普遍的市民社会。而西方对自身这种文化的表述倾向，也凸显了当代文化冲突的根源。

在这种理论背景下，一些西方民族国家或国家集团正力图把自己的一种普遍的社会理想作为国际法的价值准则在全球范围推行。如西方一些发达资本主义国家在中东和亚太地区等一系列的行为和全球战略意图背后，都有这一套价值理念支撑，即我们要维持永久和平，就要有世界政府，且只要是为了维持和平、民主和人权，就可以诉诸武力和战争，从而力图把西方发达资本主义国家内部的相当程度上的文化上的价值诉求和主张扩展到全世界。并且,在理论上和实践上,还存在将其所宣称的普遍的人权和价值观超越主权的双重标准及人权高于主权的傲慢。因此,冷战后及当下西方现代文化的深层文化逻辑,体现了将这种西方价值和文化上的自我确证、国际法庭以及世界警察的行为结合起来的趋势。这种理论背景的实质是一种对"他者"的企图和一种"意识形态挑战",宗旨是追求实现一种以西方现代文化核心为基础的文化认同或价值认同。关于这一点,洪博培在阐述中美关系时做了最直接的现实的表述,他认为国家"战略上确认共同利益,基于共同价值观行事,是维持双边合作的最佳保障"①。

三、对西方现代文化内在普遍性逻辑的批判

面对西方对自身文化的普遍性的认识和表述,如何应对西方现代文化的这种普遍主义意识的价值观的扩张,在理论上和实践上运用马克思主义理论,拒斥西方现代文化对普遍性的宣称,从而应对西方现代文化所表述的意识形态和普遍主义的价值观挑战,具有非常重要的理论与现实意义。

1. 在现实层面上,西方现代文化的实质是一种缺乏合法性或普遍性的文化

19世纪以来,在西方漫长的启蒙历史进程中,至今并没有为现代世界提供一种真正的文化的合法性或价值的普遍性。一是这种普遍性宣称日益呈现出双重价值标准的倾向。自启蒙以来,正义与权力(利)之间的冲突构成了西方现代性内在的基本矛盾、紧张和冲突,其结果是正义和"自然法"逐渐向权力(利)低头和妥协,从而导致了西方所谓的普遍人权呈现出日益严重的双重价值标准倾向,将其所宣称的普遍人权和价值观超越主权的双重标准及人权高于主权的傲慢。二是当下的现实世界仍是一个西方列强自19世纪以来开展军事扩张和资本主义金融垄断的产物,是一个依靠军事实力和金融财力说话的世界,而不

---

① 《洪博培文章:美国与中国打交道时必须要强势》,中国网,http://www.china.com.cn/international/txt/2012-05/08/content_25327761.htm,2012年5月8日。

是一个文明的世界。它不是任何一种文明形态和传统的自然发展和延续，而是军事暴力和金融垄断所造成的世界失序的结果。三是当下世界不仅存在几乎不可避免的文明冲突日益深化的倾向，也存在“一种普遍价值的单一化”和世界多元价值观发展趋势的日益冲突问题。现代世界呈现的是塞缪尔·亨廷顿所描述的状态：“即使西方的军事威力已经天下无敌，即使西方的金融垄断已经覆盖全球，但是，‘理性’和‘自由’的说辞在此强权支配的世界上依旧显得虚伪且脆弱，现代世界的‘文化共识’依然不存在，现代世界的‘文化合法性’根基依然虚无。”①

因此，可以说，西方的现代性精神实质上缺乏真正的文化、道德和价值的基础，是一种“缺乏伦理存在”的现代性文化，也就在根本上不具有其所宣称的合法性或普遍性。

2. 在理论层面上，西方现代文化普遍性的自我表述始终没有超越马克思对其的否定和批判

诞生于19世纪的马克思主义理论对资本主义世界进行了普遍性的彻底批判，否定了资本主义现代文化的合法性，将其称为“虚假的意识形态”。马克思从资本逻辑困境的现实与实现出发，认为作为现代世界构成的核心即资本身上，淋漓尽致地体现了现代性的内在本性，凸显了现代性本身的弊端。这种观点为当下中国对西方现代文化的普遍性的批判提供了理论支撑。因此，马克思对资本主义的分析、批判，本身就为分析和批判当下全球化背景下的资本主义在社会、文化、政治关系等所有领域宣称的普遍性提供了一个基本的理论框架和平台。

首先，马克思运用资本的逻辑否定了西方现代文化的普遍性。一方面，马克思从资本和资本主义生产关系的普遍性出发，提出资本主义超越不了自身的资本的逻辑的限制，即资本主义最终的制约就是资本本身，因为资本持续不断的复制正是资本主义无法超越的边界。资本追逐利润的无限制冲动和要求，需要它不断地冲破各种限制和界限进行生产，而资本主义制度存在的根本问题恰

① 韩毓海：《五百年来谁著史：1500年以来的中国与世界》，九州出版社2011年版，第373页。

是没有能力克服自身存在的资本限制,资本的这种内在的贪婪性,使资本的逻辑成为其走向崩溃的逻辑;另一方面,马克思对资本的普遍性的分析和批判,揭示了资本的逻辑决定了“不公平”是资本主义的“天性”。他指出资本主义社会的发展受制于资本逻辑的限制,虽然资本主义制度创造的财富比以往任何一个时期都多,但问题却是无法让社会大多数人享受创造财富的成果,社会存在日益严重的不平等和贫富两极分化,以及“中产阶级”的“再无产阶级化”的严酷现实,使不平等成为“资本主义的天性”,从而一针见血地指出了资本主义所宣称的上帝所赋予的自然平等的普遍性的抽象性和虚拟性。列宁在此基础上提出,随着经济全球化的迅速发展,国际垄断资本主导的全球化使资本积累、资本流动将整个世界作为跨国资本彼此竞争的角斗场,“典型的世界‘主宰’已经是金融资本”①,进一步加剧了发展中国家在全球化经济竞争中的不平等现状,“整个世界的命运简直就掌握在几百个亿万富翁和百万富翁的手中”②。这也就从根本上否定了资产阶级自然权力及资本主义现代文化的合法性的理论基础。因此,这种资本逻辑的“天性”的不平等的存在,使当代作为全球化的自由、人权等话语的西方世界文化的普遍主义的意识形态,并不具有真正的普遍性,也根本没有取得自身的合法性和合理性,也就从根本上不可能为现代世界或全球化的当下世界提供一种合法的文化共识和普遍主义的价值观。

其次,马克思认为普遍性是具体的多样性,这就从理论上否定了西方现代文化的普遍性的绝对性。马克思关于普遍性的研究贯穿于经济、社会、意识形态、政治和思想传统等不同领域。他以经济作为社会历史现实的基础,强调资本主义经济和资本主义社会形式的历史共生关系,并通过资本的普遍性揭示了资本主义社会在经济、政治与文化相互交织的空间中资本的现实过程及其内在的文化逻辑,也就从根本上否定了韦伯等人的文化普遍性的自我确定和理论表述。所以,韦伯认为现代性仅是西方的普遍性的逻辑,实质上是西方发达资本主义国家通过巨大的物质和文化优势强加给“他者”的,其所宣称的西方现代文

① 《列宁全集》第27卷,人民出版社1990年版,第142页。

② 《列宁全集》第27卷,人民出版社1990年版,第142页。

化是合法性或普遍性的话语背后实是一种西方的特殊论。因此,西方现代文化关于普遍性的自我认识和自我表述,实质上并不代表或占有历史规律或客观真理,而是一种个人和集体的意志和理想的表达。在终极意义上,现代西方没有也不可能超越自我与他人、普遍与特殊的辩证法,它没有也不可能超越文化的逻辑和政治的逻辑。其与马克思主义历史唯物主义的普遍性表述有着本质的区别。因而,西方现代文化的这种普遍性宣称和表述只是西方现代文化内部的一种特殊性话语,不可能成为一种绝对的、真理性的、普遍性的存在和叙事。

最后,马克思通过阶级斗争的理论、世界革命的理论以及社会主义和共产主义的理论,在世界历史层面上彻底地否定了资本主义所谓的普遍性或合法性。因为,在马克思看来,资本主义终将被自身的矛盾瓦解,被一种更为合理的社会主义制度取代。因此,西方现代文化关于普遍性的自我认识和自我表述,只是一种价值论述或一种文化论述,而不是一种具有普遍价值的真理论述。

3. 依据马克思主义中国化的理论成果和实践成果构建中国特色社会主义文化,确立关于社会主义文化的自我表述及价值观的文化主张

马克思主义经过中国化,已经成为构建当代中国社会主义文化思想的主体和核心,是中国社会主义文化结构的一个组成部分。而马克思主义对资本主义现代性的批判和超越,是在世界历史的层面上对西方资本主义普遍性的否定,为中国社会主义文化应对西方普遍主义的价值观的挑战,提供了重要的理论支撑。由于当下中国的社会主义文化建设在政治、文化方面,特别是在道德和价值观的自我肯定能力上与西方在世界价值领域上存在不平等,迫切需要从自身的发展历史境遇出发,以马克思主义为核心和指导,构建中国特色社会主义的文化精神和在价值世界的自我主张,即中国社会主义的核心价值观。在提出自我价值主张的同时,要对西方宣称的这种普遍性的自我表述提出质疑,并针对西方资本主义社会不同历史发展阶段及相应出现的具体的历史发展语境来分析和揭示西方现代文化普遍性表述的特殊性和局限性,从理论本质上反对西方以普遍主义自居的意识形态和价值观及“他者化”的企图,从而应对西方现代文化出自普遍人权或普遍价值观高于主权的一种向外扩张、追求霸权的发展趋

势。中国作为一个非西方世界或后发现代性国家,在社会经济、政治和文化上的整体发展相对落后于西方发达资本主义国家,导致中国对自身文化特殊性的强调都被视为一种民族主义或文化自我中心主义的表述和认识。客观看待中西文化的差异,有利于积极改变这种弱势现状。

总之,马克思对资本主义现代性的普遍性的彻底批判,否定了资本主义现代文化的合法性。而其在世界历史层面对资本主义普遍性的否定,也为中国社会主义文化应对西方普遍主义的价值观的挑战,提供了重要的理论支撑。因此,在理论和实践上,以马克思主义为核心构建中国特色社会主义文化,对应对西方普遍主义意识形态或价值观的挑战及扩张就非常重要。

论理查德·尼布尔的“基督与文化”关系类型

罗跃军

基督教自产生以来，就面临着一个十分现实而又棘手的难题，即如何调节基督教与其所处社会背景中的文化的关系。于是，此后不同时代的人们无不试图从自己所处的时代出发，对此问题给出自己的答案。因而，在基督教发展的历史长河中，逐渐产生出对这一难题的形形色色的解释，如基督教早期教父时代所提出的理性主义立场、信仰主义立场、理性辩护主义立场以及它们在后来历史时期的各种变种等。作为现代人的我们，无论是不是基督徒，在面对历史上的诸种解释时，通常都会感到头绪杂多而无所适从。

然而，美国的现实主义神学家理查德·尼布尔（H. Richard Niebuhr，1894 ~ 1962 年）在 1951 年出版的《基督与文化》（*Christ and Culture*）①一书以类型分析

① 该书在 1963 年由赖英泽与龚书森译成汉语，并由台南的东南亚神学院协会台湾分会出版，之后一再重印。

的方法向我们展现了基督教历史上所出现的对基督教与文化关系的诸种解释。本文旨在阐明尼布尔是如何用类型分析法来描述基督教与文化之间关系的,并对其做出应有的评价。

理查德·尼布尔是莱茵霍尔德·尼布尔(Reinhold Niebuhr,1892～1971年)的兄弟,是美国现实主义神学的代表人物之一,“素有‘神学家的神学家’和‘基督教社会学家’之称”①。他是一位牧师的儿子,出生于美国的密苏里州,1915年毕业于伊顿神学院,1924年获得耶鲁大学哲学博士学位,从1931年起到逝世一直在耶鲁大学神学院任教。他的主要著作除《基督与文化》一书外,还包括《宗派主义之社会根源》《美国的天国》《启示的意义》《激进的一神论与西方文化》等。②

理查德·尼布尔作为基督教现实主义的主要代表人物,“从特罗伊奇那里,他获得了一种对待神学的彻底历史的和社会的取向”③。他说:“特罗伊奇已经教导我要尊敬基督教历史上的运动与人物的多样性与个性,教导我不要为了寻求神话中的逻各斯、历史中的理性和存在中的本质而把这种丰富性强置于预先建构的概念模式中。他已经帮助我不仅接受了历史客体的相对性,而且更多地接受了作为观察者和解释者的历史主体的相对性,并从中受益。”④因而,他一方面“试图比较客观和实际地考察人类本性及其历史命运”⑤;另一方面,又吸收了危机神学家们——如保罗·蒂里希(Paul Tillich,1886～1965年)和卡尔·巴特(Karl Barth,1886～1968年)等的思想观点,对自由派神学的“神人同性论”进行了深刻的批判。在《基督与文化》一书中,尼布尔正是以此思想为指南,从历史相对主义的立场出发对基督教与文化的关系进行了细致的梳理,但又没有抛弃一神论的根基。

---

① 卓新平:《当代西方新教神学》,上海三联书店1998年版,第105页。

② 詹姆斯·C.利文斯顿:《现代基督教思想:从启蒙运动到第二届梵蒂冈会议》,何光沪译,四川人民出版社1999年版,第890～891页;卓新平:《当代西方新教神学》,上海三联书店1998年版,第105页。

③ 詹姆斯·C.利文斯顿:《现代基督教思想:从启蒙运动到第二届梵蒂冈会议》,何光沪译,四川人民出版社1999年版,第891页。

④ H. Richard Niebuhr, *Christ and Culture*, San Francisco: Harper & Row Publishers, 1951, p. 12.

⑤ 卓新平:《当代西方新教神学》,上海三联书店1998年版,第96页。

1. 一个恒久的难题——基督与文化的关系

尼布尔在《基督与文化》一书的开篇就指出，基督教与文明的关系问题是一个具有多面性的、含混的问题，历史学家、神学家、政治家、教士、基督徒以及反基督教的人都可以对此发表自己的看法。① 从历史上来说，这个难题的直接来源就是诞生在犹太文化中的耶稣，他宣称人们不应当看重尘世的幸福，而应当为天国的来临做准备，并号召人们放弃世俗的文化信念而追求神圣的上帝恩典。于是，人们纷纷打着世俗文化的旗号愤而反对耶稣及其门徒。尽管不是所有的犹太人都以文化的名义来反对耶稣，但与耶稣同时代的大多数犹太人，以及后来的希腊人、罗马人、中世纪人、现代人、西方人和东方人都把耶稣基督视为他们文化的巨大威胁。②

在尼布尔看来，尽管反对耶稣基督的理由多种多样，但其中一些反对理由在历史进程中反复出现。最著名的反对理由就是基督相信不死而蔑视现实的存在，从而使基督徒不再为了现实中的得失而忧愁，不再对人类的悲惨命运而害怕，并把他们的希望指向了另一个世界，这似乎使他们脱离了人类文化传承的链环。另一个反对的理由就是耶稣基督不是号召人们实现人类的目标，而是引导人们依赖上帝的恩典。③ 还有一个反对的理由就是基督和他的教会是不宽容的，威胁到了文化的统一性，因为他们不仅认为只有基督教的上帝是真正的上帝，其他神祇则都是偶像，而且还号召只敬拜耶稣基督，不敬拜地上的君王。④此外，还有其他一些反对的理由，如认为基督所倡导的宽恕(forgiveness)和正义的要求与自由人的道德责任感相冲突，以及“登山宝训”的教导与社会生活所要求的义务不一致等。⑤

因此，尼布尔认为基督教与文明的关系问题或教会与世界的关系问题从根本上来说都是基督与文化的关系问题。这一问题不仅出现在使徒保罗对犹太

---

① H. Richard Niebuhr, *Christ and Culture*, San Francisco: Harper & Row Publishers, 1951, p. 1.

② H. Richard Niebuhr, *Christ and Culture*, San Francisco: Harper & Row Publishers, 1951, p. 4.

③ H. Richard Niebuhr, *Christ and Culture*, San Francisco: Harper & Row Publishers, 1951, p. 6.

④ H. Richard Niebuhr, *Christ and Culture*, San Francisco: Harper & Row Publishers, 1951, pp. 7 ~ 8.

⑤ H. Richard Niebuhr, *Christ and Culture*, San Francisco: Harper & Row Publishers, 1951, p. 9.

文化和希腊文化的斗争中,以及早期教会与罗马帝国和地中海世界的哲学与宗教的冲突中,也出现在教义与信条的形成、教皇统治的兴起、隐修运动、奥古斯丁主义的柏拉图主义、托马斯主义的亚里士多德主义、宗教改革与文艺复兴、天主教复兴与启蒙运动以及自由主义与社会福音之中。另外,理性与启示的关系、人的伦理与神的意志的关系、国家与教会的关系都可以还原为作为两种权威而对立的两极——文化与基督的关系。①

尼布尔认为,为了解决这一永恒的难题,必须先对"基督"与"文化"这两个概念进行界定。首先,就基督的定义而言,虽然"信仰耶稣基督"这句话有着各种各样的含义,例如,有的认为基督是伟大的导师和立法者,有的认为他是上帝的启示,还有的认为他是教会的创立者,但有一点可以肯定,即耶稣基督是所有基督徒的权威。不管这位耶稣基督显现为有血有肉的人还是复活的主,他都是一个确定的位格,他决不可能与苏格拉底、柏拉图或亚里士多德相混淆,也不可能与佛陀、孔子或穆罕默德相混淆,甚至也不能与阿摩斯或以赛亚相混淆。② 因此,当我们试图界定处于多样性的统一之中的耶稣基督的本质时,就会遇到困难:既不可能用概念和命题充分地表达耶稣基督的本质,也不可能把关于耶稣基督的一切信息都揭示出来。

然而,尼布尔并没有由此推出耶稣基督的本质是不确定的,而是认为尽管对他的描述与解释是不完善或不尽如人意的,但我们仍然可以从某一角度对其进行描述。尼布尔选择从道德的角度来定义耶稣基督,认为无论他是"历史上的耶稣",还是"先在的(pre-existent)耶稣和复活的主",他所践履和教导的美德(virtues)是不变的。③

当从美德的角度来定义耶稣基督的本质时,尼布尔批判了基督教中一些思想派别夸大耶稣基督某一美德的做法,如自由主义神学把"爱"(love)等同于基督,末世论神学把"希望"(hope)等同于基督,存在主义神学把"顺从"(obedience)等同于基督,新教神学把"信仰"(faith)等同于基督,而隐修主义则把"谦

① H. Richard Niebuhr, *Christ and Culture*, San Francisco: Harper & Row Publishers, 1951, pp. 10 ~ 11.

② H. Richard Niebuhr, *Christ and Culture*, San Francisco: Harper & Row Publishers, 1951, pp. 12 ~ 13.

③ H. Richard Niebuhr, *Christ and Culture*, San Francisco: Harper & Row Publishers, 1951, pp. 14 ~ 15.

卑”(humility)等同于基督。① 在尼布尔看来,所有这些美德并不应该分散地来探讨,而应从整体的角度来考察,因为它们都在耶稣与上帝的关联中得以理解,即他对上帝的信、爱、希望、谦卑和服从等美德无不彰显出他是品德良好的上帝之子。

所以,从道德的角度而言,耶稣基督是人与上帝之间的调节者:一方面他把人引向上帝,因为他以人类欲爱(eros)的完美形式爱着上帝;另一方面他把上帝引向人,因为他以圣爱(agape)的完美形式爱着人。换言之,他不是介于神人之间的一个半人半神的怪物,而是处于从神到人和从人到神的连续不断变化的焦点上。② 这也注定了信仰耶稣基督的门徒必然会处于“上帝之城”与“地上之城”、神与人、永恒与时间的二元对立之中。

另外,就基督与文化关系难题中所涉及的“文化”一词而言,尼布尔指出,当对“文化”一词进行界定时,一位神学家对“文化”所下的定义从根本上来说必然是门外汉的定义,因为神学家毕竟不是专业的人类学家,而且如果非要从神学的角度来解释和定义“文化”,那必将导致对“文化”一词理解的混乱:或认为从纯粹世俗的意义看“文化”是无神的,既不肯定也不否定神;或认为“文化”是反对神的;或认为“文化”是肯定神的。所以,在尼布尔看来,在对“文化”进行界定时,首先必须尽量避免偏颇,应把“文化”当作一种人类的现象来考察,即“文化”不是指某一特殊社会的文化,例如古希腊-罗马文化与中世纪文化等,也不是指某一阶段的人类社会组织和成就,而是一种经常显现为特殊现象的一般现象。③

在此,尼布尔借鉴了马林诺夫斯基(Bronislaw Malinowski,1884~1942年)等文化人类学家的成果,认为不应当像布克哈特(Jacob Burckhardt,1818~1897年)那样把“文化”与“宗教”“国家”完全割裂开,也不应当把文化与文明对立起来。他认为我们称之为“文化”或“文明”的就是所有人类活动的过程以及所有这些活动产生的结果。换言之,“文化”是人造的第二自然,包括语言、习惯、思

---

① H. Richard Niebuhr, *Christ and Culture*, San Francisco: Harper & Row Publishers, 1951, pp. 15~25.

② H. Richard Niebuhr, *Christ and Culture*, San Francisco: Harper & Row Publishers, 1951, pp. 28~29.

③ H. Richard Niebuhr, *Christ and Culture*, San Francisco: Harper & Row Publishers, 1951, pp. 30~31.

想、信念、风俗、社会组织、所继承的人造物、技术过程和价值。① 从这一定义出发,“文化”就会具有如下特征:第一,“文化”具有社会性;第二,“文化”是人所取得的成就,因为它内含着人的目的和努力;第三,“文化”具有价值属性,它以有益于人为价值目标,并关注价值的实现与价值的保存;第四,“文化”也具有多样性的特征。②

据此不难看出,耶稣基督所倡导的“天国说”自然也属于人类文化价值中的一种,耶稣基督、作为圣父的上帝、福音、教会和永生都作为文化的元素而在人类的文化综合体中占有一席之地。尼布尔认为,虽然耶稣基督在把人引向上帝时教导人放弃现世的多元文化,而文化为了保存过去的许多价值对耶稣基督的教导持否定的态度,但基督与文化的关系远不是如此之简单。可以说,基督与文化之间的对话充满了否定、肯定、重建、妥协和新的否定,没有人能够在这种无尽的寻求中找到一种令所有人都满意的解决办法,而不引起新的争论。③

然而,尼布尔并没有彻底否认对基督与文化的关系问题进行探讨的可能性,而是主张透过纷繁的历史现象找到一些理解这一问题的线索。这些线索不仅仅是特定历史条件的产物,更是这一难题本身所产生出来的、在具体的历史情境中反复出现的结果。于是,他运用类型分析法提出在基督教历史上不断重复出现的对基督与文化关系进行回应的五种可能的立场。④

2. 基督与文化的关系类型

在《基督与文化》一书的第二章到第六章中,尼布尔分别描述了基督与文化之间五种可能的关系类型。从宏观方面来说,基督与文化的关系有两大类型:极端型(extreme type)与中间型(median type)。这两种类型又可以进一步区分,极端型包括相反对立型(the opposition/Christ against culture)和相乘合一型(the agreement/Christ of culture),中间型包括超越型(Christ above culture)、悖论型(Christ and culture in paradox)和改造型(Christ the transformer of culture)。

---

① H. Richard Niebuhr, *Christ and Culture*, San Francisco: Harper & Row Publishers, 1951, p. 32.

② H. Richard Niebuhr, *Christ and Culture*, San Francisco: Harper & Row Publishers, 1951, pp. 33 ~ 38.

③ H. Richard Niebuhr, *Christ and Culture*, San Francisco: Harper & Row Publishers, 1951, pp. 39 ~ 40.

④ H. Richard Niebuhr, *Christ and Culture*, San Francisco: Harper & Row Publishers, 1951, p. 40.

第一种关系类型就是极端类型中的基督反对文化的类型，它的特征就是毫不妥协地肯定基督是权威，而否认文化为权威，即基督徒必须拒绝世界，并从世界之中脱离出来，独自组成一个群体，不参与政治、军事、艺术以及其他娱乐活动。尼布尔认为，这一立场似乎从逻辑上与历史上都必然如此，因为耶稣基督是主成为基督徒视之为权威的逻辑后果，而从历史上看，这也是最初基督徒的典型态度。①

在基督教发展的早期历史上，这一立场的典型代表包括《马太福音》《启示录》《约翰一书》，以及基督教早期文献中的《十二使徒遗训》《巴拿巴书》《黑马牧人书》，以及《克莱门特一书》的作者们。在尼布尔看来，这一时期反对文化的最典型代表非拉丁教父德尔图良(Tertullianus)莫属，因为他对文化的批判最为尖锐，对其他宗教、政治、军事、经济、哲学以及艺术持激烈的否定态度，认为所有这一切都与信仰基督背道而驰，认为基督徒不得不在基督与文化之间做出非此即彼的选择。②

在随后的历史上，隐修主义运动的主流、新教教派以及16世纪兴起的门诺派都是这一关系模式的代表。虽然在19世纪末20世纪初的时候，这种立场并不十分受人欢迎，但仍然有一个人以自己独特的方式在其所处时代背景下表达了强烈的反文化态度，即俄国著名的文学家列夫·托尔斯泰(Lev Tolstoy，1828～1910年)。他像德尔图良一样认为耶稣基督所提出的“新律”，如要与人和谐相处、主张一夫一妻制、不要以暴易暴、要爱敌人等，不仅与国家、教会和财富体制等邪恶的避难所相矛盾，也与哲学、科学和艺术相冲突。③ 正如尼布尔在对托尔斯泰进行评价时所说：他不满足于仅仅从这些社会习俗和社会制度中退出而过着半隐修式的生活，他成为在基督律法旗帜下反对文化的十字军斗士。④

当然，在论述基督反对文化类型的事例时，尼布尔并没有认为这些事例可以完全适用于这一类型，也意识到这些事例各自具有其独特之处，如托尔斯泰

---

① H. Richard Niebuhr, *Christ and Culture*, San Francisco: Harper & Row Publishers, 1951, p. 45.

② H. Richard Niebuhr, *Christ and Culture*, San Francisco: Harper & Row Publishers, 1951, pp. 46～55.

③ H. Richard Niebuhr, *Christ and Culture*, San Francisco: Harper & Row Publishers, 1951, pp. 57～63.

④ H. Richard Niebuhr, *Christ and Culture*, San Francisco: Harper & Row Publishers, 1951, p. 60.

强调"耶稣基督的律法",而早期基督教经典的作者们则更强调"耶稣基督是主"。

所以,在尼布尔看来,对基督与文化关系的这一立场是必要而不充分的。[①]之所以必要是因为这种立场确保了基督与恺撒、启示与理性、上帝的意志与人的意志之间的区分,否则基督教的信仰将会变为一种获取个人财富或公共和平的手段,基督也将被偶像取代。而且,这种立场也导致了文化的变革,尽管这并不是它的目的。之所以说它不充分是因为反文化的基督徒不可能只依赖于基督而不依赖于文化,他们必然要运用"基督""弥赛亚""上帝之子"或"逻各斯"等词来表达反文化的态度。正如尼布尔所说:"激进的基督徒在探讨他视为异端而又没有成功地把自己完全从其中分离出来的社会时,总是不得不求助于各种并非直接源自信仰基督是主的原则。"[②]

第二种关系类型就是极端类型中的基督属于文化的类型,它的特征是拥护耶稣为他们所属社会的弥赛亚,是社会希望和愿望的完成者,是社会真正信仰的完善者,是社会神圣精神的源泉,认为在教会与世界、社会法律与福音、神圣恩典与人的努力、拯救的伦理与社会保存或进步的伦理之间没有激烈的冲突与对立,即一方面通过基督来解释文化,认为文化中那些与耶稣一致的构成要素是最重要的部分;另一方面通过文化来理解基督,认为在耶稣的教导、行动以及关于他的教义中只有那些与文化中最好的部分一致的内容才属于耶稣基督。[③]简言之,基督被视作文化的代表,既蕴涵着世俗文化的价值,又为批判世俗文化提供了标准。

尼布尔认为,这一立场的典型代表包括基督教早期的所谓异端诺斯替派、中世纪的著名神学家阿伯拉尔(Pierre Abelard,1079~1142年)以及文化新教主义(culture-protestantism)神学家利奇尔(Albrecht Ritschl,1822~1889年)。[④]诺斯替主义者寻求把基督教的福音与其时代的科学与哲学协调一致,对基督的位

① H. Richard Niebuhr, *Christ and Culture*, San Francisco: Harper & Row Publishers, 1951, pp. 66~76.

② H. Richard Niebuhr, *Christ and Culture*, San Francisco: Harper & Row Publishers, 1951, p. 73.

③ H. Richard Niebuhr, *Christ and Culture*, San Francisco: Harper & Row Publishers, 1951, p. 83.

④ H. Richard Niebuhr, *Christ and Culture*, San Francisco: Harper & Row Publishers, 1951, pp. 85~101.

格与活动给出哲学或科学的解释，从而把基督教从信仰的层面提升到理智知识的层面。阿伯拉尔则把对基督的信仰转变为认识实在的哲学和完善生命的伦理，视耶稣为超越了哲学家苏格拉底（Socrates，公元前469～公元前399年）和柏拉图（Plato，公元前427～公元前347年）的人类伟大道德导师。19世纪的自由主义神学家利奇尔的思想基石就是基督与文化，他强调基督教应被视作有两个圆心的椭圆，一个是上帝对罪的赦免；另一个就是人为完善自身而做出的努力。在利奇尔看来，“上帝之国”的真正含义就是具有最大可能性的人类联合体。因而，教会与文化共同体、基督的呼召与基督徒的使命、罪的赦免与完善道德的努力以及作为牧师的耶稣与作为先知的耶稣之间并没有任何冲突的地方。

总之，在基督属于文化的模式中，基督是文化中的基督，代表着人们所能想到的最美好的理想、最高贵的制度和最思辨的哲学。尼布尔指出，这一模式的历史贡献就是通过把基督看作社会文化中的弥赛亚而扩大了基督的影响力，不仅促进了基督的教导在知识分子中的传播，也有助于理解福音的普遍性，即基督既是少数圣徒的拯救者，又是整个世界的救主。当然，这一立场的缺陷也是十分明显的，即文化在各个历史时期是如此之不同，使文化中的基督仿佛成了变色龙，因为他在不同的历史文化中代表着不同的最高理想。于是，不可避免地导致“文化基督徒”对新约中的耶稣形象进行曲解。①

第三种关系类型就是基督超越文化的类型，它与第四、第五种关系类型都介于第一与第二种关系类型之间，其主要特征是：一方面认为基督与文化相辅相成，即二者不是“非此即彼”（either-or）的关系，而是“既此又彼”（both-and）的关系；另一方面又认为二者并非处于同一个层次上，即基督高于文化。在尼布尔看来，这一立场对文化加以肯定，而使其与“基督反对文化”的立场相区别。同时，它认为基督既是人又是神，既属于此世，又属于彼世，也使其与“基督属于文化”的立场不同，因为后者通过把神人化（humanizing God）或把人神化（divinizing man）而抹杀了基督同时具有两种本性这种观念。总的来看，基督超越

① H. Richard Niebuhr, *Christ and Culture*, San Francisco: Harper & Row Publishers, 1951, pp. 102～108.

文化的立场既看到了基督与文化一致的地方,又看到了二者之间的断点和不一致之处,并试图对二者进行综合,因此,这一立场又被称为“综合派”。[①]

尼布尔认为,虽然在基督教早期的发展中没有专门文献明确阐明这一立场,但在福音书以及护教士的著作中已经暗含了对基督与文化进行综合的基调。[②] 它的典型代表包括2世纪的亚历山大里亚的克莱门特(Clement of Alexandria,约160~215年)、中世纪的托马斯·阿奎那(Thomas Aquinas,约1225~1274年)以及教皇利奥十三世。[③] 克莱门特在其著作《哪个富者得救》(*Who is the Rich Man That Shall be Saved*)、《训导者》(*Instructor*)以及《杂文集》(*The Miscellanies*)中从伦理、哲学与信仰的角度对新约中耶稣的教导与世界中各种生活的要求进行了综合,认为基督徒首先应当是一个世俗中善的文化意义上的好人,比如应当服从政治权威、遵从经济活动的规则等,但这只是为了达到最终目标所做的准备。在克莱门特看来,基督徒生活的最终目标就是为了上帝自身而爱上帝,这既不是渴望回报,也不是害怕惩罚。所以,在克莱门特的思想中,基督并不反对文化,而是以文化作为工具使人意识到有些目标是凭自身力量无法企及的。

经院哲学的集大成者托马斯·阿奎那在亚里士多德(Aristotle,公元前384~公元前322年)哲学的影响下,构造了一个庞大的神哲学体系,既注意到哲学与神学、国家与教会、世俗的美德与基督徒的美德、自然律与神律以及基督与文化之间的区别,又把它们综合在一起,从而搭建了一个从文化到福音的等级序列。教皇利奥十三世则在一系列的社会通谕中以超越文化的基督为基础对公共生活给予了关注,并强调既不应贬低也不应忽视神圣智慧的恩典所赋予人的各种自然禀赋,尤其是正确地运用哲学。但尼布尔指出,严格来说,教皇利奥十三世及其追随者并不是真正的综合派代表,因为他们并没有像托马斯那样把基督与现时的文化、现时的哲学和现时的制度综合起来,而只是不适宜地重

---

① H. Richard Niebuhr, *Christ and Culture*, San Francisco: Harper & Row Publishers, 1951, pp. 120~122.

② H. Richard Niebuhr, *Christ and Culture*, San Francisco: Harper & Row Publishers, 1951, p. 123.

③ H. Richard Niebuhr, *Christ and Culture*, San Francisco: Harper & Row Publishers, 1951, pp. 124~141.

复托马斯的立场罢了。①

在尼布尔看来，这一立场之所以吸引人，首先是由于寻求统一是人类的本性，对于信仰上帝是一的基督徒来说更是如此。当基督徒在经验和反思之后意识到，如果他在努力服从基督时否定了自然与文化，他将不能与自身同一，或者由于社会制度是实现爱的诫命的工具，于是对文化与自然的否定就会违背爱的诫命，为此他必然会在基督与文化之间寻求某种和谐，而不是否认其中的某一方。② 其次，这一立场肯定了世俗的美德和正义的社会制度的重要性，认为它们是到达未来的上帝之国必经的阶段，其中包含着上帝的意志，从而为基督的教导找到了稳固的现实基础与理智基础。这和前两种立场形成鲜明的对比，基督反对文化的立场没有为基督教找到这样的根基，而基督属于文化的立场虽然找到了根基，但又抹杀了基督教的根本原则。最后，这一立场不仅在西方文明史上对艺术、科学、教育、经济制度、管理体制以及哲学都产生了重要的影响，也塑造了影响最大的罗马天主教教会。③

就这一立场的缺陷而言，尼布尔认为，当它试图把基督与文化、上帝与人、现时与永恒、律法与恩典综合入一个思想体系之中时，就会不可避免地把相对绝对化，不可避免地使无限呈现为有限的形式，从而使基督与文化的统一具有了强烈的人造色彩，并有僭越的嫌疑。④

第四种关系类型就是基督与文化互相冲突的类型，其主要特征既不同于强调在基督与文化之间划出绝对界限的“基督反对文化”立场，也不同于把基督完全融合在文化中的“基督属于文化”的立场，而是认为基督徒一生所面对的根本问题都是基督与文化二者之间无法消除的冲突与对立，因此，这一立场又被称为“二元论派”。从根本上说，基督与文化的对立不是基督徒与异教徒的对抗，

---

① H. Richard Niebuhr, *Christ and Culture*, San Francisco: Harper & Row Publishers, 1951, pp. 138 ~ 139.

② H. Richard Niebuhr, *Christ and Culture*, San Francisco: Harper & Row Publishers, 1951, p. 141.

③ H. Richard Niebuhr, *Christ and Culture*, San Francisco: Harper & Row Publishers, 1951, pp. 142 ~ 145.

④ H. Richard Niebuhr, *Christ and Culture*, San Francisco: Harper & Row Publishers, 1951, pp. 145 ~ 148.

而是神与人的对抗,一方面是人的行动、国家、教会以及基督徒与异教徒的善行;另一方面是“上帝中的基督与基督中的上帝”。换言之,因为上帝处于恩典之中,而人处于罪之中,所以,二者过去与现在都处于冲突之中。当然,这一立场也不同于“基督超越文化”的立场,后者认为人类文化并未彻底堕落,对其中的理性给予了肯定,而前者则认为人类所有的文化都是堕落的,这恰恰是由于理性致命的缺陷使文化染上了自我中心主义和无神的色彩。①

尼布尔认为,在基督教历史上,这一立场的主要代表有使徒保罗、2 世纪的马克安(Marcion,约 110 ~ 160 年)、新教改革家马丁·路德(Martin Luther,1483 ~ 1546 年)以及克尔凯郭尔(Soren Kierkegaard,1813 ~ 1855 年)等。② 保罗把生的伦理与死的伦理、天国与尘世尖锐地对立起来,认为基督徒所面对的一方面是上帝的义和上帝的善,另一方面是人的义和人所寻求的独立的善,因而,不管是犹太人还是非犹太人,不管是野蛮人还是希腊人都处于同等的罪之中,也同等地面对着基督的拯救与恩典。正如尼布尔在对保罗进行评价时所说,保罗的二元论不仅把基督徒的生活视为最后的斗争与新生共存的生活,而且也相信基督的胜利必将导致世俗文化与世界的终结。③ 通常被归于诺斯替派的马克安则受保罗思想的影响,认为不仅存在两个神的对立,即运用邪恶的质料创造世界的正义但拙劣而有限之神和通过基督把人从悲惨的困境中拯救出来的善良之神,也存在二者在道德上的对立,即与堕落相交织的正义的道德和基督的爱的道德。尼布尔指出,严格来说,马克安由于打破了基督与文化之间相互冲突与对立的紧张关系而更接近于第一种立场。

这一立场的典型代表马丁·路德则看到了现时生活与灵修生活、外在与内在、身体与灵魂、基督的统治与文化的世界的尖锐对立④,即左边的由律法统治的世界王国与右边的由恩典统治的上帝王国的对抗。同时,路德也看到了在基

① H. Richard Niebuhr, *Christ and Culture*, San Francisco: Harper & Row Publishers, 1951, pp. 150 ~ 159.

② H. Richard Niebuhr, *Christ and Culture*, San Francisco: Harper & Row Publishers, 1951, pp. 159 ~ 185.

③ H. Richard Niebuhr, *Christ and Culture*, San Francisco: Harper & Row Publishers, 1951, p. 166.

④ H. Richard Niebuhr, *Christ and Culture*, San Francisco: Harper & Row Publishers, 1951, p. 171.

督中的生活与在文化中的生活、在上帝王国与世界王国之间有着紧密的联系，因为渴望神圣世界的基督徒本身就处于世俗世界之中。就此而言，路德对基督与文化关系的回答表明他是一位辩证式的而非平行式的思想家。在路德之后，哲学家克尔凯郭尔以及其他一些思想家也指出了基督徒生活的二元论特征，指出了在世界与上帝、现实与理想之间充满张力的对立关系。

就这一立场的优点而言，尼布尔认为它是对基督徒真实处境的折射，是对基督徒真实体验的写照。其所提出的包括上帝的行动与人的行动在内的行动伦理观，为基督徒的行动与认知提供了指南。就其缺陷而言，它一方面容易导致反律法主义，因为它认为所有文化中的律法都处于罪之中，会使人轻视甚至抛弃律法；另一方面，它又会导致文化保守主义，因为它强调的是宗教制度的变革，而非文化与生活方式上的彻底改变。①

第五种关系类型就是基督改造文化的类型，其主要特征是认为上帝在基督中的活动与人在文化中的活动有着根本的区别，但这不等于说上帝与人、教会与世界、基督与文化是根本对立的，而是强调即使罪深深地根植于人的灵魂中甚而弥漫于人的所有活动中，人所置身的世界或文化也仍然处在基督教统治之下，因为基督不仅是新律的赋予者，更是世界的拯救者；不仅是最完美的代表，更是与人相遇的神。基督所关心的不是人的外在行为，而是人的心灵深处，因为只有如此才能根治人的"心灵疾病"、除去人的罪。简言之，在这一立场看来，世界虽然是堕落的，充满了罪性，但基督的恩典仍然可以使其重新变得圣洁。②

这一立场在基督教历史上的代表包括新约中的《约翰福音》、早期教父奥古斯丁（Aurelius Augustinus，354～430 年）以及英国神学家莫里斯（F. D. Maurice，1805～1872 年）等。③ 在尼布尔看来，基督改造文化的主题其实在保罗的思想中就已经露出端倪，而在《约翰福音》中则表现得更为清晰，因为它不仅把耶稣

① H. Richard Niebuhr, *Christ and Culture*, San Francisco: Harper & Row Publishers, 1951, pp. 185～189.

② H. Richard Niebuhr, *Christ and Culture*, San Francisco: Harper & Row Publishers, 1951, pp. 190～191.

③ H. Richard Niebuhr, *Christ and Culture*, San Francisco: Harper & Row Publishers, 1951, pp. 196～229.

基督的福音转化为希腊化的概念,也通过基督把诸如逻各斯和永恒等概念的意义提升到一个新的高度。换言之,在第四福音书中,基督成了含有罪性的人类文化的改造者和转变者。

教父思想家奥古斯丁在《忏悔录》中所记述的自身生活经历就已经成为"基督作为改造者"的最好证明,因为作为罗马修辞学家的奥古斯丁在经历了"花园里的奇迹"后皈依了基督教而成为主教。当然,奥古斯丁并不仅仅属于改造派,因为他所提出的"预定论"以及"两城说"都更加表明他是一位二元论者。在现代神学思想中,神学家莫里斯的改造论色彩更明显一些,因为他认为上帝之国就是被转变了的文化,即从以人为中心转向以基督为中心或从无信仰的人类精神转向对上帝的认识与信仰。

从尼布尔对其他关系模式的评断来看,他似乎较为倾向"改造论"的观点,因为他没有在其著作中谈及这一立场的缺点。然而,我们可以注意到,他在书中也在时刻告诫自己及读者,对于基督与文化的关系这一难题的类型分析不可能得出一个确定的、毫无争议的结论,毕竟类型分析法不可能真正穷尽基督教历史上无比丰富的思想家和思想著作。所以,《基督与文化》一书的最后一章就是以克尔凯郭尔的《非科学的最后附言》一书的名称为标题的,意在表明他的类型分析没有一个最终的完满结论。

3. 关于尼布尔类型说的争论

尼布尔的《基督与文化》一书出版以来,已经成为西方思想史上的经典之作。约翰·斯塔克豪斯(John G. Stackhouse)在纪念该书出版50周年时曾说:"它是过去最有影响的基督教书籍之一,或许没有别的书籍可以支配整个神学界的讨论如此之久。尼布尔著名的'五种类型说'仍然是大多数关于基督教与文化相互作用的讨论之起点。"然而,尼布尔及其著作并非总是受到后来思想家的支持,也受到了一些神学理论家的批判,如门诺派的神学家与伦理学家约翰·霍华德·约德(John Howard Yoder,1927~1997年)、圣母大学的教会史学家乔治·马斯登(George Marsden)以及杜克大学的神学家斯坦利·豪尔瓦斯(Stanley Hauerwas)和威廉·威利孟(William Willimon)等。同时,面对尼布尔《基督与文化》一书所受到的批判,也形成了以芝加哥大学著名的基督教伦理学家、尼布尔在耶鲁时期的学生詹姆斯·古斯塔夫森(James Gustafson)为首的捍卫尼布尔类型说的阵营。

概括来说,对《基督与文化》一书的批判包括以下几个方面。第一,认为尼布尔在建构基督与文化的关系类型时并没有真正保持一种客观中立的态度,而是更倾向于基督改造文化论的观点。在约翰·霍华德·约德看来,任何仔细阅读的读者都会发现在尼布尔的客观性的背后隐藏着他对改造论的偏好,其理论证明的逻辑构架就是为了表明这一点,因为改造论吸收了其他四种立场的所有优点,并矫正了它们的缺陷与不足。同样,斯坦利·豪尔瓦斯和威廉·威利孟也认为,在尼布尔对基督与文化难题的表述中,对这一问题的多元主义答案表示尊重就必然会导致他更喜欢改造论的立场,因为他在评论其他四种关系类型时是以他自己的多元论立场优于其他四种立场为前提条件的。

对于这一批判,詹姆斯·古斯塔夫森在《基督与文化》一书50周年纪念版的前言中说:尼布尔并没有用改造论的关系模式作为反对其他四种关系类型的工具。诚然,与他对其他四种关系类型的态度相比,他对最后一种关系类型的态度是同情多于批判的。但他实际上在描述每一种关系类型时都是十分投入的,以期表明它们的思想根源都可以追溯到圣经中去。此外,尼布尔自己似乎也捍卫了自己的立场,他说类型学家需要记住的是他并没有建构一套价值尺度,他的建构既不是为了解释,也不是为了评价,而只是正确的理解。尽管他会属于其中的某一类型,并且自己也会对其有所偏好,但类型学的目的是帮助他认识到他所属的类型只是众多类型之一,从而使其获得某种中立的态度。

第二,认为尼布尔对"基督"与"文化"这两个范畴的界定并不能够令人满意。从对"基督"的定义来看,当尼布尔试图从各个神学思想派别对基督的纷繁复杂的定义中找寻到基督的本质时,约翰·霍华德·约德认为从人与神双向相关的角度来定义基督的本质似乎太过抽象,因为作为道德调节者的基督缺乏任何具体的伦理教导与伦理实践。富勒神学院的基督教伦理学教授格伦·史塔生(Glen Stassen)也持同样的观点,认为尼布尔在该书中所探讨的耶稣的本质越深入,就会使新约中耶稣伦理的具体特征越抽象。在他看来,尼布尔所界定的"基督"仍然没有摆脱新教自由主义的基督理念,即基督是以上帝中心论(theocentrism)为基础的自我牺牲之爱。同样,乔治·马登斯也认为尼布尔更加强调抽象的、摆脱了所有历史条件的基督,而不是教会或者基督教,因此,尼布尔的基督与其说是新约历史中的基督,不如说是作为三位一体中第二位的先验理念。

从对“文化”的定义来看,约翰·霍华德·约德认为尼布尔以整体论的方式来理解文化是容易引起误解的,因为如果像尼布尔那样把文化定义为“所有人类的活动及其结果”,那么在探讨各种具体关系类型时就不得不探讨基督与文化中的每一方面的关系,否则必然导致偏颇的结论。例如,在基督反对文化的立场中,基督徒可能会拒绝某些世俗的生活规则或方式,但他们必然会采用另外一些文化方式,如语言和农业知识等,因此,尼布尔所建构的基督反对文化立场并不符合真实的历史境况。斯坦利·豪尔瓦斯和威廉·威利孟两位神学家正是由于对尼布尔所定义的“基督”与“文化”范畴不满意,才说几乎没有什么书能比《基督与文化》更加阻碍我们对自己的情境做出正确的估计。

然而,乔治·马斯登并没有彻底否认尼布尔的定义,而是主张对尼布尔的定义进行修正。他说:对尼布尔在整体意义上使用“文化”一词的各种反驳的正确回应不是抛弃这一范畴,而是开始以更具体、更容易区分的方式运用“文化”一词。同样,他也强调用更具体的方式——从新约历史上来界定基督。所以,虽然他认为按照尼布尔的界定,把“基督与文化”作为探讨的两极似乎不妥,因为这种二分法在寻求统一信仰与历史的当代神学家看来是难以接受的,但他提出不妨把“基督与文化”更正为“基督教与各种文化”或“基督教文化与其他文化”。

尼布尔的另一位学生肯尼斯·考森(Kenneth Cauthen)一方面认为尼布尔所说的基督与文化并不是纯粹的抽象观念,因为基督是新约中所记载的以及后来的基督教神学家们所论证的具体形象,而文化又总是特定历史时期、特定基督徒的文化;另一方面,他认为尼布尔把基督与文化作为两个参照点,是因为基督在某种程度上是独立的、超越文化的。然而,从整体的角度来看,基督与文化这两个参照点并不是彼此完全独立的两极,因为基督是文化中的一个元素,他是在新约背景下以及此后的基督教传统中所形成的观念,正是他影响着他的信仰者们如何处理他们与其所处社会环境的关系。所以,尼布尔运用基督与文化的二分方式来理解和把握基督教的历史是较为准确的。

第三,认为尼布尔所建构的基督与文化之间的五种理想的关系类型并不符合真实的历史情况。查尔斯·斯克利文(Charles Scriven)认为,似乎持基督反对文化立场的再洗礼派(Anabaptist)实际上却是最充分的基督改造文化论的代表。同样,门诺派(Mennonite)也认为它只是在一些方面持基督反对文化的立场,而在其他方面则持相反的立场。

然而,詹姆斯·古斯塔夫森以及其他支持尼布尔类型说的神学理论家们则认为尼布尔的五种关系类型阐明了基督徒在面对基督与文化这一难题时的各种选择方式。正如波士顿大学神学博士王崇尧所说:尼氏的类型学研究法如同一张展示的地图,指引伦理神学在“教会与世界”这个议题上,有多项的可能性及选择。

总之,对于尼布尔所遭受的各种批判,我们同样可以运用类型分析的方法把它们区分为三种类型,即反对型、赞同型与修正型。当然,这三种类型并不是截然对立的,比如那些反对尼布尔类型说的神学理论家们并没有对之进行全盘否定,赞同尼布尔类型说的神学理论家们也不反对对其进行调整。乔治·马斯登在纪念尼布尔基督与文化讲座50周年的讲演中指出,仔细阅读《基督与文化》一书就可以发现尼布尔的五种类型说是极其有用的分析工具。约翰·霍华德·约德也认为继续阅读尼布尔的著作仍然是值得的,因为任何一本被视为经典的著作,都会使我们批判地意识到它所没有说出的公理以及缺陷与漏洞。

小结

不管我们是否赞同尼布尔所定义的“基督”与“文化”范畴及其所建构的五种关系类型,我们都得承认尼布尔的工作是试图对宗派林立的基督教和各种各样丰富的文化形态加以概括,以便更好地理解基督教在各个历史时期对文化所产生的积极意义与消极意义。简言之,尼氏的类型学方法论无非是帮助在有关基督徒与世界的关系上,一种尽其可能的分析研究,使今日教会与世界的关系趋向更复杂模糊时,能条理化找出一个明路。

同时,我们也得承认,尼布尔在对其类型说进行论证时,并不是认为某个思想家或派别绝对地属于某一立场而非其他立场,而是更多地主张各个立场之间的界限是相对的。其实,从基督教的形成过程来看,不同历史时期的基督教与其同时代的文化形态之间始终处于一种互动的关系之中,无论这种互动是采取激烈对抗的形式,还是采取完全融合的形式,抑或采取中间的立场。而且,尼布尔也是一个特定历史时期的特定教派的基督徒,他不可能完全脱离其背景而成为一个纯客观的主体,以便建构出纯中立的类型说。

此外,正如尼布尔自己所说,基督与文化是一个恒久的难题,它的困难不仅在于这一问题本身的复杂性,也在于研究角度的多样性上,不可能说此一探讨视角优于彼一探讨视角。他在《基督与文化》的第一章中曾说,从道德的角度对耶稣基督所进行的描述并不比从形而上或历史角度对其所进行的描述更接近其本质。所以,尼布尔所建构的理想类型永远不会被真正的研究者抛弃,因为它们不但对于把握基督教的思想史有所裨益,而且对于把握宗教与文化的关系也有着巨大的借鉴意义。

俄罗斯白银时代宗教哲学视域中的文化批判主题研究

周来顺

从某种意义上说,19 世纪末 20 世纪初以来是人类所面临的危机最为深层、挑战最为激烈、命运最为沉痛的时代。面对世纪之交社会的动荡、时代的转换、精神的危机与价值的虚无,以别尔嘉耶夫、布尔加科夫、弗兰克等为代表的白银时代宗教哲学家对此进行了深层的反思,认为这种时代性危机的实质是一种文化危机。白银时代宗教哲学家在对这场文化危机的反思过程中,涉及了文化批判理论的诸多主题,其文化批判理论构成了 20 世纪众多文化批判思潮中的一维。可以说,他们同 20 世纪以胡塞尔、韦伯、海德格尔、霍克海默、阿多诺、马尔库塞、哈贝马斯、赫勒、鲍曼等为代表的西方思想家一道,立足于自身文化传统,对以理性主义为核心价值观念的西方文化精神进行了反思。他们认为现代西方文明所面临的最为深层的危机便是文化危机,而构成这一危机的深层原因及其理论实质则源于理性主义文化精神的过分膨胀,认为正是理性主义文化精神的过分膨胀,导致了信仰主义的衰微与虚无主义的盛行。由此,他们从俄罗斯哲学所特有的理论视域出发,对以理性主义为核心支撑的西方文化精神展开了多维批判,并力图通过这种批判实现文化精神的重建,以此来克服理性主义的危机与虚无主义的侵袭。

一

从某种程度上说,对现代西方文明的反思与批判构成了 20 世纪诸多思想家的重要理论主题。特别是在人类经历了两次灾难深重的世界大战之后,众多现代、后现代思想家从不同角度对现代西方文明进行了深度的反思与批判,如齐美尔指出现代西方文明危机的实质源于核心价值观念的丧失,韦伯则指出现代西方文明将可能导致一个"专家没有灵魂,纵欲者没有心肝"的牢笼时代的来临,而鲍曼和赫勒等则指出现代西方文明在其理性原则的支配下,将作为一种不可遏制的力量而"向前行进——这倒不是因为它希望索取更多,而是因为它获得的还不够;不是因为它变得日益雄心勃勃、更富冒险性,而是因为它的冒险过程已日益令人难堪,它的宏大抱负也不断受挫"①,现代性的动力是一种自我毁灭的辩证法,现代文明"在摧毁周围的一切之后,在把世界变成了一个精神的沙漠之后,它会毁灭它自己"②。与此同时,以别尔嘉耶夫、布尔加科夫、弗兰克等为代表的白银时代宗教哲学家在其所开辟的诸多文化批判主题中,同样对现代西方文明进行了深度的反思与批判。而在对现代西方文明的具体批判中,其从现代西方文明建构的社会根基、载体等角度进行了批判。

白银时代宗教哲学家在对现代西方文明的批判过程中,直指现代西方文明建构的社会根基。在白银时代宗教哲学家看来,社会产生的基础是神话与象征,并由此将社会划分为三种类型。一是以类与血缘为特征的"有机共同体";二是以机械和原子为特征的"机械共同体";三是以自由与精神为特征的"精神共同体"。他们认为现代西方文明建立的社会基础是以机械性与原子性为特征

① 鲍曼:《现代性与矛盾性》,邵迎生译,商务印书馆 2003 年版,第 17 页。
② 赫勒:《现代性理论》,李瑞华译,商务印书馆 2005 年版,第 70 页。

的“机械共同体”，这一社会共同体强调的是机械的、整体的、普遍的原则，缺乏神圣的、精神性的维度。在这一社会建构形式的支配下，人们像蚂蚁一样生活在千篇一律的建筑、呼啸奔驰的汽车、封闭狭小的楼阁之中，但问题在于“人不是蚂蚁，人的社会性也不是蚂蚁窝”①。而且在白银时代宗教哲学家看来，社会生活不仅仅是一种物质生活，其在本质上是“一种精神生活，具有某种‘界’的外部客观存在的性质，这种‘界’类似物质世界存在于我们周围”②。由此，白银时代宗教哲学家从其特有的东正教视域出发，认为真正的社会根基应建立在精神的共同体基础之上，否则人类社会的命运将是悲剧性的。一种精神共同体社会，是物质与精神、尘世与神圣的完整统一。

白银时代宗教哲学家不但对现代西方文明建构的社会根基进行了批判，还对现代西方文明的社会运行机制进行了批判。白银时代宗教哲学家认为在现代西方文明强劲崛起的背后包含着大量的毒素与谎言，而最大的毒素与谎言就是对社会进步观念的片面信仰。现代西方文明给人类一个虚假的乌托邦承诺，认为通过当下的“合理”异化与牺牲就能通达理想的王国。在白银时代宗教哲学家看来，西方文明所持的这种进步观念可追溯到犹太教的弥赛亚学说与基督教的千禧年观念，只不过自近代以来，随着理性化进程的推进，日益排除了其中的宗教维度。这种进步观念“把人类的每一代、每一个人，把历史的每一时代，转变为实现最终目的的一种手段和工具，这就是未来人类的完善、强大和幸福——对此，我们当中谁都不会有份”③。与此同时，这种虚假的乌托邦承诺，“在尘世的暂时的历史生活的相对条件下，人类生活的绝对状态会要来到”④。由此，白银时代宗教哲学家指出这种宏大叙事式的进步观念与虚假乌托邦承诺是用鲜血浇灌而成的，是建立在祖先的坟墓基础之上的。在这种观念与承诺的背后，人只是作为手段而非最终目的而存在的。白银时代宗教哲学家对康德的实践学说是高度认同的，认为永远不能把人当成手段，人是目的而不是手段。

① 别尔嘉耶夫：《俄罗斯的命运》，汪剑钊译，云南人民出版社 1999 年版，第 124 页。

② 弗兰克：《社会的精神基础》，王永译，生活·读书·新知三联书店 2003 年版，第 108 页。

③ 别尔嘉耶夫：《历史的意义》，张雅平译，学林出版社 2002 年版，第 152 页。

④ 别尔嘉耶夫：《历史的意义》，张雅平译，学林出版社 2002 年版，第 155 页。

如果仅仅把人作为手段,那么将永远不可能获得终极的解放,有的只是奴役与压迫。

与此同时,白银时代宗教哲学家还对现代西方文明的社会载体进行了批判。他们认为,现代西方文明就其属性而言是资本主义的,其载体是资产阶级。可以说,在对资本主义社会制度及其载体的批判上,白银时代宗教哲学家深受马克思的影响,并与马克思保持着高度的一致,并且坚定地认为"社会主义的真理在于对资本主义的批判"①。在白银时代宗教哲学家看来,支配资本主义社会的逻辑是资本的逻辑,而体现资本主义社会精神的资产阶级则是奴隶的象征,他们是财产和金钱的奴隶,是社会舆论、社会地位、社会生活的奴隶,连同他们所建立的王国一并是受虚假的物所支配的奴隶的王国。资产阶级所建立的王国是奴役人的、虚假的金钱王国,这个王国"瓦解真正现实的世界。资产者建立的是金钱王国,这个王国是最虚假的,最不现实的,在自己的非现实性方面是最令人厌恶的。在这个金钱王国里一切现实的实质都消失了,但是这个金钱王国拥有可怕的强力,对人的生活的可怕的统治力量;它能扶持和推翻政府,发动战争,奴役工人群众,导致失业和贫困,使在这个王国里走运的人的生活成为越来越虚幻的"②。在这个虚假的金钱王国中,没有独立的个体,有的只是数字、账本、纸币、黄金,在这里人们"已经搞不清楚,谁是所有者,是对什么的所有者。人越来越从现实的王国转向虚幻的王国"③。白银时代宗教哲学家看到了资本主义社会给人带来的剥削、压迫、异化与耻辱,他们同马克思一样,认为应埋葬资本主义制度。但在白银时代宗教哲学家看来,这种埋葬并不仅仅是一场简单的社会斗争,它更是一种深层次的精神斗争。因为在他们看来,资本主义社会及其制度可以简单地被消灭和克服,但作为资本主义形象代言者的资产阶级则是具有永恒性的,资产阶级作为"这个世界上的永恒形象,它不一定非与某种制度相关,尽管在资本主义制度里它能获得自己最清楚的表现和最出色的胜利。

---

① Булгаков С. Н., Христианский Социализм, Иэдательство Новосибирск《Наука》Сибирское Отделение, 1991, С. 225.

② 别尔嘉耶夫:《论人的奴役与自由》,张百春译,中国城市出版社2002年版,第218页。

③ 别尔嘉耶夫:《论人的奴役与自由》,张百春译,中国城市出版社2002年版,第220页。

无产者和资产者是相关的，一个可以变成另一个"①。这也就是说，资本主义制度连同资产阶级的存在不仅仅是社会结构问题，而且是心理结构与精神结构问题。因而，他们的消灭不能仅仅通过对制度本身的消灭而一劳永逸，更为根本的方式则在于心理结构与精神领域的革命。只有实现心理结构与精神领域的革命和新人的塑造，才能最终彻底地消灭资本主义制度及资产阶级。

总之，白银时代宗教哲学家从社会根基、进步观念、社会载体等角度对现代西方文明进行了深入的批判。他们指出，在现代西方文明表面繁荣的背后，包含着毒素与谎言，包含着对人的压迫、诱惑与奴役。在现代西方文明的操控下，人最终将成为海德格尔所批判的，非本真性存在的，具有服从、平凡、迁就、不负责任、适应感等特征的"常人"。常人到处在场，但却常常是非存在、无此人，凡在此在挺身出来决断之处，常人却也总已经溜走了。不但如此，他们还认为依托现代西方文明所建构的资本主义文化具有虚假性、欺骗性与操纵性等特征，其已丧失了文化本应具有的超越性、批判性与否定性功能。由此，他们坚定地指出，现代西方文明所幻想的"巴比伦文明之塔将不会建成。我们在世界大战中看到，欧洲文明衰落，工业体系崩溃，'资产阶级'世界赖以生存的幻影分崩离析。历史命运悲剧性的辩证法就是如此。文化摆脱不了这种辩证法，文明也同样摆脱不了这种辩证法"②。

二

技术理性批判构成了20世纪文化批判理论的重要主题，西方诸多思想家都从不同角度涉及了这一理论主题，如韦伯对工具理性与价值理性的分析、海德格尔对技术理性异化本质的分析、赫勒对技术理性作为一种新的世界支配逻辑的分析、福柯对技术理性微观化控制的分析等，都构成了这一批判的重要组成部分。就整体而言，技术理性主义者持一种乐观主义的历史观，他们相信理

---

① 别尔嘉耶夫:《论人的奴役与自由》，张百春译，中国城市出版社2002年版，第215页。

② 别尔嘉耶夫:《历史的意义》，张雅平译，学林出版社2002年版，第179页。

性是人的本质力量的确证,相信理性万能、理性至上,相信理性可以解决一切问题,甚至可以建构人间天国。但人们发现,随着以理性主义为核心价值观念的科学技术的发展,技术并没有解决所有的问题和实现人类的解放,反而成为控制人、奴隶人的一种新方式。技术理性的全面统治使人丧失了原有的否定性与超越性精神,人甚至成了马尔库塞所说的单向度的人,成为发达资本主义社会的认同性力量。而以别尔嘉耶夫等为代表的白银时代宗教哲学家在20世纪初同样看到了这一点,并对技术理性展开了深入的反思与批判。

在对技术理性的批判过程中,白银时代宗教哲学家与20世纪诸多的思想家一样,看到了科学技术的进步给人类的生活所带来的重大改变,指出"技术的不可思议的力量使人类的整个生活革命化了"①。科学技术的进步是与资本主义工业化进程密切相关的,这种进步意味着"大地时代的结束",意味着人依托理性而逐步摆脱了自然对人的束缚,并不断获得了对自然的先在性权利。但与此同时,科学技术的进步也使人类面临着新的现实和新的难题,"人所涉及的已经不是上帝创造的自然界,而是由人和文明建立的新现实,是自然界所没有的机器和技术的现实"②。如果说以往人们对科学技术持一种乐观主义的态度,人们相信科学技术的力量,相信依托科学技术的进步能够解决人类所面临的一切问题,并且使人类获得最终的解放,但两次世界大战的发生却预示着这种乐观主义的终结,并使人们看到了科学技术所具有的巨大毁灭性力量。因而,科学技术在成为这个时代重大特征的同时,也成为关涉"人的命运和文化的命运问题"③。

在白银时代宗教哲学家看来,正是理性的片面发展,导致"理性已不是抽象的理性,而是实用的理性"④。这里所说的"实用的理性",是指理性片面地发展成了技术理性,技术理性变成了一种宰制性力量。理性的片面发展,使作为技术理性的理性在改变人类生活的同时,也使人类的生活变得越来越机械化、技

---

① 别尔嘉耶夫:《精神王国与恺撒王国》,安启念、周靖波译,浙江人民出版社2000年版,第26页。

② 别尔嘉耶夫:《精神王国与恺撒王国》,安启念、周靖波译,浙江人民出版社2000年版,第28页。

③ 别尔嘉耶夫:《人和机器——技术的社会学和形而上学问题》,张百春译,载《世界哲学》2002年第6期。

④ 别尔嘉耶夫:《历史的意义》,张雅平译,学林出版社2002年版,第175页。

术化、平面化、无个性化,技术最终战胜了精神。以机器大工业为代表的技术理性的片面发展,不仅改变了人的生活方式与生活节奏,也改变了人与自然的关系,“机器摆在了人和自然界之间。机器不仅在外表上使自然原质屈服于人,而且也征服人本身。机器不仅在某些方面解放人,而且按新方式奴役人。如果说人从前依附于自然界,人的生活因之贫乏,那么,机器的发明以及随之而来的生活机械化,一面使人发财致富,一面造成新的依附和奴役,这种奴役较之人从对自然界的直接依附所感觉到的那种奴役要厉害得多”①。不但如此,技术理性的片面发展与操纵模式最终导致了人自身的荒谬化,这种荒谬化在萨特与卡夫卡的小说中得到了真切的反映。在技术理性获得了魔法般胜利的同时,技术理性并没实现人类的预期目标,反而遮盖了生命的本质,进而使真正的文化精神衰退与丧失。技术理性的进步所带来的并不是解放与天堂,而是意味着荒谬性的增长,意味着对人道主义与乐观主义精神的否定。

不但如此,白银时代宗教哲学家还和卢卡奇等思想家一道指出了技术理性片面化发展的深层危害。我们知道,以卢卡奇、霍克海默、阿多诺等为代表的西方马克思主义思想家不但指出了在技术理性的操纵下,人成为一种可计算化、抽象化、符号化的存在,还进一步指出这种操纵已渗透到人的“灵魂”之中,甚至他的心理特征也同他的整个人格相分离,同这种人格相对立地被客体化。在资本主义社会中,技术理性已丧失了原有的解放性与进步性功能,而成为一种有效的、隐藏的统治性意识形态。技术理性实现了从社会到个体、从肉体到心灵的全面统治。而白银时代宗教哲学家也同样指出了技术理性对人统治的深层化,指出技术在人类社会生活中不断增长的统治是对人的生存的越来越严重的客体化,它伤害人的灵魂,压迫人的生命。人越来越被向外抛,越来越外化,越来越丧失自己的精神中心和完整性。人的生命不再是有机的,而是成为组织的,被理性化和机械化了。在文明的顶峰,技术的作用将成为主导的,技术将支配人类的全部生活。技术理性的片面发展将把机器的形象加诸人身上,将弱化人、奴役人,将使人的生活机械化。不但如此,技术理性的片面发展,将会使人

① 别尔嘉耶夫:《历史的意义》,张雅平译,学林出版社2002年版,第121页。

的机体无法适应与追赶上机器的速度,从而导致“任何一个瞬间都没有自身的价值,它只是下一个瞬间的工具。……人的精神的能动性被削弱了。人被从功利主义的角度加以评价,按他的生产能力加以评价。这是人的本质的异化和人的毁灭”①。而这一切最终将导致人自身的分裂与崩溃,导致人的完整形象的瓦解。

总之,白银时代宗教哲学家指出了理性主义的片面发展导致作为理性主义精神集中体现的技术理性已丧失了“中性”意义,技术在自己发展的顶峰,可能会导致对大部分人类的毁灭,甚至导致宇宙灾难。在白银时代宗教哲学家看来,面对着理性的片面发展及其对人的全面奴役,祈盼通过对技术的“浪漫主义反抗”而回归原初的自然状态,是一种意识的错觉,也是不可能实现的。这源于技术理性的复杂性,其中既包含着积极的因素,也包含着消极的因素,既包含着解放的力量,也包含着奴役的力量。正是基于这种复杂性,任何对技术的浪漫主义否定都将是软弱无力的。在对技术理性问题的克服路径上,白银时代宗教哲学家从俄罗斯哲学所特有的理论智慧出发,提出了不同于大多数欧美思想家的探索路向。他们既不是通过海德格尔式的唤起沉思之思,也不是通过阿多诺等对技术理性的彻底批判,而是力图通过将现代科学技术与宗教进行融合来克服这一危机。在他们看来,一方面,如大多数欧美思想家所意识到的那样,要使技术理性与价值理性进行有机融合,另一方面,也是最为根本的途径,则是使理性回归到宗教传统之中,认为理性应以宗教为生命的基础,应回归宗教的营养,参与宗教的奥秘,从而最终克服自身所存在的危机。

三

在白银时代宗教哲学家所涉及的众多文化批判主题中,不仅包含着对现代西方文明建构的根基、载体以及技术理性的批判,还包含着对作为现代西方文明基础的宗教文化的深入批判,并由此开拓了文化批判理论的重要主题——宗

① 别尔嘉耶夫:《精神王国与恺撒王国》,安启念、周靖波译,浙江人民出版社2000年版,第28页。

教文化批判。白银时代宗教哲学家力图通过对作为西方文化根基的宗教文化的批判，进一步指出西方文化所面临的深层危机，进而达到地基清理与理论重建的目的。也就是说，他们对传统基督教的批判，并非仅仅是欲将西方文明连根拔起，而是力图通过这种批判达到某种意义上的重建。在白银时代宗教哲学家对传统基督教的批判过程中，不仅关涉到天主教、新教文化，还涉及作为自身文化传统的东正教文化。

首先，对东正教的批判。在如何对待作为俄罗斯文化根基的东正教的态度上，以往的思想家大都对东正教充满着赞扬，如卡尔萨文等思想家早就指出东正教与天主教、新教相比，天主教就像一面砖墙，只强调统一而没有个人自由；新教仿佛一盘散沙，只有孤立的个人自由而失去了统一性；而东正教则是交响乐队，是保持了个人自由的统一体。但在白银时代宗教哲学家看来，作为一种现代形态与文化支撑的东正教是有其自身限度的。白银时代宗教哲学家认为这种局限性主要表现为：第一，"东正教没有有机地吸收希腊—罗马的人道主义，占优势的是禁欲主义的孤僻性"①。这使得东正教相对于天主教与新教而言，缺乏人道主义关怀，缺乏对人的关注。第二，东正教过于注重烦琐的宗教仪式，弱化了对信仰本身的重视。第三，东正教过于保守，这种保守性决定了它对时代的非适应性。东正教虽停留于传统与仿古之间，避免了经院哲学的不幸，但这种保守性却导致它很难适应时代的发展，很难对时代的困境与迷惘做出适应时代的恰当调试。而且，教会传统应该是鲜活的、动态的、敞开的、创造性的，而不应是封闭的、静止的、凝固的。教会传统不应只是对传统的简单继承，也不应如法利赛主义那样，将传统变成僵死的考古学，变成外部律法和规章，变成要求自己遵守的枯燥词句。与此同时，白银时代宗教哲学家还对东正教与国家的关系进行了批判，指出政治化、官方化、意识形态化了的东正教腐蚀了其原本具有的教会精神，进而导致教会的心灵衰退了，理想被替换了，也就是说，在教会的理想的位置上不知不觉地出现了国家的理想，内在的真理被形式的、外在的真理取代。

---

① БердяевН. А. , Русскаяидея. Москва：ООО《Иэдательство АСТ》,2004, С. 212.

其次,对天主教的批判。在白银时代宗教哲学家看来,天主教过于注重世俗权力,而忘记了基督教的目的,是用手段代替了目的。而基督教的目的不在于尘世,在于如何走向天国。天主教则过于注重和迷恋宗教权力,从而陷入了宗教权力的诱惑。正如一位诗人所指出的那样:“她没有忘记天堂,但地上的东西也被她尝个遍,于是,大地的灰尘玷污了她。”①天主教的普遍原则在于,它认为“人间的一切权力和原则,社会和个人的一切力量都应该服从宗教的原则,在人间由精神社会即教会所代表的神的王国应该统治此世的王国”②。在这种宗教权力的诱惑下,人所信仰和服从的已不是基督,而是教会的权力,这是对信仰的误读。而且在白银时代宗教哲学家看来,也正是天主教对世俗权力的过分重视,才导致了暴力与纷争。天主教是教皇权威,其在一切方面所寻求的不是基督教真理,而是教皇真理、教皇决定,“这里没有给个人对真理的寻求和领悟以及为此进行的交流留有余地”③。在这种权威下所形成的统一,只能是外在强力与权威的统一,而真正的基督教所应实现的是精神的统一,在这种精神的统一体中,个人才能“上升到最高现实……在爱中的自由统一体才是教会性的本质”④。在白银时代宗教哲学家看来,正是天主教对精神性的忽视与对世俗权力的过分重视,决定了新教对天主教的批判与反抗是具有一定的合理性的。

最后,对新教的批判。与天主教和东正教相比,新教重视个人对真理的探索,主张“因信称义”,并把《圣经》作为最高的权威。新教强调个体与《圣经》、上帝的直接会面,认为真正的信仰应是个体生命的内在信仰。但白银时代宗教哲学家认为新教同样存在自身的限度,如果说天主教是陷入了权力的诱惑,那么新教则是陷入了理性的诱惑。之所以说其陷入了理性的诱惑,源于新教在对《圣经》的解读与思索中,付诸个性的理性活动,于是“个性的理性最终就成了宗教真理的实在根源,所以,新教自然地过渡到理性主义,这个过渡逻辑上是必然的,历史地无疑在实现着。……它的实质在于,承认人的理性不仅自身就是合

---

① 索洛维约夫:《神人类讲座》,张百春译,华夏出版社2000年版,第15页。
② 索洛维约夫:《神人类讲座》,张百春译,华夏出版社2000年版,第15页。
③ 布尔加科夫:《东正教——教会学说概要》,徐凤林译,商务印书馆2001年版,第107页。
④ 布尔加科夫:《东正教——教会学说概要》,徐凤林译,商务印书馆2001年版,第85页。

法的,而且它还为实践和社会领域里的一切存在着的事物立法"①。在白银时代宗教哲学家看来,甚至法国大革命与德国古典哲学在某种程度上都是新教的产物,它们是新教的必然结果。新教强调个体的内在信仰,而作为个体的内在信仰,当丧失了宗教权力之后,只能付诸理性的权威,只能以理性代替信仰,最终则表达为信仰即理性。反之,如果新教不彻底化,而将真理的裁决归之于个体主观性,那么同样将导致"主观性高于教会的客观性,以前者来检验后者"②,也同样会丧失真理的标准性,从而陷入信仰的迷雾。总之,在白银时代宗教哲学家看来,新教对宗教的理解仅仅在于把基督教理解为拯救个体的宗教,这种理解同样不能解决人与社会、人与上帝之间的关系问题,这种理解最终将导致基督教信仰与社会存在的双重危机。

由此可见,白银时代宗教哲学家在自身的理论探索过程中,涉及了文化批判理论的诸多主题,其理论探索构成了20世纪众多文化批判思潮中的重要一维。白银时代宗教哲学家通过对现代西方文明的多维批判,力图指出现代西方社会所面临的深层危机。白银时代宗教哲学家对现代西方文明与文化的反思,并不是要彻底否定现代文明,而是主张通过将传统基督教精神与现代因素有机结合,来建构一种新的文化观,从而克服现代社会所面临的危机,以避免一个虚无主义时代的来临。总体而言,这种新的文化观的建构强调人的独特内涵与精神价值,强调神人性、末世论,强调基督教精神与现代文明的有机结合等因素。我们看到,这种新文化观的建构呈现出了极强的神学乌托邦色彩。实则这种神学乌托邦色彩不仅存在于白银时代宗教哲学中,也是整个白银时代景观的总体性特征。正如西方学者所指出的那样:白银时代文化中的启示录式想象,从小说中的启示录形式到救世计划,其中艺术与宗教和政治联手形成了拯救个人的可行性方案并描绘了未来世界的乌托邦蓝图。总之,白银时代宗教哲学家在自身的理论探索过程中所涉及的诸多文化批判主题是具有理论深意的,尽管其在对现代西方文明的认知与克服路径上存在某种误读与虚幻性,但确实在一定程

① 索洛维约夫:《神人类讲座》,张百春译,华夏出版社2000年版,第172页。

② 布尔加科夫:《东正教——教会学说概要》,徐凤林译,商务印书馆2001年版,第105页。

度上指出了现代西方文明所存在的问题,这一理论探索对于当今文化批判理论的研究仍具有一定的启示意义。

范式的悖论与决定论批判

——马尔库什的范式理论述评

孙建茵

20 世纪 50～60 年代,在匈牙利境内,一批青年学者师从西方马克思主义的著名学者卢卡奇,从事哲学、社会学等领域的研究。他们用集中讨论、合作研究的形式交换意见、借鉴思想,形成了一种对话性的、积极的学术氛围。后来,这个团体因理论诉求与旨趣的相似性和统一性,被国际学界命名为“布达佩斯学派”。作为该学派的主要成员,乔治·马尔库什从青年马克思的思想中汲取了力量,开始了对人类现实问题的哲学思考。20 世纪 70 年代,迫于时局的压力,赫勒、马尔库什等核心成员选择移居国外,并开始转向微观研究。正是在这种东西方语境的碰撞与融合的过程中,马尔库什构建了自己的文化批判理论,范式理论就成为其中重要的批判主题之一。

范式概念是现代哲学中的一个重要的议题。根据托马斯·库恩(Thomas

S. Kuhn)在《科学革命的结构》[①]一书中对范式概念的基本论述,我们可以总结出人文学科中的范式所具有的内在含义。概括地说,范式是一种有关信念、思想、认识的共同理解和价值判断。从更广泛的意义上说,就是人类共同的生存和活动模式。因此,从一种范式理论中可以发现其背后蕴藏的世界观和方法论。马尔库什从语言与生产这两种范式之间的悖论关系入手,以波普尔的语言—知识范式为代表,批判了语言范式中的进化论特征以及可能导致决定论思维的困境,同时肯定了生产范式在解释社会历史发展模式时对人的实践性的张扬。马尔库什的范式理论一经提出便引起了学界的广泛关注,围绕着生产范式、语言范式和交往范式之间的关系,他与包括哈贝马斯、赫勒在内的多位哲学家展开了深入的探讨和理论交锋。作为东欧新马克思主义的代表,马尔库什的理论不仅凸显了反教条主义的理论诉求,也融合了对现代性危机以及人类生存方式的思考。因此,本文将力图展示马尔库什范式理论的核心思想,并对其中蕴含的东欧新马克思主义的理论特色予以评述。

一、语言范式与生产范式的悖论

正如已经提到的那样,从广义的角度来看,一种范式理论能够反映出思想家对人类的活动方式以及历史发展模式的理解。在马尔库什看来,今天在我们的哲学中存在两种主要的范式:语言与生产。这两种范式代表了当代哲学和社会学思想解说人类处境的不同方式。事实上,这两种范式理论分别代表着在实际的社会生活和交往的世界中人类活动存在的可能性,与此同时,也显示出了各自不可避免的局限性。正如鲍曼所言,处于悖论关系的两个方面是有着同一根源的。[②] 马尔库什认为,语言与生产同样肇始于启蒙这一伟大的计划。因此,从总体上说,这两种范式理论都是在现代性条件下对同一问题的探讨,那就是,在个体彼此以及与周围世界的交互活动中所形成的主体间结构到底是怎样的

---

① 托马斯·库恩:《科学革命的结构》,金吾伦、胡新和译,北京大学出版社2003年版。

② 参见齐格蒙特·鲍曼《作为实践的文化》,郑莉译,北京大学出版社2009年版。

一种关系。然而,探讨的主题虽然是一致的,但是在结论上,围绕着对两种范式的理解则产生了根本上的分歧。语言范式认为主体间的关系隶属于语言学上的行动模式,而生产范式则认为人与人之间的关系是物质生活制度化的再生产过程中的相互作用。这种不同的理论立场和阐释所产生的后果绝不仅仅局限于理论范围之内。正如马尔库什所言:“虽然把范式上的功能归于‘语言’或者归于‘生产’,并不能在这样界定的过程或活动中把什么才是范式的内容作以决定(因为对于同一种范式存在各种概念阐释的可能性),但是基本的选择为我们打开,或强加给我们明显不同的方式,也就是对于个人和他们的集体与历史变革过程之间关系的不同理解。这些范式在有意识地反思和积极地干预历史发生的方式上,代表了两种大相径庭的条件和限定。而根据这些不同的解释框架,我们人类自由之意义的可能性也由此发生了根本改变。”①因此,马尔库什从发展脉络上梳理了这两种范式所代表的不同的研究倾向。

首先,语言范式的产生与“反主体主义”的哲学转向是密不可分的。如果要用一些关键词来描述20世纪哲学复杂而又富于革命性的图景的话,那么“反主体主义”便代表了其中一个主要的发展趋势。概括地说,主体主义哲学的内涵就是指现代形而上学,就是以“主观意识”“我思”“自我意识”为核心的哲学建构。从这个意义上说,笛卡儿的哲学一直到黑格尔的绝对精神理论都属于主体主义的哲学范畴。“反主体主义”意味着对两种概念框架的拒斥,一方面是反对传统形而上学在主体与自然的客体世界之间的关系,另一方面反对超出主体的构成客体世界的认识论理论。因此,“反主体主义”的哲学反思不再是从个体意识的必然性出发,而是转而从主体间性的角度研究各种历史中个体之间的交往形式。在这种“反主体主义”的浪潮中,科学主义和人本主义都在理论中发生了语言学的研究转向。

对此,马尔库什将20世纪的“反主体主义”哲学转向归纳为两种形式。一种形式是主体主义哲学内部的自我转变,另一种形式是主体哲学之外的语言学

---

① Gyorgy Markus, *Language and Production: A Critique of the Paradigms*, Dordrecht: D. Reidel, 1986, p. 13.

转向。虽然这两种趋势具有不同的来源和思想谱系,但是它们彼此交织形成了一种特征,那就是,语言和语言学的交流变成了一切人类交往和人类对象化形式的一般范式。这种共同的研究转向,使许多古老问题在新的概念框架下得以重新讨论和阐述。也正是基于这种转向,语言范式得以最终提出。正如马尔库什所言:“语言,相应地,不是简单地被当作哲学研究的中心或唯一保留的主题(正如在早期的逻辑实证主义和分析哲学中那样),而是作为起点和导向性的模式,对它的研究将以一种有意义的方式重拾并收复传统哲学中许多意识形态的、人类学的和社会的关注点。”①

其次,生产范式是马克思唯物主义理论转向的重要内涵。毋庸置疑,马克思的唯物主义最主要的特征就是一种实践的品格。纵观马克思早期思想的发展,可以发现,促使马克思从唯心主义向唯物主义转向的动力,不是形而上学的思辨或者认识论上的反思,而是寻找解决现实社会问题方案的努力。因此,在实践的唯物主义理论中,社会的物质生活条件和人类的物质生命活动,不再是唯心主义理论中的一种可以变革的原则,而是为了迎接即将到来的、根本的社会改革而必然发生决定性社会斗争的现实领域和地带。事实上,马克思的唯物主义理论虽然最终要导向一种实践,但是在理论上同样具有一种“打破”传统的重要的转向意义。因此,马克思唯物主义基于上述的变化,必然涉及重要的概念框架的变革和转向。观念已经不再被认为是特殊的存在(Seiende)形式,所以,马克思主义理论的基本问题不再是传统形而上学所关注的问题,而是变成澄清观念与现实物质实体的关系。也就是说,观念开始被理解为一定的、历史上特殊的人类活动的产物。由此,新的概念框架要回答的问题首先是这种特殊的“生产活动”与人类所有结构上分化的社会活动之间是一种什么关系。在这个方面,马尔库什指出,马克思在《经济学哲学手稿》中就曾经明确表述过,宗教、家庭、国家、法律、道德、科学、艺术等都不过是生产的特殊形式,而且都要受控于生产的一般规律和法则。这一论述说明,马克思主义理论其实设定了一个

---

① Gyorgy Markus, *Language and Production: A Critique of the Paradigms*, Dordrecht: D. Reidel, 1986, p. 3.

更广阔的、潜在的前提,那就是物质生产范式上的特征对于理解所有人类社会生活现象都是有效的。由此,马尔库什指出,马克思在历史唯物主义理论中提出了解读人类活动的生产范式。正是这种生产范式,最终使马克思的唯物主义从直接的传统、黑格尔哲学、德国古典唯心主义中分离开来。

如果从两种范式理论的发展背景出发,生产范式和语言范式其实体现了一种现代性的悖论关系。从共同的根源上看,语言与生产范式的提出都是对现代性文化景观反思的结果。事实上,为了反对启蒙现代性关于主体概念的论述,语言范式与生产范式都是从强调主体间性的概念出发,对哲学传统展开了批判。然而,诞生于同一逻辑的两种范式却选择了根本不同的解释方式。这些差异性决定了它们不可能由一种统一的思想体系来统摄。必须指出的是,对于一对处于悖论关系中的两种范式理论,马尔库什并不是要强调二者的对立性、否定语言范式,从而得出一种简单化的价值判断。恰恰相反,在他看来,每一种视角本身都是具有合法性的,不仅如此,两种范式的关系也不是非此即彼的尖锐对立。不仅因为从反主体哲学的角度上说,马克思的生产范式理论与语言范式理论具有某种亲和性,而且,在某些方面二者甚至可以共存互补。例如,在我们的日常生活中,这两种范式都是人类不可缺少的存在方式。一方面,在人类社会环境下,我们始终处于交流性的彼此理解的过程之中;另一方面,我们也同样通过实践活动参与到物质条件的生产和再生产的劳动分工的社会组织当中。也正是这个原因,马尔库什明确指出,简单地将生产范式与语言范式的对立描述成唯物主义与唯心主义的对立是非常肤浅的。这样的特征描述既是不够充分的,也是有误导性的。因为,从某种意义上说,所有这些哲学都是关于对象化的理论,都试图对人类生活的产物以及主客的和主体间的关系给出一种内在的解释。正如马尔库什所言:“因为,主体主义把孤立的个人的意识界定为确定性的最终源泉和所有知识的可靠基础。因此,在这个方面,所有这些理论都是反唯心主义的。”①从这个角度看,这两种范式并不存在逻辑上的矛盾,只是两种

① Gyorgy Markus, *Language and Production: A Critique of the Paradigms*, Dordrecht: D. Reidel, 1986, p. 38.

重要的人类活动模式。两种范式理论的存在恰恰说明了历史生活形态的多样性和多重性。然而,这并不能说明可以对两种范式进行随意的调和与汇总,更不代表马尔库什关于两种范式没有明确的主张。语言范式对人类历史的发展和人类社会活动的解释方式与生产范式是完全不同的。马尔库什不是要在两种范式之间进行优劣的判断,而是要批判语言范式中存在的理论困境,尤其是其中可能导致决定论思维的内在倾向。

二、对波普尔的语言范式的批判

马尔库什批判语言范式的指向之一就是反对其中隐含的决定论的思维导向和研究理路。因此,他以卡尔·波普尔(Karl Popper)的理论为代表展开了对实证主义哲学的语言范式的批判。在对马尔库什的实证主义批判展开论述之前,有必要进行两点说明。其一,从严格意义上说,波普尔对世界和历史的解释应该属于一种“问题解决”的方式,也就是知识范式。但是,在波普尔对知识的论述中,语言成为其中最有代表性的重要范畴,因此,马尔库什将波普尔的理论划归于“语言范式”之中,针对其语言—知识范式进行了批判性研究。其二,马尔库什选择波普尔晚期的理论著作作为实证主义研究的对象,并不是因为这些论著中的观点代表了实证主义理论的典型特征。事实上,波普尔本人完全反对实证主义者的命名。马尔库什对波普尔产生研究兴趣的主要原因在于,波普尔的思想中体现出一种明显区别于后来的实证主义科学哲学的特点,那就是认识论上的现实主义和对知识问题所采取的历史研究方法。但是,波普尔仍然认为,对社会现实和历史问题的理论理解可以根据一些普遍性法则进行逻辑推导,从而得出相应的结论。在马尔库什看来,波普尔的语言—知识范式的主要特征就是对世界采取一种生物进化的理解,这种特征是围绕着他的“三世界”理论而产生的。

在波普尔看来,存在三个世界:“第一,物理客体或物理状态的世界;第二,意识状态或精神状态的世界,或关于活动的行为意向的世界;第三,思想的客观内容的世界，尤其是科学思想、诗的思想以及艺术作品的世界。”①从波普尔的这种论述中可以明确，波普尔强调的是第三个世界的客观性，也就是知识的客观性。在马尔库什看来，波普尔对第三个世界这种客观性的高度强调，其实体现了一种进化的发展观念。具体说来，第三个世界的知识虽然是人类的产物，但是一旦被表述，它就独立于物理世界和第二个世界中的人类意识，具有内在的逻辑，因此也成为一种可以进行批判性讨论的对象，可以对其进行正确和错误的判断的客观存在。同时，主观的知识也是通过与这种客观的、对象化的知识的相互作用而产生的。马尔库什指出，波普尔认为这种积极个体与客观知识之间的相互关系构成了人类历史的基本特征，使人类的发展具有一种进步的可能性。因为，按照波普尔的理解，所有人类活动都是可以通过试错机制而解决和学习的。然而，马尔库什认为，事实上，在客观知识领域，人类排除错误不是一种生存机制的结果，而是有意识地批判相关理论的结果。因此，人类的发展不能简单地理解为一种生物的进化，因为人类发展具有一个更积极的维度，人类有意识的批判代表了人类一种特殊的实践，这种实践使得合理地推动历史发展成为可能。

当转向波普尔的社会理论时，就会发现，这些语言—知识范式理解上的生物学进化特征产生了更为严重的影响：本质上，导致它把自然科学和社会科学的方法视为同一。也就是说，波普尔不认为在科学方法之外还有其他专门的方法来研究社会独特的发展方式。这样一来，科学的方法论便限定了社会发展的合理内容。具体地说，一种社会的发展模式被认为是合理的，也就意味着可以对其发展进行起码的预设和控制。这种预设和控制应该是在给定的广泛的制度框架内，对一定时期的社会行为进行辨别的判断。然而，在社会中，新的处境和条件不断出现，这就是知识增长的结果。而由于科学的、批判的过程无法预见知识的未来增长，那么我们也就不能预见人类历史的未来发展。

在马尔库什看来，波普尔的这种观点存在致命的悖论。因为，虽然波普尔

① 卡尔·波普尔：《客观知识：一个进化论的研究》，舒炜光等译，上海译文出版社2005年版，第123页。

表示反对历史决定论,但是他将知识和语言的特征和进化的发展方式照搬到历史解释模式之中,不仅具有极大的不适用性,而且最终将无法逃脱决定论的危机。

马尔库什指出,波普尔对知识客观性的描述与马克思对人类活动基本特征的对象化的分析之间存在基本的相似性。因此,从这一点看,波普尔在语言学上表述的知识其实就是一种描述人类历史特征的范式。人们可以把波普尔的概念描述成一种思想体系,其中语言学上表述的知识,在预设的—演绎的自然科学体系中达到了它最高的形式,被当作所有社会对象化的范式和模式。① 但是,在波普尔语言—知识范式理论的认知中存在一种基本观点,即行为主体有意识的目的与其行为的客观结果之间存在巨大的不一致性。马尔库什指出,在波普尔看来,一种科学的前提始终多于,而且往往相当不同于它被创造者设想的那样。每一种对象化的理论意味着一连串逻辑后果和新的问题,这些是作者不可能意识到的。② 也就是说,对象化的知识的根本特性在于,它把主观心理的和直觉的专断、不可靠性和限制性的特征置于一种独立于人类的非个人的逻辑必然性的控制之下。马尔库什认为,波普尔的这种理解直接导致的一个后果就是人类不可能完全充分理解他们的本质。③ 那么,人类的期望与有意向的活动在波普尔那里只能是自发的、盲目的。马克思所探讨的拜物教的物化意识等社会问题在波普尔那里直接被理解为人类的愚昧和无知。马尔库什把波普尔的这种认识讽刺为“天真的历史唯心主义”。马尔库什指出,即使在科学领域里,这种非意向性的逻辑规律可以控制一切的状况也是不合情理的。以现代农业科学为例,农业科学的发展直接由大陆的农业问题所指导,而对热带农业问题就没有帮助,也甚少研究,并且这种类似的现象绝不是偶然的。在给定的历史条件下,决定科学研究的优先性中的作用,无论如何也不可能忽视特定意向性

① Gyorgy Markus, *Language and Production*: *A Critique of the Paradigms*, Dordrecht: D. Reidel, 1986, p. 7.

② Gyorgy Markus, *Language and Production*: *A Critique of the Paradigms*, Dordrecht: D. Reidel, 1986, p. 8.

③ Gyorgy Markus, *Language and Production*: *A Critique of the Paradigms*, Dordrecht: D. Reidel, 1986, p. 8.

的社会关系和社会制度所发挥的作用。因此，马尔库什指出，这些非偶然的事实证明了波普尔的知识范式在解释这些社会问题方面的严重缺失。

更为重要的是，波普尔这种对客观的逻辑必然性的强调使人类社会和历史的发展笼罩在一种宿命的决定论的阴影之下。因为，波普尔并未完全否定人类需要和价值选择的存在。但是，这种选择仍然受制于语言和客观知识的控制力。客观化的知识在反作用于人类的过程中，创造了新的、超越了单纯生物学意义上的需要、兴趣和价值。这就导致在波普尔的语言—知识范式中，社会现象世界似乎是一个由两极构成的领域：一方面是个体的心理的偶然性，另一方面是客观的逻辑必然性。这两极是所有社会发展进程和行动最终不可还原和消减的组分。在波普尔看来，正是它们相互作用的方式决定了不同社会生活类型和发展的特征。与此相应，自由只是一种可以塑造的和具有选择性的逻辑力量对任意的主观性的控制。也就是说，自由可以通过大胆的假设和辩驳的方式成为一种批判性讨论的对象。马尔库什指出，波普尔对社会问题的这些理解都是其语言—知识范式的结果。波普尔把社会和历史的动态描述为一种逻辑理论和一种非理性的实践之间的相互作用。知识最终的生长，作为人类进步的最终的动力，将反作用地保证人类目标、需要和价值的积累增值。

马尔库什对波普尔实证主义的理论批判，实质上是对其以语言学表达为代表的知识范式的批判。波普尔的知识理论体现出的生物进化的特征，使波普尔将人类社会的发展同样视为一种受到逻辑关系制约的进化过程。马尔库什深刻地批判了波普尔的知识范式对社会问题的解读所存在的重要缺陷——忽视真正的社会问题。因为，波普尔对知识客观性的过度重视，使他忽略了历史发展过程中真正决定社会特征的人类需要、价值和选择等问题。这样一来，波普尔的范式便根本无法认识到生产关系和社会主体间的相互作用在历史发展过程中可能产生的影响。不仅如此，马尔库什对语言范式的深层困境进行了批判式解读，指出了波普尔在历史研究领域表现出来的知识进化特征以及对语言学逻辑的依赖。这种范式理解不仅无法适用于人类社会的发展模式，更存在最终导向历史目的论和决定论的危机。

三、对决定论的批判指向

从马尔库什对语言范式的批判中可以注意到,马尔库什的范式理论从根本上表达了一种对决定论思维的坚决抵制,代表了东欧新马克思主义鲜明的理论诉求。概括地说,东欧新马克思主义反对所有对马克思思想进行简单化、片面化处理的思想观念。这与东欧新马克思主义崛起的现实历史因素是密不可分的。从20世纪50年代开始,由于不满"苏联模式"对本国的束缚,东欧各国在不同程度上展开了"反斯大林化"的现实运动。作为对现实主张的反思和回应,要求自由、个性,反对专制和单一便成为东欧各国的马克思主义理论在人文社会科学领域研究中的根本立场。在此基础上,对教条主义、因果线性思维、历史目的论和决定论的批判,对维护人的尊严、尊重个性和主体性的人道主义的呼唤也内化为整个东欧新马克思主义的理论诉求。纵观马尔库什的著述,对决定论的批判是他在理论研究中一以贯之的基本立场。

1965年,马尔库什在专著《马克思主义与人类学》中通过对"人的本质"这一概念的论述和分析,最终论证了青年马克思与晚年马克思思想的内在逻辑联系,并对那些把马克思的理论解读为"历史目的论"的思想进行了批判。马尔库什指出,人的本质主要体现在"劳动""社会性""意识"三个范畴之中。因为在这三者中可以找到作为人的本质的普遍性内涵。然而,人的本质需要在人类历史不断克服异化的过程中逐渐实现,其方向就是向着人的普遍性与人的自由最终的统一而前进。这个过程没有所谓线性的、被预设的历史线索可循,而是在人的自由的实践活动中生成的。在这个过程中,人类虽然要以前人所创造的物质与精神财富水平作为基础,但是,历史的走向是在人类自由的选择和具体的活动中展开的。这个向未来敞开的历史包含着丰富性和可能性,依赖于人类共同体的文化模式、知识范围、科技水平、现实需要等众多因素。因此,马尔库什认为,把马克思的历史理论解读为决定论或目的论的观点并没有真正理解他的历史观。

在文化批判理论的另一重要主题"基础与上层建筑"概念中,马尔库什又一次呼应了对决定论思维的批判宗旨。基础与上层建筑是马克思唯物主义、历史主义中的重要概念，在马克思所处的历史时代产生了积极和重要的影响。然而，这一概念却几乎从其诞生之初便被一种简单化的“经济决定论”的教条主义思想转换，并且在后来的所谓正统马克思主义理论中被编撰成文并制度化为官方的意识形态，最终导致了对这一理论概念长期的误解。总的来说，马尔库什批判的是教条主义对马克思思想的歪曲。这种歪曲一方面表现为片面化了马克思思想，完全漏掉了马克思关于上层建筑所具有的独主性因素的论述。另一方面，教条主义对马克思思想进行了“本体论”的概念偷换，把经济基础与上层建筑直接偷换成“物质”与“意识”的绝对对立。由此，马尔库什强调了对基础与上层建筑概念可以从以下几个方面来理解。首先，“基础”与“上层建筑”并不是简单的经济结构与政治、法律等文化形式，更不是被夸大范围和偷换概念的“物质”与“意识”。它们是人类活动的两个不同领域。“基础”是劳动、生产等人类活动及其产物，而上层建筑则是人类对生产活动的解释、理解方式以及形成的哲学、科学理论等文化性的对象化。其次，“基础”与“上层建筑”的关系不是单向的因果关系。它包含两个方面：一方面，经济基础对于上层建筑具有限定性的作用；另一方面，上层建筑对于基础提供一种全体社会成员共享的解释方式。而且上层建筑领域中的现象在变化发生的时间等方面并不一定与基础相平衡。一言以蔽之，经济基础对上层建筑的作用不是强烈的“决定”，而是一种较弱意义的限定，而上层建筑也具有自己相对的独立性。最后，马尔库什更倾向于从动态发展的角度来理解这一概念。他认为，作为马克思历史理论的一部分，基础与上层建筑概念也应该从历史发展动态的过程性角度来理解，而不是从静态的角度来谈论二者的差异或联系。

正是从这种一贯的价值立场出发，马尔库什敏锐地发现了语言范式中潜在的决定论危机，并予以尖锐批判。同样是基于对历史开放性的认识，马尔库什肯定了生产范式在理解人类历史时更加符合人类发展的现实和需要的积极意义。马尔库什从生产范式中发现的积极意义就是，对于人类来说，有可能通过他们有意识的活动并且根据他们自身需要的目标，激进地改变他们生活的总体条件。在这种范式的理解中，人类成为自己和历史的主人。人类不再只是被历史掌控的被动参与者和命运的承受者,更是历史的、自觉的缔造者和改造者。因此,依据重视人的实践品格的生产范式,马尔库什对人类历史的解读将跳出决定论的泥淖,在具有开放性的历史中,人类社会将是一个更加丰富和多样的存在。

结语

如前所述,马尔库什的范式理论是其文化批判理论体系中的重要内容。马尔库什认为,在现代性的视域下,悖论是文化存在的独特方式,悖论双方的张力与差异也为现代性的进一步发展提供了自省和反思的动力。因此,马尔库什从根本上反对任何一种主张优先性的文化。他指出,只有提倡和保护多样性,才有可能避免走向单一、专制的危机。从这一点看,马尔库什对现代性文化的研究与东欧新马克思主义反对教条主义、反对决定论的理论诉求在根本上是一致的。因为,一旦人类历史被理解为一种预设了目标和走向的必然过程,那么,多样性的文化和需求也将受到压抑甚至被完全抹杀。奥斯维辛和古拉格的历史教训已经为这种单一模式的极端化思想敲响了警钟。因此,马尔库什同样在语言范式与生产范式之间的悖论关系中找到了积极力量。马尔库什反复强调对语言范式的批判绝不是要颠覆这种理论框架。作为对人类发展模式的解读方式,语言范式与生产范式的并存为对方提供了可供借鉴的参照。与批判式的分析语言范式一样,马尔库什虽然肯定了生产范式的积极意义,但是他同样指出了生产范式本身存在的一些问题,这些问题从另一面说明了语言范式对生产范式具有积极的补充意义。为了修正这些问题,马尔库什专门提出了以多元激进需要为核心的激进主义道路,来保证生产范式的当代有效性(限于篇幅,这个问题无法在本文中详细探讨)。从总体上说,马尔库什的范式理论不仅体现了东欧新马克思主义的理论特色,也切入了现代性危机这一前沿话题,体现了深刻的反思精神,具有重要的理论价值。不过,也应该指出,虽然马尔库什在范式理论中述及交往范式是当代理论中产生的一种作为生产范式补充的解释模式,但他并没有就生产与交往的关系等相关内容进行更为深入的剖析。对交往范式的忽视限制了马尔库什范式理论的广博性,这不得不说是一种研究缺憾。

列菲伏尔城市现代性思想析评

张笑夷

亨利·列菲伏尔(Henri Lefebvre,1901~1991年)是法国现代著名的哲学家和思想家,西方马克思主义的著名代表人物。在长达60年的学术生涯中,列菲伏尔为后世留下了60多部作品和一些由他主持出版的马克思、黑格尔、列宁的著作。列菲伏尔以多变和挑衅的风格不断地介入20世纪的社会历史变迁,其作品广泛地涉及现代性、日常生活、空间、时间、历史、文学、建筑等领域。可以说,他的传奇一生和学术历险便是对20世纪最好的注解。爱德华·索杰(Soja, E. W.)曾这样评价:"在1991年静静地'消失'的不是亨利·列斐伏尔,而是20世纪本身。"①纵观列菲伏尔整个学术生涯,日常生活始终是他对社会变革的社会学探究和哲学反思必不可少的、最基本的领域,日常生活批判无疑是他最伟大的思想贡献。而且,列菲伏尔日常生活研究的独特之处在于,采取定期更新系列著作的方式,保证了理论与重大社会变化的历史分期的一致性。分别出版

---

① 爱德华·索杰(Soja,E. W.):《第三空间:去往洛杉矶和其他真实和想像地方的旅程》,陆扬等译,上海教育出版社2005年版,第34页。

于1947年、1961年和1981年的《日常生活批判》三卷本以及在他生命最后通过节奏分析方法对日常生活的再考察可以被视为列菲伏尔思想的界标和里程碑。显然,列菲伏尔的日常生活批判与现代性批判紧密联系,因为,恰是现代社会促成了日常生活的“恐怖主义”。特别是在20世纪60年代初至20世纪70年代末,列菲伏尔正是以现代性为思考原点就城市、空间及其与日常生活的关系问题来展开日常生活批判的。早在20世纪60年代初,他就指出,当今时代迫切需要关于现代性的理论,构建现代性理论势在必行。① 斯塔西斯·库维拉基斯(Stathis Kouvelakis)认为,列菲伏尔于1962年出版的《现代性导论》是其对现代性这个并不是他创造的概念做出重要贡献的理论作品,并且,这一理论贡献使现代性成为列菲伏尔理论谱系得以确立的重要概念。②

一、列菲伏尔对现代性的划界

何为现代性?这是一个令人关切却让人头疼的重大问题。一方面,如想认识社会历史和人类自己,谁都无法完全绕开现代性;另一方面,人们对现代性的界定五花八门,至今无法统一。正因如此,诸多学者对现代性都有自己的理解。无论现代性呈现出怎样多样性的面貌,但可以确定的一点是,现代性与现代社会具有本质关联,代表与过去断裂的一个新的历史时期或一种“当前性”所具有的总体性特征。进一步来说,“现代性是特指西方理性启蒙运动和现代化历程中所形成的社会内在的理性的文化模式和运行机理”③。这是多数西方马克思主义者对现代性较为一致的理解。正如下文所现,列菲伏尔大抵也持此种观点。

马克思之后的相当长的一段时期里,马克思主义意义上的总体性实践呈缺席状态,人们失去了对现代世界的思考能力。许多思想家的理论不过是对现代

---

① Henri Lefebvre, *Introduction to Modernity: Twelve Preludes September* 1959—*May* 1961, London and New York: Verso, 1995, p. 1.

② Jacques Bidet, *Critical Companion to Contemporary Marxism*, Leiden and Boston: Brill, 2008, p. 711.

③ 衣俊卿:《现代性的维度》,黑龙江大学出版社、中央编译出版社2011年版,第27页。

资本主义世界所做的"注脚",他们接受资产阶级社会为"世界",黑格尔关于哲学是"密涅瓦的猫头鹰"的隐喻一语成谶。列菲伏尔认为,面对现代世界我们不能只是简单地接受、排斥或屈从,而是应该勇敢地直面、审慎地观察、批判地反思。因而,恢复马克思主义的激进批判,建立20世纪的现代性理论显得极其必要。为此,他考察了马克思和波德莱尔在19世纪对现代性做出的理论反思。

列菲伏尔首先考察了马克思对现代性的理解。他认为,马克思在19世纪40年代曾对现代、现代主义和现代性做过深入的思考,并在此基础上为重建新世界和新生活制订了一个宏伟的计划。在马克思的诸多文本中,"现代"一般是指现代资产阶级社会建立的所谓的文明时代,表示资产阶级的兴起、经济的增长、资本主义的建立、他们的政治表现,以及最后但同样重要的,对作为一个整体的这些历史事实的批判。① 马克思对现代特征的分析主要是基于对资产阶级国家的理解。在马克思看来,黑格尔已然洞察到了资产阶级国家的本质。在现代世界中,政治国家具有抽象性,在这种抽象性中,普遍利益得以确立,日常生活(私人生活)与社会生活、政治生活既彼此混淆又相互分离。私人生活、国家和渗入社会实践的普遍抽象是现代的产物,因此,资产阶级建立的现代世界具有极端的分离、分裂和双重性特征。基于此,马克思的现代性概念主要是一个政治概念,表示高于社会的国家的一种形式,也表示这种形式与日常生活和一般社会实践的关系。② 资产阶级的现代性无疑为人类找到了通向自由的地平线。但在马克思看来,通过分离和抽象建立起来的现代社会只是表面上的理性统一体,这种现代形式从与旧世界决裂开始便具有毁灭自身的力量。当资产阶级把这种抽象形式作为社会发展和经济增长的手段强加于人类的政治生活和私人生活之上时,资产阶级通过实践许诺的新生活就变成了一种意识形态。这种意识形态是错误的观念和知识的混合物,是特定人群控制他们生活的手段,是为他们问题的解决提供建议和通过强力来把这种解决方法强加于其他群体

---

① Henri Lefebvre, *Introduction to Modernity: Twelve Preludes September* 1959—*May* 1961, London and New York: Verso, 1995, p. 169.

② Henri Lefebvre, *Introduction to Modernity: Twelve Preludes September* 1959—*May* 1961, London and New York: Verso, 1995, p. 170.

的手段。[1] 因此,一旦关于新生活的图景变成了意识形态,现代性也就终结了,因为人们无意也无力去追求新生活、新时代,哪怕只是构想新生活。资本主义现代性像一块硬壳,掩盖了马克思主义意义上的实践的缺场和它的失败:革命性实践、总体性实践。现代性暴露这一缺陷。通过阻碍革命的可能性和拙劣地模仿革命,现代性将成为投射在资产阶级社会的阴影。[2] 进而,马克思提出了重建现代性的主张,即通过革命性的(总体性的)实践创造一个新世界。革命性的(总体性的)实践将重建真正的统一体:被重新发现、控制、认识和恢复的自然。[3] 因此,马克思关于新世界的伟大理想是摆脱现代生活的抽象性和双重性,把人类从这种异化状态中解放出来,回归人类生活于其中并和谐共生、内蕴无限创造力和生命力的自然。

在对马克思的现代性概念和重建现代性的计划进行阐释的同时,列菲伏尔也考察了波德莱尔的现代性思想。在列菲伏尔看来,虽然波德莱尔也像马克思一样经历了 1848 年的失败,意识到了资产阶级的实践并不是真正变革世界的革命性实践,反而恰恰证明了革命性实践的缺场,但波德莱尔对现代性的重建却走了一条与马克思的激进批判截然相反的道路。与马克思渴望通过革命性实践来克服现代世界赖以成立的分离从而创造另一个新世界不同,波德莱尔通过现代艺术反抗被异化的日常生活和资产阶级社会,以期在资本主义世界内部创造一个审美的现代新世界。因此,波德莱尔强调现代性的变动不居和瞬间性。因为,他所接受的充满恐怖、蔑视、嘲弄和不可忍受的真实的资产阶级社会是审美世界的永恒底色,艺术创造出的新世界只是这永恒中的瞬间,唯有瞬间才可刺穿底色。如果说,马克思总怀恋被文明撕碎的自然,呼唤统一性,那么波德莱尔则攻击自然,他认为现代只能存在于抽象的现代文明中,存在于艺术创造中。在列菲伏尔看来,波德莱尔之所以痛苦地对现代性概念进行修正,通过

---

① Henri Lefebvre, *Introduction to Modernity: Twelve Preludes September* 1959—*May* 1961, London and New York: Verso, 1995, p. 65.

② Henri Lefebvre, *Introduction to Modernity: Twelve Preludes September* 1959—*May* 1961, London and New York: Verso, 1995, p. 173.

③ Henri Lefebvre, *Introduction to Modernity: Twelve Preludes September* 1959—*May* 1961, London and New York: Verso, 1995, p. 170.

雇用表象和幻想,用词语影响图景和象征,在不可忍受的真实的世界里创造一个还过得去的(观念化的)虚构世界①,是因为波德莱尔对现代性的理解是单面的,所以,他重建现代性的方法必然只能是一种“狭隘的实践”“嘲弄的实践”。

通过阐释和比较,列菲伏尔意欲强调对现代性不能只做单方面理解,要看到现代性的矛盾性。他完全赞同马克思关于资本主义现代性的抽象性和双重性的理解。而且,他认为,现代性的矛盾性特征需要马克思式的激进的批判,只有总体性实践的方法才能真正改变世界。因而,列菲伏尔的现代性理论致力于恢复马克思的革命性(总体性)的方法和对新世界、新生活的乌托邦构想。为此,他首先区分了现代主义和现代性,以及相应的关于新世界图景的意识形态形式和乌托邦主义。列菲伏尔认为,区分现代性和现代主义是理解现代性的关键和前提。他把现代性界定为现代主义的对立面,认为二者既相互对立又混杂在一起。现代主义是一种使相继的时代保持其连续性的意识形态,它具有“自命不凡”和“富于幻想”的特征。现代主义使现代世界不停地变换,却只是流于对时尚的追求和对新奇的模仿,只是对现代世界的外观做出一些令人眼花缭乱的改变。与之相反,作为现代主义对立面的现代性是反思进程的开始,是批判和自我批判这种或多或少是进步的尝试,是试图获得知识的努力。② 现代性意味着质疑和批判性反思,意味着真正的变化和非连续性的涌现。社会历史发展进程的“突变”是现代性的开端。虽然现代性和现代主义在列菲伏尔的阐释中是作为对立面而存在的,二者却不可分割,因为现代世界正是通过这两种截然相反的趋势呈现出矛盾的特征:既过分自信又毫无把握,既傲慢自大又卑微恐惧。其中,确信和傲慢是现代主义的表征,质疑和批判是现代性的特质,它们混杂在一起,共同构成现代世界的复杂面貌。与现代世界的双面性类似,人们心中关于新世界图景的构想也是复杂的。在任何历史时期,期盼新世界的强烈愿望将是混乱的。意识形态、乌托邦主义、象征和神话不可避免地混杂在有强烈

---

① Henri Lefebvre, *Introduction to Modernity: Twelve Preludes September* 1959—*May* 1961, London and New York: Verso, 1995, pp. 173 ~ 174.

② Henri Lefebvre, *Introduction to Modernity: Twelve Preludes September* 1959—*May* 1961, London and New York: Verso, 1995, p. 1.

愿望的人们的心里。其中,乌托邦图景是可能性的图景,不仅仅是能变成现实的可能性的图景。意识形态把自己作为已经建立起来的真理,虽然它证明被期望变为现实的改变是合理的,但意识形态没有乌托邦图景有效。① 意识形态和乌托邦主义代表着关于新世界和新生活的实证性和可能性的两种对立的趋势。在列菲伏尔看来,马克思关于新世界的构想是乌托邦主义的,虽然他提出无产阶级通过总体性革命结束人类的异化状态,但他总是避免预言具体的新世界是什么样的。因为历史的具体细节是不能预见的,所以不能在众多可能性中具体选择哪一种可能性。然而,也正是因为没有实现乌托邦图景的具体路线,没有具体的实践或行为可以保证实现马克思的计划,所以才有了被宣告为解决办法并被强加给人们的意识形态。并且,意识形态和乌托邦主义在批判思想缺失的当下是不可避免地混杂在一起的。

因此,列菲伏尔关于现代性的阐释是要剥去现代主义的外衣和幻象来洞察现代性的内核和本质的,从而获得关于现代性的完整的概念。相应地,列菲伏尔所谓的目前急需的现代性理论就是对现代世界的危机和混乱进行激进的批判,这种反思性的理论进程要透过现代主义的迷雾去分析现代世界的矛盾性本质,辨识和批判混杂在新世界图景中的意识形态,致力于探索新世界和新生活的乌托邦图景。总之,列菲伏尔要像马克思在 19 世纪所做的努力那样,对 20 世纪的现代性问题进行反思,用他自己的话来说,他的目的是开启现代世界的可能性领域,展现它的多样性,以及选择的必要性和每一种选择所包含的风险。一句话:揭示现代性的偶然性。②

二、20 世纪资本主义现代性的辩证法

在现代性和现代主义、乌托邦主义和意识形态的相互交织和更激烈的矛盾

① Henri Lefebvre, *Introduction to Modernity: Twelve Preludes September* 1959—*May* 1961, London and New York: Verso, 1995, p. 91.

② Henri Lefebvre, *Introduction to Modernity: Twelve Preludes September* 1959—*May* 1961, London and New York: Verso, 1995, p. 3.

运动中，20 世纪的现代世界被撕扯出来，与 19 世纪相比，更具有多样性和无序性。现代性的图景比前一段时期更加呈现出矛盾性的特征。列菲伏尔正是在具体的现代性的意义上，从社会内在的文化精神和运行机理出发阐释 20 世纪的现代性问题的。

首先，20 世纪的现代性诞生于一系列深刻的社会变革之中，它与意味着突变和非连续性涌现的革命概念紧密相连。每一个时代都有对新生活的期许，每一个时刻都有走进新生活的可能性。进入 20 世纪，世界上不仅发生着以俄罗斯革命为代表的政治革命，同时也发生着审美的和科学的革命。比如，深受阿波利奈尔影响的 20 世纪上半叶法国的文学艺术创新运动，桑德拉尔开创的现代诗歌风格，毕加索开创的印象派画风，以及西方现代绘画追求碎裂、解析、重新组合的形式的立体主义运动，等等。列菲伏尔认为，这一时代的现代性在这样深刻的社会转型中初露端倪，它诞生于 20 世纪发生在社会实践领域的相当可观的变革中，伴随着帝国主义、世界大战、1905 年和 1917 年的俄罗斯革命，以及在积累进程中技术的优势地位。[①] 尤其是在欧洲，它显得悄无声息，因为社会转型并不是以喧腾的暴力革命为序曲，在延续的乐观主义的进步幻象里，人们毫无防备地迎来了新的时代。因此，列菲伏尔把 20 世纪现代性的开端确立在社会变革的起点，在 1905 年左右（为什么是这个日期？因为这是俄国第一次革命的日子，是即将开始的时代的象征），现代主义和现代性的轮廓开始在历史的薄雾中显现出来[②]。

其次，解构与自我解构成了这个时代现代性的内在矛盾和原则。一方面，现代性开启新生活、许诺新生活。它是对前现代性的解构。在欧洲，现代性主要表现为新技术和新发明的出现和应用，比如，电、内燃机、汽车和飞机等渗透到现代日常生活中，人类从未有哪个时代像这个时代一样有如此多的人享受如此多的幸福；另一方面，技术的进步使武装力量，国家之间对资源、生产和技术

① Henri Lefebvre, *Introduction to Modernity*: *Twelve Preludes September* 1959—*May* 1961, London and New York: Verso, 1995, p. 228.

② Henri Lefebvre, *Introduction to Modernity*: *Twelve Preludes September* 1959—*May* 1961, London and New York: Verso, 1995, p. 178.

研究的竞争,进而是战争上升到前所未有的程度。人类从未有哪个时代像这个时代一样生活在恐怖之中,经历着种族屠杀、恐怖战争、政治清洗、背井离乡,等等。从而,现代性的自我解构把世界和生活推向痛苦的深渊。我们的时代试图消除悲剧,然而同时也越来越深地陷入悲剧。我们的时代是暴力失去控制的时代,同时也不再想要听到强烈的激情,可能是因为拥有的太多,已经超出了它所能承受的极限。因为胆怯,它把自己藏在遵从与琐屑之后。它露出微笑作为自己的标志。它尽可能地恢复信心和内在的安宁,崇尚良好的幽默感、精致美好和随和友善,并让友好的微笑作为一面旗帜高高飘扬。①

再次,因为解构和自我解构的矛盾性内化于20世纪的现代性之中,马克思所洞见的由分离和抽象打造的现代世界的矛盾不仅没有被消除,反而被加剧。分裂、分隔和双重性正恶化并趋于极限(私人领域和公共领域、日常和高尚、需要和欲望、自然和文化、自然和科技、肉体上的满足和失败、个人活动和社会实践)。另外,还可以列出更哲学意义上的二元对立的清单:存在和思维、意识形态和现实、表象和在场、目的和手段、可能性和不可能性等。② 列菲伏尔认为,随着资产阶级的社会实践由自由竞争发展到垄断阶段,20世纪现代性的本质矛盾是“分离与整体化”(separation and totalization)的矛盾,前者发生在个人和他的生活领域,后者通过国家、整体的社会、信息、规范、文化等起作用。③ 一方面,现代性的社会实践使个体的私人生活被分割和安排,进而每个个体被孤立和分隔,彼此成为“他者”,生命越来越原子化;另一方面,现代性的社会实践致力于社会的社会化,建立起了以集中为特点的特大城市,大型的公司、办公场所、军队和政党,等等。因而,“在这,我们见证生命的‘原子化’(被单方面地公开指责了上百次)与过度组织化之间的冲突,过度的组织化把生命禁锢其中,并把要

---

① Henri Lefebvre, *Introduction to Modernity*: *Twelve Preludes September* 1959—*May* 1961, London and New York: Verso, 1995, p. 190.

② Henri Lefebvre, *Introduction to Modernity*: *Twelve Preludes September* 1959—*May* 1961, London and New York: Verso, 1995, p. 232.

③ Henri Lefebvre, *Introduction to Modernity*: *Twelve Preludes September* 1959—*May* 1961, London and New York: Verso, 1995, p. 190.

求生命原子化作为前提。”①

因此，列菲伏尔强调，20 世纪现代性的图景是“双面的”，“一方面，加速的技术进步战胜了物质自然，尤其是在社会主义国家；积累进程的快速增长置饱和因素于不顾；社会的社会化。另一方面，人与人之间的日常关系的相对停滞，包括那些在机构（国家、政府机构等）中工作的人。”②在人类深刻地改变着自身与外部世界的关系的同时，人与自身的关系没有发生本质性的变革，“等级”“权力”“异化”关系并没有消失。相反，在以科学和技术开启新生活的一开始，就伴随着科学和技术对人的控制和管理。“恶魔”一开始就存在。正是在这个意义上，古希腊神话对我们思考当今的现代性将有所启迪。现代性就如同人类的俄狄浦斯，它在孕育之初就注定了日后的悲剧和灾祸。从现代性诞生之日起，它便拖着长长的阴影。知识不再是关于真理的东西，而是成为意识形态的装饰，现代主义以报纸、广播、电视等作为宣传手段和胁迫手段，把自己装扮成自我光耀的明星。为了追求新生活，现代世界中的人们如同把灵魂交给恶魔的浮士德，被意识形态以知识的名义指引着奔向新的神话。总之，20 世纪的现代性既是流动的又是凝固的，既是同一的又是差异的。它既开启了对在场的批判和新生活的可能性，同时又成为新生活的意识形态而走向它的对立面，带来了人的新的更为全面的异化以及一种极其强烈的关于不可能性的幻灭意识和虚无主义。列菲伏尔明确指出：“与前一时期相比，现代性带来了极大的幻灭，带来了在过去的自发的或强制的意识形态的陶醉（进步、自由、民主，等等）之后的可怕的清醒。这些消失了，留下了一个真空，这个真空是自身处在死亡的最终爆发之中的教条主义、信仰行为和制度化的权威主义的意识形态所不能填补的。”③

---

① Henri Lefebvre, *Introduction to Modernity*: *Twelve Preludes September* 1959—*May* 1961, London and New York: Verso, 1995, pp. 189 ~ 190.

② Henri Lefebvre, *Introduction to Modernity*: *Twelve Preludes September* 1959—*May* 1961, London and New York: Verso, 1995, p. 230.

③ Henri Lefebvre, *Introduction to Modernity*: *Twelve Preludes September* 1959—*May* 1961, London and New York: Verso, 1995, p. 228.

三、城市现代性:又一轮“钉在十字架上的太阳”

正像斯塔西斯·库维拉基斯认为的那样,1962年出版的《现代性导论》成了列菲伏尔在20世纪60年代之后思想谱系的原点。尤其是“68运动”之后,他更是深入现实社会历史深处,研究已经弥散化的、微观化的,成为社会运行内在机理性的现代性。他的《城市的权利》(1968年)、《现代世界中的日常生活》(1968年)、《从乡村到城市》(1970年)、《城市革命》(1970年)、《差异化宣言》(1971年)、《恩格斯与乌托邦》(1971年)、《马克思的思想与城市》(1972年)、《空间与政治》(《城市的权力》第二卷)(1972年)、《资本主义的幸存》(1973年)、《空间的生产》(1974年)、《论国家》四卷本(1976~1978年)等一系列围绕城市、空间、国家和日常生活等主题的著作和论文都是对20世纪下半叶资本主义现代性问题的阐述。大约在列菲伏尔所处时期的一个世纪前,马克思面对1848年革命失败而在后续的岁月里对资本主义现代性问题的研究采取了更“实证的”姿态。同样,本文认为,列菲伏尔对城市、空间、国家问题及其与日常生活的关系所做的辩证的考察正是对发端于20世纪20~30年代,在50~70年代得以确立和发展的资产阶级社会现代性问题的批判性反思。也就是说,列菲伏尔要考察的是空间意识的觉醒和关于空间观念的革命怎样开启了现代性的新阶段,新城市建设和现代城市主义意味着什么,能否赋予新生活以新的意义,国家在这一时期的社会实践中充当了什么角色,在这种现代性实践中通向新世界和新生活的可能性与不可能性是什么等重要的社会问题。

第一,空间意识的觉醒和空间观念的革命开启了20世纪现代性的新阶段。在1920年前后,或者更确切地说,在1920~1930年,在欧洲和美国,关于空间的意识正在觉醒,空间观念革命悄然发生。除了文学艺术领域的空间观念变革之外,建筑领域空间观念和实践的变革尤其引人注目。德国的包豪斯学派首先关注到了空间问题,并强调“每一个‘物品’(建筑的、动产的和不动产的),都应该放入其总体中,都应该在空间中来理解,在空间中理解其周边的事物,理解其各个方面"①。同一时代的苏联建筑师们也致力于同样的行动,他们把私人生活和公共生活的因素投射到区分开来的不同区域,试图通过这种革命方式生产出新的空间和全新的社会关系。尽管他们的努力不同程度地失败了,甚至造成了新的更深刻的矛盾,然而,他们关于空间生产的理论和实践至少表现出了一种新的可能性,并且,至少他们已经清楚地意识到,为了改变生活,就应该改变对空间的占有及其社会形态。列菲伏尔敏锐地发现了这一变化,他从中嗅出了新的现代性即将到来的气息。之后,列菲伏尔对空间生产和城市问题的研究正是对空间意识的觉醒和空间观念的革命所引领的城市现代性所做的具体而深入的分析。

第二,空间生产是资本主义城市现代性的"编码"。构成现代世界自我意识的要素以什么方式嵌入现代社会结构是现代性研究的重要论题。列菲伏尔正是在这一意义上致力于新资本主义现代性问题研究的。20 世纪以来,尤其是二战后,伴随着科学技术在社会实践中的广泛应用,社会生产力得到了空前的发展和极大的提高。空间不再只是物的集合或工作的场所,而是成为生产的对象。从世界范围来说,世界空间被规划,分成了不同的"阵营";从国家与国家之间的竞争甚至战争来说,主要表现为对地上、地下的空间的争夺和竞争,比如领土、资源,等等;从各国自身内部的社会实践来说,为了满足发展和竞争的需要,必须规划空间、分割空间和生产空间,比如对住宅空间、休闲空间、工作空间的规划、分割和生产。总之,二战后的社会实践从空间中物的生产过渡到了空间本身的生产。空间生产和城市规划使资本主义成功地渗透到日常生活的每一个毛孔中。列菲伏尔的家乡纳瓦让克斯(Nanarrenx)旁边的新城镇穆郎克斯(Mourenx)的建设让他对新资本主义赖以生存和发展的城市现代性有了真切的经验。"正是在非人的和机械重复的穆郎克斯所产生出来的史无前例的经验中,在其所制造出来的冲突与期待中,传统存在的有限性才得以消解,而现时代男人和女人真正获得解放的地平线才会被开启。"②城市社会将替代工业社会

① 亨利·勒菲弗:《空间与政治》第 2 版,李春译,上海人民出版社 2008 年版,第 120 页。

② Jacques Bidet, *Critical Companion to Contemporary Marxism*, Leiden and Boston: Brill, 2008, p. 713.

成为资本主义社会实践的方向,城市现代性是新资本主义创造出来的对马克思的总体性革命实践的替代,是其借以开启和承诺新世界和新生活的尚方宝剑。鉴于城市空间成为现时代社会构成的一个特别的维度,空间生产和城市规划便成为列菲伏尔理解和批判20世纪资本主义新发展和现代性问题的中介。

第三,空间生产与城市现代性的核心精神是国家理性。马克思在19世纪指出了资本主义社会中国家和市民社会、公共生活和私人生活的分立,他把现代性理解为一个可以通过资产阶级的国家形式来表征的政治概念。并且,马克思意义上的总体性、革命性实践必然要消灭国家权力及其官僚制度。与马克思生活的时代不同,进入20世纪,现代性扩展到整个世界的动力不再主要依靠自由竞争的资本主义生产方式,而是在国家理性规划下以空间生产为基础的资本主义生产关系的生产和再生产。尤其是二战后,资本主义的一个显著特征是国家不再是其最终目标,而是它得以存续和发展的有效工具和结构性要素。资本主义国家试图通过管理和生产空间建立一个总体性的、无所不在、无所不能的控制体系。例如,在20世纪50~60年代出炉的《巴黎区域开发与空间组织总体规划》(P. A. D. O. G.)就是国家官僚主义的具体体现。基于马克思对现代性政治意涵的分析,列菲伏尔对城市现代性的分析必然要考察国家在其中的作用。因而,1976~1978年,他通过四卷本的《论国家》详细地阐释了国家问题,并提出了"国家生产方式"的概念。他认为,国家在现代性和现代世界中处于核心地位。在20世纪,国家及其政治权力并没有消除,反而在替代总体性革命实践的城市现代性中扮演着关键角色。国家把科技、知识变成护卫其权力的意识形态,通过"技术专家治国制"管理资产阶级的共同事物,确保一切形式的生产和再生产。并且,国家已经具有世界性,每个国家都经历着类似的发展进程,国家的世界性体系正在建构一个管理地球的一元的世界国家。黑格尔的绝对国家观念成了现代世界的写照。从这个意义上说,"现代世界是黑格尔的"。因此,作为社会产品被生产出来的空间不是透明的和中性的,而是政治性的。空间的生产和重组以及城市规划和城市社会的建立是体现现时代国家机器本质的"技术专家治国制"的具体规划。

第四,空间生产的矛盾性是资本主义城市现代性矛盾的本质体现。毫无疑问,空间生产和城市社会的创建为资本主义乃至整个世界的繁荣和稳定做出了卓越的贡献,为人类通向自由和解放带来了新的曙光。同样不可置疑,资本主义乃至整个世界也从未如此躁动不安,人类也从未如此陷入绝望的囚笼。列菲伏尔曾用“被钉在十字架上的太阳”来隐喻现代世界的深刻的异化状态。太阳隐喻着伟大的、具有创造力的宇宙循环,生生不息的自然本性本身包含着积极的自我否定。然而,被钉在十字架上意味着宇宙循环的终结,失去光辉的、被钉在十字架上的太阳成了分裂、蒙羞、失败和无望的隐喻。“被钉在十字架上的太阳是失去和被毁坏的活力、被自身历史的阴影变得黯淡的革命、一代人、一个时代、被奴隶制度和战争恐吓的国家以及他们自身解放的命运、东方国家、亚洲、非洲的多重象征。”①正因为现代城市世界既呈现出无所不能又表现为无能为力的截然相反的双重面孔,所以,可以说,新资本主义的空间生产与城市现代性是又一轮“被钉在十字架上的太阳”。早在《现代性导论》收录的于 1960 年 4 月写的“关于新城镇的笔记”一章中,列菲伏尔就以辩证的目光审视处于开端的城市现代性的矛盾性。关于新城镇穆郎克斯的建设,与当时人们普遍的乐观心态不同,列菲伏尔对这种城市革命忧心忡忡。“在穆郎克斯,我们站在什么的开端处?社会主义还是超级资本主义?我们是正在进入一个欢乐的城市,还是跌入一个不可救赎的无聊世界?”②穆郎克斯建设过程中表现出来的分离和重复,让列菲伏尔对城市现代性的矛盾性有所觉察。之后,在 1974 年出版的《空间的生产》中,他对资本主义城市现代性的构成要素和运行机理、抽象空间的矛盾性、城市规划背景下中心与边缘的矛盾以及现代世界中的最根本的作为整体的空间与空间碎片化的矛盾进行了深入的分析。正是基于对现代性的矛盾性的理解,以及对城市现代性的矛盾性的分析,列菲伏尔才强调应辩证地看待这一社会实践并始终对新世界和新生活抱有乌托邦的设想。因为,矛盾性的社会空间和空间的生产在为新世界和新生活开启一系列可能性的同时,也把自身揭示为

---

① Henri Lefebvre, *Introduction to Modernity*: *Twelve Preludes September* 1959—*May* 1961, London and New York: Verso, 1995, p. 96.

② Henri Lefebvre, *Introduction to Modernity*: *Twelve Preludes September* 1959—*May* 1961, London and New York: Verso, 1995, p. 119.

对可能性的关闭和总体性革命性实践的失败替代。充满矛盾性的空间的生产和城市空间即便是一轮“被钉在十字架上的太阳”,它也是有意义的。新生活和新生活意识就在于对分离的跨越和对永恒的战胜,空间的生产和城市社会的建立为新的可能性敞开了可能性。在此基础上,列菲伏尔一直倡导的“城市的权利”和“差异”的恢复就是一种有待实现的总体性。实现城市权利和差异的权利就意味着一种总体性、革命性的社会实践,通过颠覆由国家及其政治权力控制和管理的“自上而下”的支配性的社会空间,把世界“翻转”为“取用置于支配之上,需要置于命令之上,使用置于交换之上”的普遍性的自我管理的“自下而上”的社会空间,重建时间和空间的统一性,消除异化,重塑日常。

结语

列菲伏尔正是立足于20世纪资本主义的社会历史现实,对城市、空间、国家和日常生活这些相互交织、相互回应的主题的研究构成了他对现代资本主义现代性问题的独特理解和阐释。反过来,列菲伏尔通过空间分析和日常生活批判所揭示的现代社会的运行图式和构成机理,以及在此基础上展现“改变世界”的可能性的尝试,正是他孜孜以求的关于现代性的理论。

列菲伏尔对于20世纪资本主义现代性问题的阐释既不是为现代性辩护,也不是对其进行攻击,既不是为资本主义现代性将带来历史完美结局的观点提供佐证,也不是要得出现代性会导致资产阶级和西方文明消亡的观点。在列菲伏尔看来,资本主义城市现代性具有的双面性或许才是值得我们关注的问题。于是,关于人类发展前景和历史将往何处去的诘问成了对城市现代性的反思中难以逾越的问题。列菲伏尔既不是盲目乐观地无视经济增长带来的负面效应,也不是极度悲观地无视空间生产所产生的正能量。问题的答案在问题本身。列菲伏尔试图进行一种整体性的分析,在对正在建立的城市社会现象的微观分析中展示当代资本主义现代性的空间化逻辑,通过对现代世界日常生活变化的研究厘清现代社会运行的内在机理,并在此基础上试图揭示改变现代世界可能性和社会历史发展的偶然性。正因如此,他把结合哲学和历史学、政治经济学、社会学等其他学科的空间分析视为一种解码现代性的元哲学。

列菲伏尔以城市和空间为中介的现代性理论，深刻而独特地揭示了现代资本主义的文化危机和运行机制，不仅实现了社会历史理论研究从宏观范式到微观范式、从经济范式到文化范式的转换，而且，列菲伏尔以对空间、国家和日常生活的三重批判重构了关于现代世界的“马克思主义的”问题系，使导源于马克思的各种概念和范畴重新获得了思想的整体性，对马克思的社会历史理论来说无疑是一种丰富和发展，为从整体上理解资本主义有机体这个艰巨的任务提供了一种视角。但他的理论在很大程度上是对他生活于其中的战后法国全盛的福特主义时期所进行的综合诊断。因此，为了使理论与处于时刻变化和调整中的资本主义相适应，列菲伏尔的概念和分析肯定是不充足的，必然会受到挑战，并需要立足新的社会现实进行重新阐释。

瓦伊达政治批判理论的文化立场探微

杜红艳

政治的观念在现代社会发生了改变,政治不再是凌驾于日常生活之上的领域,不再是少数人从事的活动,政治已经嵌入人的日常生活中。从公共领域的角度讲,每个人都是政治生活的参与者。赫勒提出:“在公共领域中自由这一普遍价值的具体化是现代的政治概念。”①这界定了政治的范围,无论什么一旦进入公共领域就是政治的。同时,现代政治哲学已经确证了公共领域涉及每个现代人的生活。可见,现代人是政治生活中的存在,政治关系在现代社会占有重要位置,政治因而构成了现代社会批判的一个重要维度。瓦伊达对政治权力关系的分析也印证了赫勒阐发的现代政治概念,在此基础上,他揭示出浪漫主义的文化批判不能解释现代社会的问题,政治在现代文化反抗中具有重要作用,只有从政治出发才能避免从抽象意义上谈论现代社会问题。他正是从政治维度揭示出了法西斯主义和苏联模式社会主义的症结所在。

① 阿格妮丝·赫勒:《现代性能够幸存吗?》,王秀敏译,黑龙江大学出版社2012年版,第146页。

一、文化立场上的政治批判

瓦伊达的理论是建立在对20世纪历史上发生的两场最主要的社会运动(法西斯主义和苏联模式社会主义)的批判基础上的,是从政治角度对社会进行的文化批判。

首先,瓦伊达对引发这两场运动的政治权力结构进行了分析。这种分析是建立在文化批判的立场上的,通过对经济权力、政治权力和其他权力之间错综复杂关系的分析,得出现代社会的经济权力不能推导出其他一切权力,在这两场运动中起到重要作用的政治权力并非来源于经济权力。在瓦伊达看来,马克思阐释的政治权力的来源是经济权力,而现代社会的状况发生了变化,经济权力并非政治权力的唯一来源,经济权力决定不了政治权力,在现代社会中起重要作用的是文化权力。瓦伊达提出,现代社会权力作用的发挥只有两种可能:"要么是确定的社会群体垄断了整个社会的决策,即权力,要么是这个社会创造了一种制度体系,其目标是为整个社会做决策。"①马克思提出社会主义最后会废除国家,所以唯一的可能只能是确定的社会群体垄断整个社会决策,在苏联模式社会主义制度下,这个确定的社会群体是政治上被优先考虑的先锋队,通过强力压制社会群体的利益。可见,苏联模式的社会主义条件下,政治权力并非来源于经济权力,而是政治权力影响经济权力。同样,在法西斯主义运动中,最初要建立的就是"要求一个从一开始就要在国家内采取一种反对'特殊'利益的立场,抨击资产阶级和无产阶级的'利己主义'的政党"②,法西斯主义并非基于社会的既得利益者,而是基于在资本主义民主制度下没有得到好处的小资产阶级,法西斯主义运动的意识形态和组织形式深深地植根于"小资产阶级"倾向中。故而,瓦伊达提出"我们绝不能在这个或那个社会群体的社会经济主导地

① 米哈伊·瓦伊达:《国家与社会主义:政治论文集》,杜红艳译,黑龙江大学出版社2015年版,第9~10页。

② 米哈伊·瓦伊达:《作为群众运动的法西斯主义》,孙建茵译,黑龙江大学出版社2015年版,第6页。

位中寻找政治权力的来源(即使在特殊社会的特定历史时期,国家作为剥削阶级的暴力机构而起作用,我也不能保证这种表达能够完全被采用);在一些时期,这个或那个社会群体的社会经济主导地位是明确的,即使在这些时期,现代意义上的国家,这个与社会相分离的权力机构,也不是必需的。对于这些来源,我们必须在这样的社会环境中去寻找,在其中,没有任何社会群体能够代表社会整体,大多数不同的社会群体都已提出参与权力的要求"①。可见,瓦伊达并不赞同经济权力是政治权力的来源,因为他认为,在现代社会即使一个群体具有明确的经济地位,也不能保证它拥有绝对的政治权力。现代社会是文化多元化的社会,没有任何社会群体能够代表社会整体,人们已经被现代性卷入了政治的生活中,这个社会的权力关系错综复杂,如果按照马克思将一切关系还原为经济关系的做法,已经不能解释现代社会的政治权力关系了。只有从文化出发,才能理解现代社会的权力关系与结构。

其次,批判为这两场运动权力结构合理性服务的还原论方法或者称简化法。瓦伊达认为,在法西斯主义和苏联模式社会主义运动背后起作用的是不合理的权力结构,而为这种不合理的权力结构的合理性服务的恰恰是还原论方法。这种方法在考察社会问题时将政治权力还原为经济权力,只关心生产关系而非社会决策机制,导致生产领域吞噬了其他领域,衍生出了极权主义权力结构。在《作为群众运动的法西斯主义》中,瓦伊达分析了在资本主义社会中社会经济权力与政治权力相分离的状况。一方面,资产阶级只要求经济利益而不在乎政治权力。"在资产阶级社会,个人与共同体的纽带已经相分离。在自私自利的经济利益世界中,他在'市民社会'中的地位并不能决定他在政治国家理想领域中的角色。在所有此前的、'自然给定的'、'市民社会'和'政治国家'还没有分离的社会中,掌握经济权力的人总是直接地(作为他们经济地位的结果)和自动地充当社会的政治领导者。在资产阶级社会中就不再是这样了。只要且只有拥有资本,资产阶级才是资产阶级,并且如果他确实拥有资本,那么他就能

① 米哈伊·瓦伊达:《国家与社会主义:政治论文集》,杜红艳译,黑龙江大学出版社2015年版,第9页。

够或多或少不受限制地满足他的特殊需求,而不必成为统治社会并决定理想共同体政治活动的阶层中的一员。"①另一方面,小资产阶级这一社会阶层丧失了社会地位,他们既遭受资本集中的威胁,又受到来自无产阶级的有组织经济斗争的威胁,为了维持生存不得不去争取政治权力。可见,在资本主义社会,政治权力并非来自经济权力。而且,在对法西斯主义的分析中,瓦伊达从马克思的阶级理论出发,批判性地考察了马克思和卢卡奇关于无产阶级与资产阶级对立的简化分析,分析了资本主义社会政治统治、政治结构与经济利益之间的复杂关系,认为对资本主义社会的简化分析无法解释法西斯主义的产生。"当马克思将权力的政治形式还原为财产关系时,也就是说还原为阶级关系时,其就简化了真实的权力多元性,即真实的社会组织。这种现象就是意大利和德国的法西斯专政及其典型形式。"②在《国家与社会主义》中,瓦伊达进一步揭示了马克思主义从经济权力中推导政治权力所引发的理论困难:政治权力关系和经济权力关系谁决定谁的矛盾。因为要废除政治权力,必须废除私有财产。"然而,如果革命期间有任何想要摧毁国家专制的意图,那只是因为,经济上作为统治阶级的一个工具,国家专制能够阻碍私有财产的废除。"③马克思将一切关系归于财产关系的做法虽然为理解资本主义社会提供了方法,但是运用这种方法分析现代资本主义会产生很多难题。"财产关系无法阐明这种社会结构;更确切地说,在这种情况下我们被迫注意到一个事实:我们在这里面对一个社会,在这个社会中财产关系——现实的财产关系,而不是法律许可的财产关系——被政治权力关系所创造。"④可见,现代社会的权力关系体系与马克思分析的政治关系由财产关系决定的情况完全相反。瓦伊达认为,"政治权力关系尽管以多种方式与经济关系交织在一起,在资本主义条件下仍然与经济关系不一致,不能从

---

① 米哈伊·瓦伊达:《作为群众运动的法西斯主义》,孙建茵译,黑龙江大学出版社 2015 年版,第 97~98 页。

② 米哈伊·瓦伊达:《国家与社会主义:政治论文集》,杜红艳译,黑龙江大学出版社 2015 年版,第 87 页。

③ 米哈伊·瓦伊达:《国家与社会主义:政治论文集》,杜红艳译,黑龙江大学出版社 2015 年版,第 82 页。

④ 米哈伊·瓦伊达:《国家与社会主义:政治论文集》,杜红艳译,黑龙江大学出版社 2015 年版,第 83~84 页。

经济关系中获得,也不能构成经济关系的上层建筑"①。即使废除了剥削、阶级差别,也难以废除社会的其他差别,特别是政治权力的差别。多元主义是现代文化的典型特征,在政治上就表现为政治权力的多样性与差别性。政治权力的多元主义如果被消除了,必然会引发极权主义,法西斯主义和苏联模式社会主义中的极权主义问题恰恰产生于此。在此基础上,瓦伊达提出他的政治批判理论就是要重建一种新的国家理论。"事实上,马克思主义的乌托邦以一种否定的形式、靠被其批判者所描绘来实现,给我们社会主义者提出了新的理论任务。最重要的一个任务是详尽阐述一种新的国家理论,它将不再基于简单化的马克思主义的社会图景。或许这样做也将有助于阻止极权主义趋势的发展。"②

通过对法西斯主义和苏联模式社会主义的分析,瓦伊达得出结论:不能从经济权力中推导出政治权力,政治权力的来源不是社会群体的经济主导地位。从经济关系中不能推导出一切关系是东欧新马克思主义的一个基本共识,瓦伊达从政治角度研究了现代社会政权力结构,佐证了这一观点。总之,瓦伊达的这种批判是在文化立场上进行的,是基于现代政治与经济关系的变化,基于现代社会政治权力来源于文化权力进行的。对政治权力来源的揭示以及政治在现代社会中的作用的揭示,都是在文化立场上进行的,从而将政治纳入文化的维度中进行分析。

二、微观意义上的政治批判

瓦伊达的政治批判理论是在文化批判的立场上进行的,但是在文化批判的立场上,思想也发生了变化,发生了从马克思主义的复兴到"政治批判"的转变。这种转变使他最终摆脱了马克思和卢卡奇的影响,构建了自己的政治批判理论框架。可以说,他在政治层面上对现代社会的批判是在微观意义上进行的,摆

① 米哈伊·瓦伊达:《国家与社会主义:政治论文集》,杜红艳译,黑龙江大学出版社 2015 年版,第 87 页。

② 米哈伊·瓦伊达:《国家与社会主义:政治论文集》,杜红艳译,黑龙江大学出版社 2015 年版,第 99 页。

脱了浪漫主义的文化批判，真正深入政治结构的内部对社会进行了分析。

受卢卡奇“马克思主义的复兴”口号的影响，瓦伊达最初也集中于对教条主义的马克思主义进行批判，想要通过恢复人道的马克思主义来实现社会主义的人道化。瓦伊达描述了他们那些学者当时面临的理论困境：“要么我们就必须把社会主义理解为一种不能达到的梦想，而且所有为实现这个梦想所做的努力都会滋生极权社会的幽灵。也就是说，我们必须接受清醒的、经过深思熟虑的自由主义者对社会主义的反驳，即自由是统一的和不可分割的，因此财产自由也是其中一个部分；因此，如果我们不想要接受财产自由——即资本主义及其所有特征——的直接后果，那么，我们就不得不面对对自由的限制；否则我们就不得不向资本主义妥协。要么我们就必须相信东欧的社会制度与任何类型的社会主义都没有关系，与马克思主义更没什么关系；马克思主义已经被扭曲、篡改了（当然，这是东欧不发达的一个直接后果），而我们的任务恰恰是从马克思那里发掘出真正的马克思主义，即一种关于非异化的社会的理论。要么在资本主义面前投降，要么坚持马克思主义的复兴——我们看不到，我看不到，任何其他出路。”①可见，当时瓦伊达坚持通过复兴马克思主义的途径来解决当时东欧社会主义面临的问题。但是，对于卢卡奇提出的方法，瓦伊达理解得十分含混，并没有清晰的认识，在对马克思和卢卡奇的阶级理论的分析中，他开始意识到无产阶级只是一种神话，他没有找到能够实现社会理想的力量。在矛盾与困惑中，瓦伊达花了很长时间才认识到“马克思主义的复兴”的局限性，促使他从一个改良主义者转变为一个革命者。瓦伊达认为，如果继续坚持马克思主义的复兴，就只会有两种结果，要么是会再次产生一场左派激进的先驱运动（就如共产主义运动最初发生时的情形一样），要么就是将这种复兴直接充当抚慰人良心的药剂（即安慰人们：如果世界上没有人道主义的社会主义，情况会更糟）。瓦伊达认为这两种结果都没有意义，所以他决定放弃卢卡奇等人提出的“复兴马克思主义”的思路这条道路，转向微观意义上的政治批判。

---

① 米哈伊·瓦伊达：《国家与社会主义：政治论文集》，杜红艳译，黑龙江大学出版社2015年版，第6页。

瓦伊达认为,简单的"马克思主义的复兴"之所以行不通,主要症结在于马克思的方法论存在局限性。卢卡奇提出真正的马克思主义在于其方法。瓦伊达前期继承了卢卡奇的这种观点,并试图通过复兴真正的马克思主义来实现社会主义的人道化,但是他在研究中逐渐发现自己看到的马克思主义的方法与卢卡奇得出的方法并不一样,卢卡奇所说的马克思主义的方法是批判的方法,他提出通过唤醒无产阶级的阶级意识来实现对社会的批判,而瓦伊达认为马克思的方法,特别是苏联的马克思主义的方法的本质恰恰具有还原论的特点,而且瓦伊达认为,只有抛弃马克思从根本上抛弃还原论的方法,才能避免在抽象的意义上谈论资本主义与社会主义。瓦伊达认为,马克思关于社会结构的分析倚重经济的基础作用,这种做法容易把社会的上层建筑和其他因素还原到经济因素,这样的还原论方法存在理论的弊端,正是因为使用了还原论,财产关系群体才得以确立,阶级划分才构成社会群体构成的决定性因素。"如果我抛弃这种还原论,那么在社会群体的构成中,社会的阶级划分群体就不再是唯一重要的和决定性的因素。"①马克思主义正是因为将阶级划分当作社会群体构成的决定性因素,才会认为废除阶级差别就能够产生同质化的社会。瓦伊达不同意马克思主义单纯根据阶级来进行社会划分的方法,因为现代社会阶级划分不是群体划分的决定性因素,在阶级划分之外还存在其他影响社会群体构成的因素,即使废除了阶级的差别也不能产生同质化的社会。瓦伊达认为,按照阶级划分的方法来谈论资本主义和社会主义的弊病只能是在一种抽象意义上的探讨,依然属于浪漫的反资本主义的文化批判。瓦伊达说:"马克思主义的复兴显然接管了'浪漫的'反资本主义的文化批判的遗产。它的核心的、紧密相连的范畴是异化和类存在。它的社会理论就基于这些概念,而社会理论的本质是,因为异化在资本主义世界达到顶峰,所以个体就将是空洞的,既不能在自身中意识到类存在,也不能参与它。社会主义就是对异化的消除,是社会中的每一个个体

---

① 米哈伊·瓦伊达:《国家与社会主义:政治论文集》,杜红艳译,黑龙江大学出版社2015年版,第8页。

对类的能力、需要等的获得。”①所以，马克思主义的复兴只是在抽象意义上探讨资本主义和社会主义，这种浪漫的反资本主义的文化批判并不能解决实际问题。

在此基础上，瓦伊达分析了现代社会结构，阐释了现代社会构成的特殊性，即虽然存在全面私有化的趋势，但是共同体也并未完全消解，利益群体就是现代世界的共同体。浪漫的反资本主义的文化批判把利益群体和共同体对立起来了，拒斥建立利益认同基础上的特殊群体。瓦伊达恰恰认为不能消除群体利益的对抗，“重要的是解决这些利益对抗和利益主张所采取的形式。民主即民主的过程简单来说就是这样一个问题：增加机会，使每个有共同需要的（无论大还是小）特定群体，在考虑到其他现存或潜在利益的前提下，表达自己的需要并主张自己的利益”②。正因为现代社会构成的变化，所以需要一种新的权力结构，保证所有社会群体都能表达自己的利益，也即一种民主的权力结构，这样才有机会限制乃至终结代表资本的利益群体的权力。“现代世界民主的真正的反对者，不是特殊性及其自私性的显现，而是对它们正当理由的否定。”③极权主义正是以真理内容的名义取消了民主的形式。所以，政治批判必须跳出马克思的经济决定论和经济还原论的方法论范式，进入微观的权力结构层面，只有这样才能避免在抽象的意义上谈论资本主义和社会主义，才能探寻社会的真正出路。

三、政治批判的文化道德诉求

瓦伊达对法西斯主义和苏联模式社会主义的阐释与分析，最终都强调了文化道德的重要性，他的政治批判理论同时表达出了一种文化道德诉求。

---

① 米哈伊·瓦伊达：《国家与社会主义：政治论文集》，杜红艳译，黑龙江大学出版社 2015 年版，第 14 页。

② 米哈伊·瓦伊达：《国家与社会主义：政治论文集》，杜红艳译，黑龙江大学出版社 2015 年版，第 16 页。

③ 米哈伊·瓦伊达：《国家与社会主义：政治论文集》，杜红艳译，黑龙江大学出版社 2015 年版，第 18 页。

首先,强调平等和自由的重要性。在对法西斯主义的批判中,瓦伊达提出资产阶级不该放弃平等理想和自由理想,放弃平等和自由就等于放弃了自身的价值观念,而平等和自由这样的价值观念对于资本主义社会至关重要。“在法西斯主义出现之前,‘正常的’资本主义社会,即使当它制造了最明显的不平等时,仍然坚守着平等观念并且以法律面前人人平等的方式保卫这一理念。当然,即便这种平等没有在实际中发生,哪怕只是原则上对它的坚持就已经代表了所有上述社会形态的真正的进步。”①“在资产阶级社会,自由只是作为一种假设而存在;但是要否定这种假设则意味着要宣布放弃一个人类的自由有可能实现的世界。”②可见,丧失了自由和平等的价值理念既意味着社会的倒退,也意味着放弃走向一个更美好的社会。自由和平等的原则是道德的原则,只有坚持这样的原则的社会才是好的社会。

其次,强调民主必须与道德相结合。在对苏联模式社会主义的批判中,瓦伊达最后得出的结论是以民主来补充社会主义,“没有一种权力的多元主义,社会无疑会被区分为两个部分”③,即极权主义社会的领导者和附属者的二分。同时,瓦伊达提出民主必须以道德为前提,因为如果民主不与伦理道德相结合,非但不能促进社会的进步,反而会造成文化的衰退。法西斯主义实际上就是“对自由的恐惧与对民主的否定”,他们通过批判资产阶级民主的矛盾性,进而否定资产阶级自由理想本身,这种否定“也意味着从资产阶级世界成就中退回,这些成就已经沿着实现人的类本质的路径不断前进(尽管是以矛盾的方式)”④。同样,苏联模式社会主义形成了“对那些为了形式上的个体自由权利

① 米哈伊·瓦伊达:《作为群众运动的法西斯主义》,孙建茵译,黑龙江大学出版社2015年版,第19页。

② 米哈伊·瓦伊达:《作为群众运动的法西斯主义》,孙建茵译,黑龙江大学出版社2015年版,第23页。

③ 米哈伊·瓦伊达:《国家与社会主义:政治论文集》,杜红艳译,黑龙江大学出版社2015年版,第99页。

④ 米哈伊·瓦伊达:《作为群众运动的法西斯主义》,孙建茵译,黑龙江大学出版社2015年版,第23页。

想要逃离'有内容的'真正自由的人的专政"①。这两场运动中,民主都没有以伦理道德作为基础,所以会产生问题。同属布达佩斯学派的赫勒明确表述过:"民主政治原则也是道德准则。一个道德准则是普遍有效的,并且不能被限制应用。……既然我们已经接受了政治的民主原则,我们就应该按照这些原则行事,并且我们应该在每个文化中接受这些原则……"②

可见,瓦伊达的政治批判理论蕴含着文化道德的诉求,无论是对平等和自由这种价值信念的坚守还是对民主的强调,最后都导致以文化道德来解决社会问题。瓦伊达的这种政治批判在某种程度上又属于一种文化的忧虑,并将这种忧虑诉诸微观政治层面的道德改革。《社会主义的人道主义:布达佩斯学派论文集》收录了一篇瓦伊达与赫勒合写的文章《共产主义和家庭》。在这篇文章中,他们分析了仅凭政治、经济活动能否创造一个人类必需的真正自由的社会类型这一问题。他们认为,"如果我们自觉的革命意图能以日常生活的变革为方向,那么共产主义生产关系的变化和异化的力量结构向地方的和社会层面的自我管理形式的转变就能够得以实现。这些因素是相互决定的。没有对日常生活的有意识的、革命性的重建,生产关系的变革和统治关系的崩溃是不能设想的,反之亦然"③。

瓦伊达的政治批判虽然是在微观层面上进行的,反对在抽象意义上谈论资本主义和社会主义,但并没能弥合理论与现实之间的差距。虽然从改良进入改革的层面,但也并非要在体制上颠覆这一制度,而是寻求不同的改革道路。"如果我不再相信可以改革这个制度的话,这仅意味着我得出的结论是,人道主义价值——特别是自由的价值,它同样是由原初的社会主义理念所激发的——的渐进发展,只能通过结构的彻底改变来达到了。"④虽然瓦伊达批判浪漫主义的

---

① 米哈伊·瓦伊达:《国家与社会主义:政治论文集》,杜红艳译,黑龙江大学出版社 2015 年版,第 122 页。

② 阿格妮丝·赫勒:《后现代政治状况》,王海洋译,黑龙江大学出版社 2011 年版,第 82 页。

③ 安德拉什·赫格居什、阿格妮丝·赫勒、玛丽亚·马尔库什等:《社会主义的人道主义——布达佩斯学派论文集》,衣俊卿、文长春、王静译,黑龙江大学出版社 2014 年版,第 2 页。

④ 米哈伊·瓦伊达:《国家与社会主义:政治论文集》,杜红艳译,黑龙江大学出版社 2015 年版,第 2~3 页。

文化批判,他看到了他所继承的卢卡奇和科尔施等人实践哲学立场的局限性,即"以资产阶级关系的异化性质作为批判的目标,是一切浪漫思想的特征"①,但是他也明白,自己只是对这种立场进行批判,而不能够做更多。同时,瓦伊达对马克思将一切归结为财产关系的理解也过于片面。所以,需要以批判的眼光来看待瓦伊达的政治批判理论。

① 米哈伊·瓦伊达:《国家与社会主义:政治论文集》,杜红艳译,黑龙江大学出版社2015年版,第119页。

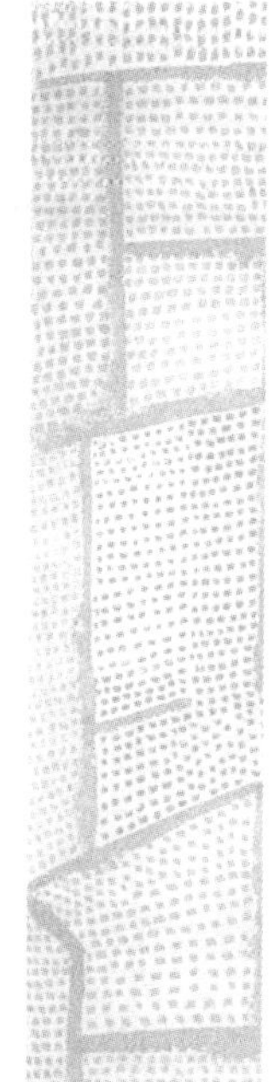

海外译稿

什么是“雅各宾主义”[1]

费赫尔 著 刘振怡 译

在当代人这里，雅各宾主义现象是在一种宽泛的含有分歧和情绪化的层面上来被关注的。对于同情者而言，雅各宾派是“自由的狂热战士”，甚或是“真正

① 选自费赫尔《被冻结的革命——论雅各宾主义》第3章，刘振怡译，黑龙江大学出版社2014年版。

的共和",而对于批评者而言,雅各宾派则代表了"一种最危险的破坏因素"。①

关于雅各宾主义结构性理解的出现,一部分源于同时代人的一些看法,另一部分则源于后来的、占统治地位的观点,即将法国大革命看成是一种连续、完整的过程。正如布林顿(Brinton)详细研究所证明的,尽管同时会有误导还原倾

① 在所有搜集到的文件的研究里,都有力证明了各种各样关于雅各宾主义模糊矛盾观念的存在,这些文件主要来自受法国大革命事件直接影响的地区(意大利、德意志联邦、哈布斯堡君主王朝)。由 Delio Cantimori 主编的两卷本的 *Giacobini ltaliani*(Bari:Laterza,1956~1964),揭示了在激进的意大利政治参与者当中普遍的"卢梭主义",但是这些参与者对"雅各宾想象"内在动力的构成这个理论问题并没有给予特别的强调,这个问题我将会阐释。一个明显受到关注的问题是,"国家问题"出现在意大利雅各宾派政治幻想中最重要的地方,这个迹象印证了教皇国与法兰西共和国之间的关系。就奥地利雅各宾主义而言,Leslie Bodi 在 *Tauwetter in Wien:Zur Prose der Österreichischtn Aufklärung*,1781~1795(Frankfurt:S. Fischer,1977)里写道:"只有 Andreas von Riedel(追随着 A. Korner,他是第一个在德国使用'共产主义'的人)和 Franz Hebenstreit 认真地从事大革命问题的研究,并且 Hebenstreit 已经非常明确地提出,社会问题和私有财产问题是现代社会的核心。然而,这个表述基本的意思似乎显示出,对于大多数维也纳雅各宾派来说,比起那些对国家真正有危险的阴谋者来说,它可能更是一种不满的挑衅者和谣言散布者群体政治上无害的反对意见。"(pp. 413~414)在匈牙利这个真正封建主义的国家里,农民是真正意义上的农奴,在秘密文件中宣称自己是"雅各宾派"的那群人就产生自革命风暴的最初十年里(1780~1790)。在那段时期,大多数匈牙利贵族激烈地反对约瑟夫二世的改革,其改革的目标是,同时实现社会现代化和帝国文化语言上的统一。大多数匈牙利的"雅各宾派"也是"约瑟夫派",原因在于,他们支持约瑟夫二世的改革(尽管他们中的一部分也是热情的匈牙利爱国者)。他们的文件记录(作为他们审讯的证据)透露出,他们那时计划实施的改革措施与法国共和历里的制宪会议是一样的。尽管从理论政治意义上而言,那些领导人与雅各宾运动完全没有关系,但是在 1795 年的断头台上,他们作为雅各宾派被处死。但是在弗朗西斯一世统治的黑暗时期里,所有持反对意见的参与者都被认为是"雅各宾派"。关于匈牙利雅各宾主义的最好分析,可以参考 Kálmán Benda 著 *Magyar Jakobinusok*,Budapest:Publishing House of the Hungarian Academy,1968。德国的雅各宾主义则呈现出不同的叙事版本。在大革命期间,以及在其随后的数十年间,德国是欧洲哲学的中心,其主要的文化特征表现出对大革命关键事件,特别是雅各宾主义的独特视角。德国哲学对大革命的反应是如此的复杂,以至于这里连一个基本的轮廓都提供不了。我只想说,尽管德国唯心主义和文学最重要的代表人物(康德、黑格尔、谢林、歌德和席勒)完全拒绝雅各宾政治,但是来自这个时期的教训以及他们理论上对此进行的苦心经营,一直是以后数十年间德国哲学和文化的核心。此外,我试图去说明,黑格尔著名的历史辩证法在几个重要的方面,都可以追溯至雅各宾的革命。但是,在德国对雅各宾主义文化反应的主要趋势之外,也有两个值得关注的特例。费希特,至少在短时期内,是一个雅各宾派分子。下面我会仔细审视,费希特在他的 *Der Geschlossene Handelsstaat* 里,怎样从他的历史原型模仿和类似未来社会实验预期两个方面,把雅各宾体系精心设计成一种普遍的哲学模式。但是,乔治·福斯特是唯一的理论和实践上的参与者,他具有深刻真正的雅各宾派特征,在某种意义上而言,他对古希腊遗物的坚定崇拜具有同样的说教特征,这些特征也可以在罗伯斯庇尔和圣-茹斯特那里找到。最后,这里也应该提一下,被同时代法国敌人当作具有典型雅各宾主义的看法的 Abbé Baruel 那本著名的漫谈著作。作为雅各宾主义的一个单纯叙述,它是没有价值的;作为同时代认知一个证明,它是无价之宝。

向,但是这样的理解还是促进了对革命运动进行极其详尽、客观认真的解读。①

正如所有结构的解释确实应该做的那样,布林顿也是以俱乐部在前革命时期的发展壮大作为出发点的。在他看来,“俱乐部”是18世纪法国内生的。布林顿区分了两种类型的俱乐部:“文学社”[科钦称之为“思想公司”(les sociétés de pensée)]和秘密的、主要是共济会的社团。② 和所有对大革命的这个重要制度进行记录的编年史家一样,布林顿也密切关注着布列塔尼俱乐部(Club Breton),这个名不见经传的“激进代表的核心小组”在立宪会议召开的头几个月里演变成一个全国性的当地“宪法之友社团”的网络。③ 他也正确地注意到,最初被俱乐部或是社团采取的程序,稍作修改,是遵照英国议会的做法。④ 由此,布林顿转向了对俱乐部会员组成的调查分析。他的结论很明确。最初的高额会员费保证了俱乐部中产阶级的特性,而随着革命进程的加速化和激进化,会费降低,这样“下层阶级”的成员就会被逐步允许进入俱乐部当中。⑤ 地方俱乐部在巴黎总部社团严厉的意识形态和政治控制下逐步增加。⑥ 在有效的人口普查数据和会员名单的基础上,布林顿估计,大约有2.2%的(男性)民众参加了(或者作为成员被登记)雅各宾俱乐部。⑦ 按照这样一个比例,可以大致推算出,在恐怖统治那段时期有50万的实际会员。⑧ 布林顿接着分析了俱乐部的社会构成,利用一个相当传统的并且经常带有一些模糊性的阶层理论,这个理论作为一项原则,就会把职业团体等同于社会阶级。他的结论是,在俱乐部里资产阶级已经占据多数,但是为了证明这个结论,他把不同的城市职业人士以及各种数量不等的财产所有者(这些人几乎无一例外地都不富裕)都归入资产阶级之列。⑨ 我们唯一可以肯定的事实是,贵族和“工人阶级”都是占少数的,贵族在

① Brinton, *The Jacobins*.
② Brinton, *The Jacobins*, pp. 10 ~ 11.
③ Brinton, *The Jacobins*, pp. 18 ~ 19.
④ Brinton, *The Jacobins*, pp. 31 ~ 32.
⑤ *Brinton*, *The Jacobins*, pp. 31 ~ 32.
⑥ *Brinton*, *The Jacobins*, p. 36.
⑦ *Brinton*, *The Jacobins*, pp. 40 ~ 41.
⑧ *Brinton*, *The Jacobins*, p. 42.
⑨ *Brinton*, *The Jacobins*, pp. 50 ~ 51.

会员名单上几乎是不存在的。但是,更为重要的是,布林顿发现俱乐部内部的凝聚力,并不属于任何“普通意义上的阶级情感”。[①] 这里引起我们注意的,不是诸如雅各宾派是否“构成一个阶级”这样幼稚的问题。而是我们正面临在第一章里已经提到的一个问题,就是“阶级语言”对理解革命是否有用。

布林顿对俱乐部运行(modus operandi)的结构分析进行了大量研究。由总部社团所发出的通函,对指导当地俱乐部成员起着至关重要的作用。[②] 通过通函、小册子以及类似东西的充分利用,雅各宾派在1793年之前就成为一个强大的选举机器。[③] 但是,更为重要的是,各个俱乐部开始被总部社团利用,成为一个战争机器,去影响政治的接管者:他们把自己的会议公开(public-session)原则施加给地方法官,一旦政治决策开始成为公开的,这些精心组织起来的少数人就会逐步将其主张偷偷放入地方机构当中。[④] 这些曾经一度强大的(尽管不是万能的),当然也曾喧嚣一时的地方压力集团,一直预示着独裁统治的到来,然而,在1793年之后,他们却变成了独裁机器中的“纯粹被动的齿轮”。[⑤] 布林顿对独裁时期各个俱乐部的功能进行了简明准确的描述:“他们是辅助的行政机关。他们提供一个可以产生新官员的智囊库。在雅各宾派正统的范围内,他们有两种作用:一种是输出一般的雅各宾派的观点,另一种是对官僚主义进行或多或少的民主限制,他们为新的雅各宾宗教的仪式提供了中心。”[⑥]布林顿试图阐明“雅各宾派的世界观”这个综合体的内涵,最重要的成分是政府共和形式的

---

① *Brinton*, *The Jacobins*, p. 71.
② *Brinton*, *The Jacobins*, p. 77.
③ *Brinton*, *The Jacobins*, p. 86.
④ *Brinton*, *The Jacobins*, p. 98.
⑤ *Brinton*, *The Jacobins*, p. 115.
⑥ *Brinton*, *The Jacobins*, p. 115.

坚持,它的基础是人民主权论原则。① 根据布林顿的观点,就普选权而言,雅各宾派是一个政治民主派。接着,布林顿又以一种极具辩论性的口吻补充说,雅各宾派保留着一种孟德斯鸠本人的性格。这种说法几乎立即与理想型的雅各宾理论面相学上的另一个特征相矛盾,这个特征就是倾向于中央集权,并且拒绝各式各样的联邦主义。② 此外,布林顿理论中的雅各宾派是爱国者,因为雅各宾共和国与民族国家相等同,③雅各宾派的社会目标可以用"平等"这个词加以概括。④ 他进一步分析了雅各宾派的财产概念固有的各种矛盾。⑤ 接着,布林顿对雅各宾经济进行了概略的描述。布林顿将这种经济视为一种通过战争措施来加以补充的、从根本上来说十分简单的 19 世纪的"个人主义",即自由放任的(laissez-faire)经济。⑥ 关于什么是布林顿所谓的"雅各宾仪式"详细、生动和全面描述,与形态学紧密相关。

我如此详细地介绍布林顿的立场,不是要对某本书进行批评,而是要证明所有对雅各宾主义进行非哲学(aphilosophical)处理方法上的不足。关于雅各宾主义,任何缺乏哲学基础的纯粹结构性理解,在几个极其关键问题的回答上,都无能为力。任何寻求雅各宾间奏曲的本质和含义的分析必须回答以下问题:雅各宾主义,这个激进主义的化身,是怎样在布列塔尼俱乐部里从果敢但社会地位不怎么突出的代表群体中崛起的呢? 为什么正是这个系统,这一班人马,在"党"最危急的时刻,或是极端激进时被需要? 例如,为什么不是吉伦特派? 尽

---

① *Brinton*, *The Jacobins*, pp. 141 ~ 142。在这一点上,有必要注意一下布林顿,他的形态学遭遇着归纳方法这种典型自欺欺人方法论的诟病。他相信他的形态学是"平均雅各宾派"归纳调查的结果,这项任务非常困难,即使现在的参与者都难以完成,更不用说在两个世纪之前,那时的信息来源必然是不完整的。事实上,他实现的是主要意识形态模式"理想模型"的建立,这些模式,不论正确与否,都是来自领导者的典型解释。后者被布林顿简单归结为"平均雅各宾派"。在所有研究法国大革命的学者当中,利用这个问题方法的,布林顿不是唯一的一个。同样的方法在 R. Cobb 那里也可以找到,"Mentalité Révoluitionnaire", in *Terreur et Subsistances*(1793 ~ 1795), Paris: Librairie Clavreuil, 1965。

② Brinton, *The Jacobins*, pp. 145 ~ 146。

③ *Brinton*, *The Jacobins*, p. 148.

④ *Brinton*, *The Jacobins*, p. 155。当然,大革命的每一个学者都熟悉这样一个事实,在革命期间的政治词语里,"平等"的意义是何等的丰富。因此,把雅各宾派描绘成平等的冠军,本质上完全没有意义。

⑤ *Brinton*, *The Jacobins*, p. 160.

⑥ *Brinton*, *The Jacobins*, p. 165.

管其结构形态的呈现无疑与雅各宾派认同的方式几乎完全相同。如果存在雅各宾派的意识形态,甚至一个雅各宾派的宗教,那么它在何种程度上背离了继承启蒙主流思想的大革命的一般哲学?如果雅各宾派不过是在布列塔尼结构形态中所呈现出来的样子,那么它为什么会独自成为形成一个世纪革命传统的这个国际神话的绝对主角?对于这些问题,现有分析几乎令人尴尬的沉默可以归结为三个原因。首先,"雅各宾主义"的显著特征(在一定程度上,我们完全可以把它看成一个完整的运动)恰好是它不能成为后来的自由主义—议会党派及其选举机构的典范,而是一个完全不同的未来政治力量的先驱,尽管如此,所有从结构上对雅各宾派的描述所呈现的是一个以 19 世纪大陆议会政治的方式出现的,处于萌芽时期的,或者说初期的政治党派的形象。其次,无论是阶级理论还是阶层理论都不能说明这一独特革命趋势的出现(尽管二者在解释它的某些方面时都有一点作用)。正如我们所看到的,法国在大革命爆发的时候不是一个阶级社会。这种趋势最好可以用相反的方式来描述:在法国社会,除了雅各宾派,大多数的政治力量促成了阶级构成。但是,即使考虑到雅各宾主义是个明显的例外,阶级和阶层分析的方法至少是适用于它的。最后,革命的进程脱离了这种结构主义的框框。然而,如果有一个因素使雅各宾派从 1789 年具有相同思想的人中"脱颖而出"的话(这些人至少起初不管是在社会上还是在政治上并不特别激进,而且这些也有助于形成他们的信念),那就是他们坚持将革命过程看成新的专制。因此,以上提出的问题只能通过哲学的扎根理论来回答,这必须考虑到对雅各宾主义的出现很关键的两个主要问题:启蒙运动的危机和现代民主理论基础的复杂问题。正是在阐明这些问题的过程中,雅各宾革命从 1789 年主流自由主义中分离出来(这个自由主义与英国的自由主义是不同的类型),并且走上了孕育一场革命风暴的独立过程。

恩格斯曾诙谐地这样概括:由于资产阶级革命,"理性的王国"变成了"资产阶级王国",这种概括是对历史的重大转折的不切实际的描述。尽管如此,毫无疑问的是:某种自封的革命者对这种转变是十分清楚的,而且这种人坚决不让"理性的进程"脱离轨道,这种人同样坚决地"要实现哲学的诺言",正如罗伯斯庇尔在独裁的意识形态的盛行时期所说过的那样。关于特定政治类型参与者的形成过程,卢梭对某种政治派别的形成具有巨大的影响,这种理论对实践的影响只有一个多世纪之后的马克思才能超越,这种影响对于雅各宾派的思维方式来说既是“原因”又是“结果”。很明显,需要这样一种自我解释,因为理性已经失去了清白。对于人的行动而言,那条著名的“理性第一原则”显然越来越不能作为一个自由理性社会的基础。然而,同时,卢梭哲学也有另外一个影响。卢梭这种独特的话语理论对它的接受者的需要和内在痛苦有敏锐的感受性,所以,他的哲学不仅影响了它的接受者,而且也被后者根据自己的需求不断加以修正和重新解读。由于卢梭的历史悲观主义,他的理论是一种现实的哲学,而在卢梭生命的最后一段日子里,具有象征意义的、被人们广泛提及的马克西米尼安·罗伯斯庇尔对埃默农维尔(Ermenonville)的访问,就足以证实他的理论的现实特征。①

卢梭是启蒙的卡桑德拉(Cassandra)预言家。尽管他成为作品最畅销的作家,但他的卡桑德拉预言警告明显是说给后来形成雅各宾主义核心并接受卢梭反对启蒙结论情感训练的少数分子听的。他的预言很简单:不要相信所谓的理性胜利。不要相信在奢华财富的“人造文明”、被宠坏的心灵和变态需要等方面的进步。不要相信利己主义,它一直被从孟德维尔(Mandeville)到爱尔维修(Helvetius)、霍尔巴赫(Holbach)这些无数(唯物主义)思想家们作为公益事业的“自然承载”所崇拜。不要相信会有一些自信的药方,即有助于建立一个自由和理性社会的简单方法。即使这个方案是完全可行的,那也是无比复杂的,比由现代世界中骗人的哲学家们专为轻信的人类所设计的方案复杂得多。历史悲观主义,这种道德说教者的痛苦性情,而且尤其是在政治上对所有那些误导性的乐观主义的虚假预言家的怀疑,所有这些在卢梭的危言耸听的警示语中所固有的东西,为未来雅各宾派的产生提供了智力素材。卢梭的哲学肯定不是法国大革命产生的“原因”,至少不会比整个启蒙运动的作用大。但是对他的卡桑德拉警告不了解,就不能把握一个特定参与者的本质。这个特定演员在被“寄

① 因为关于卢梭的文献实在是太多太繁复了,我在 *Rousseaus Politische Philosophie*(Luchterhand: Neuwied,1960)这本书里简要地从对我的分析重要的方面概述了这种哲学。

予厚望”的相当普遍乐观主义和热情的气氛中,从一开始,不仅对他的敌人,而且对他的同伴都表现出怀疑、爱挑刺、质问和多疑。

在一般的乐观主义的观察者看来似乎是一次极具诱惑力的胜利进军,对于这个特别的、把自己看成一个哲学的革命者的参与者来说,就是一次政治的僵局。① 在法国大革命的前夕,根深蒂固在王权里的暴政似乎比以前更深刻。即使考虑到戈德肖非常可疑的“大西洋革命”理论,实际上,前革命时期民众社会(constellation)证实了卢梭的悲观情绪,而不是一种早期的启蒙乐观主义。在“系统”中,只有边陲地带似乎能孕育革命(对“哲学革命”的美国来说,也是边陲地带)。中心仍在君主的控制下攻而不破。在不断自我退化的经济恶性循环面前,众所周知且众望所归的“自上而下式的革命”只得无可奈何地在启蒙运动的伟人与所谓的“开明专制君主”(尤其是弗雷德里克和凯瑟琳)之间寻找折中点。当代的共和政体,是自由社会的潜在模式,进入(如威尼斯、荷兰和瑞士)似乎是他们的贵族退化的最后阶段,而不是以他们为榜样,给人类提供指导。②

---

① “哲学的革命”这个术语需要进一步澄清。所有那些人,以这样或那样的方式,用他们的哲学理论深深影响着法国大革命,无论在他们之前还是从他们以后那些社会改革者们,都没有用过这种方式。在他们当中,除了几个真正的哲学家以外,所有的参与者都是这场运动(les lumières)的狂热分子。他们在采取决定之前参考他们的哲学著作,并且在贯彻这些决定时,频频向哲学权威分子进行暗示。在这方面,罗伯斯庇尔和圣-茹斯特都不是特例,Abensour 在这些细节方面分析了后者非凡的哲学敏感性,它们在许多意想不到的场合喷发出来。同时,与大革命时期真正的理论杰出大家相比,比如孔多赛和锡耶斯,他们二人都不能被看成是纯正的思想家。但是“哲学的”革命者——领导人和普通的激进分子,与普通大众相比,有两个特征。首先,他不是简单的“用哲学获知”,因为,他想实现一种特殊的哲学,正确或是错误哲学的标准恰恰是这种特殊的哲学能否转化成政治的媒介。其次,在整个 19 世纪占据主导地位的所有历史哲学自信和先知立场都伴有“哲学的革命”。他们带着坚定的信念,他们的时代是第一个也是唯一的历史时刻,在其中,既存的正确哲学可以被实现,这样,如果错过这样的恰当的时刻,所有都会失去了。最终轻视雅各宾政治的那些伟大的历史哲学家们还是成了这个历史参与者的继承人。

② 所有这些论述建立在我们对在戈德肖 *France and the Atlantic Revolution, 1770~1799* 里发现的一些概念的重新解释。戈德肖在开头部分描述了前革命时期的情形:“在 1763 年伟大的社会运动时代已经过去了。自从 16 世纪晚期和 17 世纪早期德国宗教战争、1640~1648 年和 1688~1699 年英格兰战争以及法国 1648~1652 年投石党叛乱和 18 世纪早期卡米撒(Camisards)起义以来,连续几十年,都没有大的内战。混乱最终以‘国君’权威的整合而告终……此后,人们在君主、国王和共和国的统治下平静顺从地生活,似乎对社会运动复兴没有任何期望。”(p. 1)对戈德肖来说,1770 年似乎是一个转折点。在这一年及随后时间里,或多或少的革命“群众”开始出场(pp. 2~3)。他正是从这方面分析了爱尔兰(pp. 124~125)、低地国家(pp. 127~128)、瑞士尤其是日内瓦(p. 128)的动乱。但是,未来的法国革命者们,在这些事件中,以及在他们后来形成的岁月里,所看到的正是,这些运动统统失败了。这必定加深了他们的卢梭悲观主义。

哲学的革命者并不能因为有正在酝酿的暴动以及许多国家都曾出现过的五花八门的抗议运动这些无可否认的证据而感到满足。罗伯斯庇尔关于布拉班特省(Brabant)运动的透彻分析,对于早期和醒悟的雅各宾洞察力(clear-sightedness)而言,本应该成为革命前夕欧洲反对保皇党冒险的一种模型。他警告吉伦特派说,在布拉班特省,他们力图成为自由的传教士是自欺欺人。酝酿的冲突集中在对财产和天主教的抱怨和请求,民族主义者和外国侵占者之间的紧张关系以及对比法国大革命现在和过去的所有事情上。①

但是,对哲学革命主流希望的致命一击(Coup de grâce)来自英国的发展,或者至少来自雅各宾派对后者观点的接受。当然,根据最近来自英国的对法国的羞辱观点来看,他们对后来的雅各宾派的判断与关于法国自由主义主流的判断都是有偏见的。但是,通常在罗伯斯庇尔看来,国民大会1793年5月10日会议的破裂,所传达的内容不仅仅是沙文主义的谩骂。这种暗示也许是"形式"和"内容"民主政党代言人之间第一次历史性的、不祥的对抗:

> 在我们自身的堕落之深使我们赞美所有那些给我们留下了虚弱的自由印象的外国制度的时候,最时尚的事情似乎就是我们必须对我们的邻国致以敬意。然而,只要稍微反思一下,就能很容易地识别出这种自由只能是一种怪物或者一种折磨,如果它不是必然导致反人民的相互竞争的力量联合的话,那么它将意味着政府的彻底失效……看一下英格兰,那里君主的金钱和权力不断地向一边倾斜加重,甚至反对派似乎与它所反对的大多数是一致的,也时不时掩盖具体改革只是为了推迟进行;政府这个怪异形式,它的公德仅仅是可耻的作秀,在其中,自由的阴影掩盖了其本身,法律让位于专政,人民的权利被公开交

① 罗伯斯庇尔(M. Robespierre):《关于1792年1月2日和11日的战争》[On the War (2 and 11 January 1792)],in *The Principal Speeches of the Statesmen and Orators of the French Revolution*,1789~1795, ed. with intro. by H. Morse Stephens,Oxford:Clarendon Press,1892,Vol. 2,pp. 313~314。

易,贪污变得鲜廉寡耻。①

随着由开明君主实施并由哲学家进行监督的“自上而下的革命”这种模式的被抛弃,随着共和国中贵族的退化堕落,随着在英国这个曾经代表了这个时代的自由的模范国家里,自由已经退化为自由主义者的虚假的自由,启蒙运动的政治危机似乎已经结束。卢梭的卡桑德拉警告显然是正确的:理性的胜利进军显然会一无所得。当然,哲学革命否定了卢梭最后的结论:他不仅仅把革命视为可能的,而且他也去实施。然而,从一开始,他的行动特点就是对理性的怀疑,对他的盟友和敌人都产生怀疑,尤其是,意识到这是一个空前的艰巨任务,整个人类将来与之相连,所以他认为有必要采取“非常措施”。

启蒙的政治危机也在后来雅各宾派成员那里引发了人类学危机。这里,卢梭的哲学又被作为素材和典型。革命政治的人类学悖论在卢梭这里表现为两个方面。首先,他挑战了基督教的人类学,抛弃了“人的原罪”论,认为它的仁慈特征与他关于无法逾越的“人造文明”的悲观预测背道而驰,因为这个文明产生了它自身的退化,但是,在本体论上往往仍然受制于历史主义观点。第二,公意(Volonté générale)著名的辩证法在政治方面也重复着同样的人类学困境。众所周知,公意并不等于个别意愿的总和,它更是共同构成人民(le peuple)的每个公民的“共和国的意志”。在这个意义上,人类作为公民,作为道德人和集体(êtres moraux et collectifs),有着不可让渡的自由法则的能力。而且,一旦建立起来,公意就不能被破坏。但是,参与进这个集体意志的个体成员可以被成群结队地毁灭,从卢梭关于当代文明的悲观论出发,他认为这种情况是极其可能发生的。②

这一系列充满了双重危机的人类学事物不再有望为所设计的未来社会的

---

① *Oeuvres de Maximilien Robespierre*, Vol. 9, p. 499。读着这些谩骂,就很好地解释了接受 Abensour 分析的原因。在他看来,康斯坦特在“古代”自由与“现代”(当然,康斯坦特同意现代的优越性观点,也就是自由)自由之间著名的比较产生自由雅各宾派提出的自由“古代”概念的经验(参见 *la Philosophie Politique de Saint - Just*, p. 36)。在激烈地反对英国的虚假自由时,雅各宾主义回到了属于古代的那种粗陋的自由概念。

② 关于这个问题的精妙的、简要的分析,可以参考 Fetscher 的 *Rousseaus Politische Philosophie*, pp. 111 ~127。

所有成员提供“确定的和谐”，面对这些，此时哲学的革命者能做些什么呢？他有两种补救措施。首先是他关于公开教义和“神秘”教义的划分，由此带来的额外困难是，为了避免虚伪的马基雅维利主义①，他不得不拥护两种观点和立场。公开学说是人的完善性的论述。至少就理论的有效性而言，它的主要观点认为，通过“革命过程”或者由于共和机构的援助（如圣－茹斯特乌托邦所设计的），每个人都可以被提高到这样的道德水平，即全体意志（Volonté de tous）和公意之间的沟壑被填补，共和政体里的大量冲突被消除。②

当然，关于“神秘教义”的论述更少，只是有人在对法国大革命的解释中频繁地使用“读心症”这个令人质疑的解释手法。然而，我们坚持相信：带有卢梭人类学悲观主义情绪的罗伯斯庇尔本人，认为美德只有在少数人那里是永久的，不断地突破他关于“善和正直”人性的虚假论断。但是，如果公开和神秘教义之间的差距不能凭借纯粹的伪善连接起来的话，那么它就完全成为专横的教育者，一如萨拉斯特罗，作为道德上的少数派，站在了公意的立场上——但是，实际上，（这种立场）“只在革命的过程中存在！”的确，这里涉及的内在的或可能甚至是明确的替代主义（“道德少数”的意愿替换“公意”，即共和的意愿）与卢梭原初的构想背道而驰。下面费切尔（Fetscher）的评论完全是合理的。

德·茹弗内尔（De Jouvenel）描述了一个原则，根据这个原则，依据个体的或者一组人的意愿作为群体的意愿，作为“所有独裁或是雅各宾专政原则”……这与卢梭没有任何关系，因为在每一个政权当中，人民服从（subjects itself）一个人或一个政党，并且相信这个人或政党“体现”共同意志，这种观点按照社会契约论（contrat social）来说是不合理的。③

---

① 在《论革命》里，阿伦特把马基雅维利视为整个革命现代理论的先驱。在这个意义上，她认为，马基雅维利对法国革命产生了重要的、或许是潜在的影响。事实可能是这样的。但是不可否认的是，罗伯斯庇尔藐视马基雅维利，把他视为一种不应该实行政治的缩影。

② Zwi Batscha 强调，“人类可完善性”是一个明显的雅各宾派的观念。他在关于费希特的分析中说道：在 1798 年《道德学说》（*Sittenlehre*）中显示，费希特支持雅各宾派，把他们看成民众意愿的合法代表，这主要是因为作为他们哲学核心的一种观念，刺痛了对革命持保守主义观点的批评者们。这就是对人的完善性的信仰，即所谓的道德（参见 Zwi Batscha, *Gesellschaft und Staat in der politischen Philosophie Fichtes*, Frankfurt: Europäische Verlagsanstalt, 1970, pp. 117 ~ 118）。

③ Fetscher, *Rousseaus Politische Philosophie*, p. 112.

然而,费切尔的论述从文本的观点来说是无可指责的,但是,雅各宾派关于卢梭思想的翻译就不仅仅是歪曲那么简单了。所有哲学的特点都包括实用的倾向性和内在的模糊性,这有它们共同的宿命。原文永远不会与来自这种翻译的危险实际结果毫无关系,但这多多少少或许是来自作者的意图。

第二个补救出现在政治教化方面,在它的对立面是道德的政治化。这个伟大的尝试在哲学史中,把雅各宾革命放在康德和黑格尔之间的某个位置。事实上,雅各宾派想要达到的目标是,为了一个"正确"的共和政治打破恶性循环,这种共和政治可以用现实和完整的形式达到公意,前提是所有参与者在道德上都是善的。同时,在一个腐朽的文明当中,道德的善只能通过正确的共和政治来获得。雅各宾派坚信,他们是通过宣称道德政治和政治道德来达到目标的。

康德,这个雅各宾道德政治实践的具有代表性的"旁观者",在这个问题上的观点是十分矛盾的。有时,由于他低声下气(humiliating)地依赖于君主的意志,所以他几乎总是迂回地处理革命的道德实践的问题,并不得不做一些小的言辞上的让步。然而,大体上来说,从国王受到审判的时候起,他就由于道义的原因,遭到大革命的"罪恶"及其深切痛恨。根据康德的观点,政治中道德原则的存在,只能有一种解释:公正体制的创生,不会妨碍,而将促进人类现象(homo phenomenon)世界道德善的行为,因为,政治体制恰恰是属于人类现象世界的,而不是属于人类本体世界的。这就足以说明为什么康德把雅各宾派的政治教化视为犯罪。同时,他可能永远无法完全抑制对雅各宾道德实践的钦佩。让我举一个关于这个(小心隐藏的)钦佩的例子:"因此,经常发生这样的情况,道德家们行为专断,缺少实践性,他们可能通过匆忙所采纳的或是被推荐的方式,反复违反治国之道,但是,凭借这样违反本性得到的经验,一定会使他们慢慢地走上正轨。"①那些"专制的装腔作势的道德家们"(其政治认同谁也说不清)吸引康德的是:对人类完美性的公共信仰。康德这个信仰与雅各宾派的"公共教义"

① I. Kant, Zum ewigen Frieden, in Werke in zwölf Bänden, Vol. 11, Frankfurt: Suhrkamp, 1964, pp. 234 ~ 235.

相似。① 就黑格尔而言,约阿希姆·里特尔(Joachim Ritter)简明卓越研究的伟大功绩是:我们现在可以明白黑格尔对大革命内在复杂性的态度,这是他哲学的核心问题。② 里特尔的分析表明,没有不同阶段的具体说明的整体革命,是如何成为自由形而上学的核心问题——宗教形而上学,而这个问题从古希腊衰落之后一直处于真空地带。毫无疑问,只要黑格尔涉及雅各宾主义,他只能把它视为"自由的过度",也就是说,视为一个普遍本质的具体畸变。但是,同样无可否认的是,对于黑格尔来说,整个的自由辩证法只能在吸取雅各宾派的教训当中出现。自由和需要体系(目前为止,后者只允许一种"消极自由")之间的矛盾恰恰来自雅各宾自由政治的"社会化",来自黑格尔的"社会问题的主位化"(thematizing),这被阿伦特视为重大的雅各宾遗产。这个冲突正是大革命雅各宾阶段的特征,而且,仅限于此期间。这个矛盾的不可解决性,连同赋予国家在调节特殊、至关重要的矛盾的道德功能(后者一直反映在黑格尔的著作当中,直到《法哲学原理》)都证明了雅各宾派的实验隐秘地、直接地影响到了黑格尔的哲学。

现代民主的建立,是希腊尤其是罗马共和国城邦的再造,雅各宾派革命者把它看成应对"启蒙运动危机"的对策。按照康斯坦特和马克思的著名论文的观点,尽管雅各宾派所投身的事业披着希腊、罗马的外衣,但是其具有精心打造的现代特点,这似乎是毫无疑问的。这一论点的证据是,雅各宾主义当中对卢梭传统的敏锐意识,不断地克服现代性的问题,例如,他们关于一种新型民主的设想。不过,他们的行动也是建立在那些革命早期先驱们努力的基础之上。**民族**作为"主要"社会现象(主要,即"最重要的""首要的"和"优先的"),在锡耶斯(Sieyès)的"国民形而上学"中已经呈现。国民的"权利"(这是一个值得商榷的概念,它把形而上学的实体转换成一个造物主和一个至高无上的立法者)是不容置疑的;他们是"第一原则"。因此,没有什么可以限制制宪意志(volonté

---

① 赫勒在 *Beyond Justice*(Oxford:Basil Blackwell,1986,p87)中已经指出,在康德的哲学中至少存在一种"积极的"倾向,这种转向支撑着他的"人类学转向"和人类完善性的观点。

② J. Ritter, *Hegel and the French Revolution*, trans with intro. by Richard Winfield, Cambridge, Mass.: MIT Press, 1982.

constituante),这种共同的、制度化的意愿。毫无疑问,它代表的是对被长期压抑的前存在实体——国民——首要地位明确的授权。正是因为制宪意志这种不受约束的特征,通常被后人看作自由主义化身的第一次大会,被许多解释者理解为一种专政。此外,一些研究者认为,在法国大革命时期,制宪意志不只是民主的"初始风景"。在这些分析者看来,这似乎是最高层意见的制度化形式,每当基本的原则需要重新商榷时,他们的不受约束的权利就得重新恢复。这正如索布尔所认为的:当从事国王审判的议会开始时,它再次成为一种制宪意志。①

尽管有重大的修改,雅各宾派想象(imaginaire)还是利用了国民(nation)和制宪意志的形而上学。对于锡耶斯和雅各宾派而言,一个关键的区分是,国民是个核心的范畴、主要现象。"国民"是一个形式的而非内容性的范畴。然而,对于雅各宾派的目的来说,需要更多内容上的界定。新的术语是"共和国",它与先前一套具体设计的体制是不同的。我们都知道,罗伯斯庇尔对他所谓的政府形式漠不关心。(在这一点上,他与锡耶斯的态度是一样的。)在雅各宾派的解释中,"共和国"包含两个实质性要素。首先,从与个人野心、贪婪和利己主义相比,它被视为"社会"时空扩展和集体意志。其次,与所有革命中的政治敌人相比,它被视为美德的体现和协商,而这些政治敌人在教化的政治和政治化的道德中呈现出"腐败"和"邪恶"。因此,虽然对于锡耶斯和罗伯斯庇尔而言,国家是共同意志(Volonté générale)的化身,在独裁政权之下,这个词却具有新的含义。在这个新的解释中,共同意志确实是道德的。在雅各宾派看来,这个概念产生了一个可以判断"正确"政治的标准,通过这个标准,可以明确区分出共和国国民的朋友和敌人。

与国民的至高无上的观念不同,凭借"美德共和国"的共同意志从来不是一个充分的基础原则。显而易见,国民,作为一个政治概念,允许从中推导出相应的政治制度,而"美德共和国"是一个需要一种绝对道德基础的道德术语。但是"美德"是一个非绝对的中性词。因此,哲学的革命冒着这样一种风险,即设计一个新的政治秩序去回答"人造文明"的困境和启蒙危机的所有问题,从那时

① Soboul, *La Première République: naissance et mort*, pp. 10 ~ 11.

起,最高存在的崇拜成为可能。不管是对发明者有着个人虔诚还是其他什么东西①,对最高存在的崇拜是"美德共和国"不可缺少的基础原则。这种崇拜也许比一种完全堕落为传统的基督教稍逊一筹,但是,毫无疑问,建立于最高崇拜基础上的共和是从启蒙运动的主导信息出发的:政治的世俗化。② 毫无疑问,超越启蒙运动危机的尝试以反启蒙结束。"美德共和国"被证明是一个原教旨主义的政治制度。1793 年雅各宾宪法就可以证实这种描述的真相,或者更确切地说,体现在 1793 年 4 月 24 日大会上由罗伯斯庇尔提出的"人类公民权利宣言计划"中。

这个"计划"与大革命初始阶段密切相关。它的主要价值——自由和生命("存在")——是对宣言(Déclaration)中这些东西的认同。平等仍然是支持自由和生命的从属原则,而不是敌对的价值理念。自由、生命和平等不但具有悠久的传统,而且其在"本质"是一成不变的。但是,与原初的宣言的区别又是显而易见的。罗伯斯庇尔的"计划",人权和公民权宣言,是按照下面的方式来制定的:"公民"被理解为共和国的国民,而不是被视为拥有政治权利,又因为这种资格而成为公民的"人",而这种资格预先决定了只有人权才属于其中的特殊的社会组织类型。这种双重性是整个"计划"的特征。一方面,它的民主特征比宣言和宪法里的更具有持续发展性。在民主权利的发展历史中,权利的形成代表了一个决定性的突破:普选权。它保障基本人权和公民权,包括集会和言论自由,这也意味着出版言论的自由(包含两个自由,即新闻自由和政治宣传、煽动

---

① 经过仔细分析,得出的事实是:在国民大会和最高机构里,尤其是在公共安全委员会里,一些最为极端的雅各宾派领导人,是鄙视罗伯斯庇尔"祭祀精神"的无神论者。主要的历史学家,如 Michelet,也在这种厌恶中追随着他们。Abensour 认为,就共和法律的神圣基础而言,即使是圣 - 茹斯特也与他的朋友联盟之间存在一种(隐蔽)的冲突(参见 *La Philosophie Politique de Saint - Just*, p. 39)。

② 同时,新的崇拜不是一种真正的宗教。新出现的狂热崇拜所造成的内部矛盾进一步证明,"欧洲天才们"根本没有能力创造具有世界影响力的宗教。一方面,新的崇拜对于真正广泛的公众意见而言太理性主义了。许多著名的关于最高存在的颂扬(最具有代表性的是 Michelet 在 *Histoire de la Révolution Française*, Paris: Gallimard, 1952, Vol. 2, Book18, Chapter1 中的观点)其实是无生命的理性,欢庆"几何精神"的干涸,预示了空洞的、无灵魂和一种未来极权主义民众聚集的操控。被迫欢呼没有机会成为一个新的 bilia pauperorum 的民主接受了这个抽象原则。另一方面,在这种新的崇拜中,道德和理性的终极基础代表着对坚持启蒙重要遗产的那些人的一种愤怒。由于深陷这种争端,革命者承诺提出的新的上帝已经失去,并且永远不会再度获得。

自由)。它规定了主权在民,甚至规定了作为最高统治者的那部分人的主权和竞选公职的平等机会[也就是说,甚至由保守的伯克(Burke)所进行马克钱(marc dárgent)的废除,是如此受鄙视]。它宣告法律面前人人平等,甚至反抗压迫也是一种基本的权利。此外,就如经常被强调的,1793年的宣言是一种"社会民主",原因在于,它宣布了所有权是一种社会制度。在一种抽象的意义上而言,宣布所有权是一种社会制度不是基本政治体制成立的标志。在规定一个社会体系的基本原则时,奠基性文件的首要任务是要说明,人的生命和人的活动应该宣称私人和公共的各自范围。此外,宪法通过将人们生活的一些方面(如意见的保留)归入个人的以及私人的领域,来慷慨地为自由提供保证。同时,通过宣布其他方面属于社会领域,宪法为每个人的幸福提供集体主义的保证。那么,到此为止,雅各宾派正朝现代民主的方向迈进。①

但是,宣言也存在原教旨主义特征的明显信号。② 首先,该文件是在"宇宙伟大立法者"面前所发出的一个"严正声明",因此,它更是一个宣誓,而不是代表公民意向的宣言。但是,誓言,特别是一种宗教的或是准宗教性的誓言,有不可改变的特征。对它不服从就是异端,而对它进行改变则是亵渎。正是雅各宾派"美德共和国"奠基性文件的这种形式,体现出它自身褊狭的、原教旨主义倾向的明显特征。同时,因为它明确定义了所有权在什么意义上是一种社会制度,所以它展示了一种政治纲领和随之而来的立法的特征。按照雅各宾派的宪法,确保穷人的生存和幸福是富人的责任。当然,我不反对累进税制,罗伯斯庇尔"计划"中的那些规定,具有可行性解释的恰恰是累进税制。但是,对基础文件里一般原则的超越,几乎就等同于落入残暴的基础主义的陷阱里。后者的迹

---

① 但是,不论在罗伯斯庇尔的"规划"里,还是建立在其基础之上的宪法,都没有任何对直接民主的认可,这一点是在争辩中孔多塞计划表现出的主要特点。孔多塞计划或者被解释者以沉默的方式加以掩盖,或者被完全忽视,并且被标以"吉伦特派宪法"。这一点E. Biré在*La Légende des Girondins*(Paris: Pierre et Cie,1896,pp. 232~242)中清晰地进行了论述。关于孔多塞计划是否具有吉伦特派特征,存在很大争议。同样具有争议的还有这个方案实施的可行性,其本来设想把巨大的共和国转变为民众的永远联盟和全民公决。可是,就民主价值而言,它超越了雅各宾派的视野,后者坚持行动的唯一准则。

② 我关于罗伯斯庇尔"计划"的分析的基础是他的演说《所有权,人权的一种预计宣言》(1793年4月24日),参见Stephens(ed.),*The Principle Speeches of the Statesmen and Orators of the French Revolution*,1789~1795,Vol. 2,pp. 336~373。

象在“计划”里表现得更加明显，因为它宣称了“非法和非道德”所有权的某些类型。此外，文件的结论就是，要找出进行打击的总体目标：他们是（其他国家和）国王、贵族和“暴君”。这类人群是“反抗地球上的最高统治者的奴隶”，后者由于是一种权威，必然被排除在一个国家及其公民的权利宣言之外，排除在不是世界共和国的奠基性文件的宣言之外。

自由的新秩序不论被称为“民主”还是“共和”，在现今（these days）看来，甚至某种程度上在法国大革命时代，似乎都是理论上吹毛求疵的小问题。[①] 但是，关于自由新观点的实质性问题大部分都隐藏在这个术语选择背后。毫无疑问，如果一个自由的社会要成为“民主”的，这就要求主权在民，因此要对“主权”的内涵进行解释。然而，从锡耶斯到阿伦特，一直存在长期的传统，那就是，理论家们明确反对使用这个术语。对他们来说，一旦专制的君主统治结束（“主权”一词的合法拥有者），这个概念不仅将失去所有的意义，而且也会带来危险的含义。虽然在主要观点上，我不同意这个说法，但我不能否认这些保留意见与反对意见之间的关联。他们主要关注的，而且法国大革命的历史也确证的，并非毫无根据的事实是：民主，作为人民主权论，它表现出了早期专制统治的各种残暴特征。首先，也是因为人民不得不被其他人统治，否则，这个词是没有意义的。这个“其他人”，大概是一些以前享有特权的阶层人员，或者更普遍而言，是指那些持不同政见者，因此成为人民主权论压迫力量的集体目标，在特定的社会里，这将减少而不是增加自由量。[②] 第二，“主权”的概念表明了著名的政治三权分立的统一。把民主作为人民主权论的大部分评论家一直认为，人民（即

---

① 在瓦雷纳危机期间，锡耶斯解释了他为什么对“君主制或是共和制”都漠不关心。他说，他对自称是“共和的”政治态度，并没有敌对情绪，事实恰恰相反。但是，真正的问题所在不是执行者的形式（君主制和共和制之间的区分是，前者的执行者是一个人，后者是一个可以变化的主体）。锡耶斯认为，问题的关键是，这个统治系统是一种寡头政治还是一种多元政治（后者因为多多少少带有政治体制基础，显然被认为更接近自由）。由于多种原因，相比共和制而言，锡耶斯更倾向于君主管理制。因为寡头政治是君主制的天生竞争对手，后者就支持“多数人”的权利参与，反对“少数人”的权利参与，因此，它会促进自由的进程。参见 M. Reinhard，*La Chute de la Royauté*，Paris：Gallimard，1969，p. 126。

② 具有讽刺意味的是，锡耶斯，作为“人民主权论”观点的反对者，恰恰是集体排斥前贵族主张的主要倡导者。参见 Higonnet 在 *Class，Ideology and the Rights of Nobles* 里的论述。但是，新君主（毋宁说是在这种名义下统治的权力精英）的愤怒在恐怖统治期间是最明显的。

整个民众)不可能行使所有的三种功能,也许这三种功能不可能以一种直接方式被实施。如果确是这种情况,人民主权论会变成一个隐喻。但是,如果人民,或者是人民的精英,能实践这些权利,那他们就得如同统治者那样去做,也就是说,不是分别的,而是把三种权利合在一起去实践。这恰好就是为什么汉娜·阿伦特确信,大众主权又会使法律政治化,使政治变得无法无天,就像专制君主统治时期那样。的确,这就是出现在雅各宾派的解释以及作为大众主权的民主实践中的事情。在他们那里,人民主权论成为鼓舞人心的权力机器。从合法政治活动的唯一**轨迹**(locus)来看,国家本身的发展就是受到质疑的,国家开始成为一般的教育家,甚至成为所有社会关系、"市民社会"自身的创造者。

此外,被视为实现了的共同意志法则的共和国统治体系,会让人联想到古代的民众(demos)统治。它对意愿的同质化情有独钟(在雅各宾派统治下,共同意志没有竞争,没有忍耐性)。至于下面要讨论的具体原因,(也是因为)与相对的社会同质化而言,有一个相类似的倾向。一般来说,在试图模仿古代的现代民主机构里,少数人运气不佳:政治精英没有时间给外国人、持不同政见者和不守规则者。如果说在塔尔蒙(Talmon)奇怪的术语里有什么内容的话,"极权主义民主"就是它背后的本质。如果从这个角度来看,我们就能理解雅各宾派革命者所穿的希腊、罗马服装的作用了,这种理解比马克思将其理解为"自我欺骗"更加符合实际。无论他们解释的历史真相是什么,雅各宾派把希腊雅典(Athens)、斯巴达(Sparta)和罗马共和国视为同一个意愿(une volonté une)的家园,即同质化习俗法则和统一的政治意愿。

正是这种"美德共和国"带来了现代政治最重要的原则:自由的辩证法。它是雅各宾派重要的创新,以马拉(Marat)和罗伯斯庇尔"自由的暴政"而著称。有人主张,有必要实行暴政,只要这种暴政是为了自由就行。和仇恨相比,这种观点对其他人似乎极具迷惑性。几乎所有的革命者在紧急情况下都不得不接受了罗马式的临时独裁政治,尽管他们对罗马共和国的做法持不同的观点。①

① 当然,在不同时间和不同情境下,马拉和圣-茹斯特因为倡导这样一种独裁者的理念而闻名。这个理念被他们的同行义愤地加以拒绝。罗伯斯庇尔,显然更为直接,他总是为自己辩护,反对关于他追求独裁者正式立场的指控。

然而,那些人在一定程度上掌握统治权,并实行罗马独裁官们都难以得到的集权,乍一看,人们对那些人的痛恨有些令人费解。对于他们而言,它也不完全是一种伪善的信号。因为他们清楚,君主立宪制是出类拔萃(par excellence)统治的制度,个人统治是人身依附的正面一方;此外,理想的情况是,在君主立宪制下,国王的身体是唯一的、肯定也是至高无上的国家。难怪,一种个人统治的建立,即使是暂时的、受限制的和只是名义上的共和,这种建立对于所有形形色色的革命者而言也都是禁忌。当大革命不再是禁忌的时候,大革命也就接近终点了。即使这种终结只是名义上的。克伦威尔(Cromwell)的经验、对渡过卢比孔河的那个人(恺撒)的记忆,使他把自己提升到护国公的地位。然而,他当独裁者只是出于实用的目的,这就激起了他们的恐惧和怀疑。雾月之前的所有法国革命有一个独一无二的特点,那就是缺少一些由个别人物所占据的具有人格化特点的职位。议会设有专门的议长,委员会实行集体管理,即使实际上有一个人来统治他们,也是如此,于是,俱乐部也是以大会为模板建立的。在热月之前,对个人独裁的需要几乎是无法抵挡的,当然,这又是另一回事了。但是,个人独裁仅仅是众多"自由暴政"可利用形式中的一种。

为什么是**自由**(freedom)的暴政?为什么没有以直接的马基雅维利方式显现出来的纯洁且简单的"武装先知"统治?在这个辩证的构想背后有一个非常重要的原因:那就是与倡导自由和绝对价值的启蒙运动有着密切的联系,这种联系是任何自称革命者的政权难以割断的。这不仅是外表所呈现出来的情形。在很长一段时间内,对于政治参与者内在的良知而言,与启蒙运动的这种关系是禁忌的。因此,有必要实行暴政。然而,这种社会实验的必然结果是,作为最高价值的自由,具有双重意义上的相对性。一方面,其他人现有的自由,是受限制的、缺乏基础的和被误用的自由,如果仍然是自由的一种,那必定是所谓的"假自由"(如罗伯斯庇尔抨击英国的假自由)。另一方面,自由本身,就其转化成暴政而言(在一段时间内,在某些方面对于某些民众团体而言,等等),是从一个绝对的价值转换成一个相对的价值。

为什么会有自由的暴政(tyranny)?那些紧急措施可能是受限制的和强制性的,特别是在战争的情况下,但是它们没有构成暴政的体制。此外,嫉妒他们的自由的国家在给予其战时政府过多的权力之前,通常都是经过了深思熟虑的,但后来又往往对此懊悔不已。在最初的雅各宾派自由辩证的观点中,存在一个危险的含糊性。一方面,根据他们的言论,防范"暴君"的蓝图已经规划出来。换句话说,设计的应急措施制度不能被证明是一个极端的概念。然而,还出现了另外一种解释,首先与罗伯斯庇尔有关。根据他的理论,恐怖不是正义的对立面,而是促进了正义。① 但是,如果是这样,如果相对于非道义的多数派来说,道义"在本体上"是站在少数派一边的话,那么就很容易看出,为什么"仓促组建起来的司法机构"变成了自由的暴政制度。这就是所有情况,更何况雅各宾派的实践自由不是每个人享有权力的总体,也不是每个人为实现这些权力享有的活动空间。它也不是一个自我纠正的过程,其中每一个先前阶段的限制都可以通过实现新的自由而被超越。自由与"道德共和国"的建立是**同时同延**(coeval and coextensive)的,后者为自由所能达到的程度设置了限度。因此,那些想要额外自由的人,透露出他们非善道德的本性,这时就需要有一种"迅速司法"出现。因此,在雅各宾派的计划中,暴政不是特殊情形下的一种应急措施;它恰恰被写入这个方案文本中。

谁是雅各宾派的革命者?正如之前探讨过的,除了相关的阶层理论,目前这个问题还没有相关的答案。这不仅仅是因为阶级(或是阶层)的观念仅仅是在萌芽(in statu nascendi)的状态②,更为重要的是,正是革命过程本身创造了雅各宾派革命者,或是革命者创造了自身。圣-茹斯特的事例经常被引用,这个

---

① Abensour认为,对于圣-茹斯特来说,至少在理论上,恐怖的原则和实践只与革命政府相关联。一旦稳固下来,共和国的机构就不再需要恐怖了(参见*La Philosophie Politique de Saint-Just*,p.27)。

② 关于雅各宾派的认同问题是否可以按照专业概念去理解,还应该提及另一个主要争论。这里著名的是由伯克建立起来的传统(参见*Reflections on the Revolution in France*,pp.40~41),他把典型的革命分子定位在律师职业成员当中(甚至在狭义上的雅各宾派革命分子出现以前)。如果这是真的,就部分解释了诉讼的精神,为了"赢得案件"这个唯一目的,使用诡辩,打破常规,全然不顾及司法公正,这当然是雅各宾派革命的主要精神。很明显,它是在革命势头激进化过程中不断增长的一种精神。但是,这种智谋理论的有效性似乎也受到很大怀疑。莱茵哈德(Reinhard)(*La Chute de la Royauté*,p.200)对此提出了两点异议。首先,他认为,从统计学上讲,这个论点是不真实的:在立法议会里,从事律师职业的代表不超过20%。其次,伯克对整个革命过程(至少是部分的)的猜测是通过愤怒律师的感受来实现的:那些律师,由于其社会的劣势地位,反对过时的(同时也是传统的保守主义)议会和其成员组成的体系,这种观点是站不住脚的。在莱茵哈德看来,到了大革命的时候,律师已经获得了广泛的、良好的声誉。

事例被用来清楚地描述(aperçus)革命过程,这一过程引导参与者做出他们以前做梦都想到过的决定。这个事例首先适用于雅各宾派革命者的自我创建。应该承认,众多的同样思维简单的激进分子,不管他们是否出名,要从他们中进行选择和自我选择,这不是随随便便的决定。首先,应对启蒙的危机以及共和国或者新的民主制创立过程中所涉及的理论问题,需要一种敏感性。其次,要成为雅各宾派类型的革命者,有两种偏好是必不可少的:受卢梭的激发而产生的对穷人苦难的无限同情心,以及永远地只生活在革命中的意愿。[①] 在我看来,与阿伦特的观点形成鲜明比照的是,这种同情的能力是一张杰那斯(Janus)两面神的脸。一方面,它包含必不可少的情感(和智力)准备,对于别人的痛苦遭遇感到惊愕,强烈要求减缓或者取消这种痛苦,超越人造文明的"正常的"利己主义。对于现代性的情感和道德文化而言,这是哲学革命的伟大道德贡献。另一方面,由于救赎性专制主义(redemptive-absolutist)(的特征),它呈现出一种危险的形式。哲学革命者把他自己视为绝对善的储存库,一个人们可以提取任何东西的宝库,只要他是沿着革命的方向前进的,这个方向预示着所有人类痛苦的消除。对抗制宪会议、反对死刑的罗伯斯庇尔与作为恐怖系统重要头目的罗伯斯庇尔之间没有差别:两个人是同一个人。哲学的革命者有一种甚至对罪犯的生命都抱有同情的巨大敏感性。但是这种巨大的、对所有类型苦难的敏感,在凡人之间罕见的一种倾向,使其成为绝对善的化身,成为能解决所有人类问题的灵丹妙药的发明者。因此,在自由辩证法新的旋转轴(pirouette)上,他自由地做任何事情。第二个倾向更是受到质疑的,因为它使得革命成为一种职业(métier),一种生活方式。职业的革命家,他的既得利益是革命进程的延长,他只有在革命的风暴中才能获得归属感,而其他的生活方式是陈腐乏味的,这与雅各宾派的激进哲学是相伴的。

这种假设是有道理的:社会蓄水池中那些对那个时代最深刻的问题具有如此特别的洞察力(如果是在非常不同的智力水平上),并且具有如此高度敏感性

① 遵循阿伦特的观点,在文章《贱民和公民》(*The Pariah and the Citizen*)里,我已经分析了革命的同情所存在的问题。

的人可以被列为所谓的知识分子。阿伦特在《文坛共和国》(République des Lettres)杂志上找到了他们的出生地,最新的关于知识分子渴望阶级权力的理论旨在从他们中寻找其早期的原型。要在大革命的几乎所有阶段,尤其是雅各宾派独裁阶段实行阶级统治,这种(有意识或半意识的)要求无论如何都存在根本的障碍:社会同质性的终极目标,即一个一直处于慢慢瓦解状态中的终极目标(telos)。

恰恰就是这个同质目标(telos),使得对雅各宾主义作为一个政党(a party)的说明,问题重重。正如布林顿的观点所表明的,雅各宾社团网络的所有意图和目的,都是把自身当作政党机器来运行的。然而,作为一个政党所具有的意识以及政党该怎样行动,不仅在他们身上没有体现出来,反而对他们来说还是禁忌。① 当然,公意的精神、共和国的意志,不能忍受"派系"的存在。国家必须是一个完整的、不可分割的整体。人民报并不意味着具有绝对同一性,因为那将等同于绝对的平等,对于罗伯斯庇尔和几乎所有的雅各宾派来说,那是一种妄想。然而,它也不是完全异质的,它也没有被分成由不同党派所代表的不同的阶级。但是,在至关重要的问题上,整个共和国还必须是同质的:这表现在维护共和国的道德上,这种共和国的道德是由至高无上的力量来保证的,并由具有德性的少数人进行监督。所有这一切就阻碍了政党的形成。热月 9 日这一天,雅各宾派为他们的同质性教条感到懊悔了。

---

① 这种情况不仅仅在雅各宾派这里存在。同样的情形也发生在英国修正主义历史学家西德纳姆(Sydenham)那里。在其著作 *The Girondins* (London:Athlone Press,1961)中,他否认了吉伦特派的政党特征。西德纳姆认为这是有着不同想法和行动的政客偶然聚在一起的群体。出于某些神秘的原因,为了相信西德纳姆,就不得不承认,他们也是一个偶然的民众狂怒的集体目标。这当然是夸大其词,但是在了解西德纳姆的详细分析以后,我们就不再认同拉马丁(Lamartine)那种尽管是诗意的,但却是错误的统一吉伦特派政党的观念。

一个文化的社会:现代性的构成

马尔库什　著　孙建茵　译

一方面是理性(reason)和想象(imagination),另一方面是作为文化的现代性,两者之间的联系可能太过隐秘,以至于不能只用因果的影响和作用来理解。理性与想象之间的对立本身就是文化现代性的产物,与此同时,它又赋予了这种文化(至少在文化这个词的一种基本意义上)现代的特征。当然,"理性"和"想象"的观念都有发展谱系,完全独立并远远超出这个对我们的概念知识储备来说相对新来的成员,也就是"文化"概念。但是只有作为文化力量,也就是说,只有作为文化一创造,理性和想象才能在一个对立统一体中取代理性与感性(passions)、感觉(senses)或者启示(revelation)之间古老的悖论。只有通过这种方式来理解,幻想(phantasia),这种最初被理解为感知和思考之间的中介①,或

---

① 参见 Aristotle, *De Anima*, III, 427b ~ 429a。

者甚至被理解为一种为“把握”(katalepsis)思想提供主要材料、理性知识本身的低等内容①,才能获得尊严,成为理性的额外补充,成为人类的能力中同样原始和基本的内容。在黑格尔式的语言中,文化概念是理性与想象得以对立的基础,也是由它们填补的空间,并因此转化为一种由自身赋予力量的联结性领域。因此,想要彻底地(gründlich)、在其起源的基础上把握这种对立,那么去研究它与文化概念紧密相连的基本联系也许是非常明智的做法。

海德格尔曾经列举过——伴随着这种几乎不证自明的特征,例如机械技术、现代科学或世俗化(secularization)——在现代性各种最基本的现象中,作为文化的人类活动的理解和表现,亦即文化概念。② 至少暂时,让我们换一种更合适的说法:只有在现代性的条件下,人们在这个世界上的生活和行为方式,以及他们理解这个世界的方法才能被视为一种文化形式,也就是说,不是作为简单自然的或者上天注定的,而是符合同样由人力创造、可变的标准和目标的、某种人造的和可再造的事物。文化现代性是这样一种文化,它清楚地知道自己本身就是一种文化,并且是众多文化中的一种。并且恰恰因为这种自我反思意识专属于现代性,它自愿地想要成为一种文化的社会(a society of culture),也使它确实变成了这种文化的社会,或者正如黑格尔所言,将之定义为教化(bildung)的世代(world-epoch)。③

然而,这种文化的意识的深处即便不是分裂的,也是充满歧义的,因为“文化”这个名称联系并统一了两个似乎迥异的概念。一方面,在其主要的当代理解中,“文化”指的是所有非生物学固定的人类活动所具有的某些普遍渗透的方面:人类实践及其结果的意义—承载(meaning-bearing)和意义—传递(meaning-transmitting)的方面,使个人能够在一个生活世界(life-world)中生存的“社会事件的象征维度”[格尔茨(Geertz)],人们从本质上共享对这种文化的解释,并且遵循相互理解的方式进行活动。

然而,“文化”这个词广义的或人类学的应用,伴随着另一种似乎相当无关

---

① 参见 Cicero, *Academica II*, I, 40 ~ 42。

② Heidegger, “Die Zeit des Weltbildes”, in *Holzwege*, Frankfurt, Klostermann, 1972, pp. 69 ~ 70.

③ 参见 Hegel, *Phänomenologie des Geistes*, ch. VI, B. I。

的、可以被称为“高雅的”或价值标示的(value-marked)意义。在后一种意义上,它指的是一系列限制性的、非常特殊的人类实践活动——首先就是艺术和科学——即在西方现代性的条件下被认为是自律的,也就是说,本身就具有价值的实践。虽然常常努力在两种文化观点之间建构一种内在的意义关联,或者干脆彻底分离它们,但是它们仍然在当代话语实践中,保持着这种矛盾的、联系无比紧密的关系。把它们凝聚在一起的力量不是逻辑上的,而是其历史起源上的因素。按照我们的理解,文化是启蒙的创造,或许更确切地说,是启蒙自我创造和自我定义方式的结果,既是否定的、批判性的力量,又是肯定的、建构性的历史性力量。文化这两种意义的复杂统一正是启蒙计划中这两个方面的统一。

广义的或人类学的文化观念起源于批判的启蒙,它努力“在观念的废墟上建立起理性的大厦”。通过试图摧毁那个时代的非理性的、被视为所有弊端之症结的“迷信”,启蒙调动起迄今为止都被忽略的人类时空领域。它致力于证明人类生活超越了传统的界限,遵循着别样的行为戒律并拥有另外的信仰体系,然而却已经发展出了一种美满的和/或文明的生存方式。此外,日益明显的是,“偏见”(prejudice)扭曲了理性,具有“外部的”、社会—制度上的支持,因此这种批判也变得越来越激进,寻找全新的目标,蔓延至新的生活领域和场地;最初,是过去的神学和形而上学体系;然后是经典文献的标准;接下来是禁欲主义道德和教会的总体权威;“英雄的”编史学和英雄神话;宫廷虚伪的礼节和贵族的寄生生活,连同封建制度和支持它们的陈腐的经济体制;最后是政治领域本身和专制主义国家机构。在批判范围的稳步扩展中,不仅历史的主题(subject-matter)被极大地扩充,而且还提出了一种理解当下的新方式。我们不再用祖先神圣的传统来看待当代性(contemporaneity),虽然那些传统曾经赋予其体制合法性并为我们提供了可效仿的行动模式。总的来说,过去的遗产丧失了传统的意义:即那些对现存生活具有规范有效的、内在约束性主张的事物。如今,它的意义体现在所有那些积累的、不朽的“作品”和前代人创造的成就上——哪怕是最粗陋和最平凡的——它们传递了特定的行为和思维方式,体现了在促进或妨碍人类精神臻于完美和生活得到改善过程中获得的能力和品味。因此,文化概念以继承的和可继承的人类的对象化形象出现,既成为我们活动的决定性力量

(determining force),同时又是可决定的资源(determinable resource)。它们是历史作用在我们身上的力量,限定了我们生活的方式。但它们也是物质材料、希望的宝藏,我们可以——如果我们没有被盲目的习惯迷惑,没有受到非批判性接受"意见"的影响的话——选择性地用来创造某些新事物,在不断变化的生存条件下,有新收获、新发现以满足理性的要求。由此,启蒙宣告了一个新时代和新型社会的到来——不同于传统社会、不同于"因袭的"社会(traditional societies)①的一种文化的社会。在"现代性"无意义(nonsensical)的名义下,新的时代能够获得自我意识恰恰是这个原因。

"现代的"(Modernus/modern),简单地说指的是那些此时的、当代的事物,对立于"古老的"(antiquus)、以往的、过去的事物。想要获得一个非相对化的、可以指代整个新的世界历史时代的意义,所谓"现代的"就必须有一个新的反义词,这样它可以不再对立于"古老的",而是对立于"传统的",对立于那些无法跟得上历史进步和时代无情的力量的事物。通过宣称自己是现代的,这个时代把自己的本质定位在不断实时更新的能力之上,能够比肩于时代,在这样的时代中,时间不是惯性的侵蚀力量,而是创造性的变革力量,这种力量可能被错过,但也可能为人类的目标所利用。

然而,时间的这种创造力需要治理。在这一点上,启蒙将广义的、人类学的文化概念与在同一个实践计划中、作为其必要补充的另一个概念整合在一起。用理性的革新原则取代模仿原则,启蒙所开创的新时期自身表现为人类潜能的空前扩大和稳步完善。然而,这种历史预期界限的敞开并不意味着肯定了无法预料的、无法控制的变化动力论(dynamism)。即将来临的理性大行其道的时代同时也被视为一个具有前所未有的社会凝聚力、安全性和稳定性的时代。启蒙希望创造一种崭新的情景,在这里改变不再象征着由于偶然性或者情感与赤裸裸的利益作用而引发的规范秩序的崩溃和社会同一性、连续性的丧失。启蒙肯

---

① 或者,例如年轻的、仍然有"希腊人"(Graecoman)风格的弗里德里希·施莱格尔(Friedrich Schlegel),他也许是第一个对这一思想提出真正历史哲学表述的人。他这样陈述了这种对比:现代代表一种"人造文化"(artifical culture)的社会,其特征表现为**无限进展的体系**(System der Unendlichen Fortschreitung),与之相对的"自然文化"的社会发展遵循的是**循环系统**(System des Kreislaufes)。参见 Vom Wert Studiums der Griechen und Römer, in *Kritische Ausgabe*, Padeborn, Schoningh, 1969, Abt. I, Bd I, pp. 631ff。

定性的纲领要为变革的进程附加一个由理性指引的、独一无二的方向,其道路早已被批判的、破坏性的力量清理干净。这一点需要一种适当力量的保证,这种力量源自并直接表达了人类的特殊性和优越性:为意义和价值制造等级,并将其添加到无意义事件的因果序列中的人类能力。只有体现并直接实现人类精神(esprit humain/Geist)的活动才能摆脱所有限制,社会和文化变革——广义的文化——才能服从于最高的、最真实意义上的"高雅文化"所提供的普遍有效的目标。一方面是创新发展,另一方面是社会的完整性和稳定性,两者只有到那时才能协调一致,因为那时文化将不再只是习俗(conventions)和意见(opinions),而是建立在有意识的价值逐步实现的基础之上,这种价值是人真正"自然"的、合理性的自由精神制定出来的。

阶层分化的社会往往把不同的活动类型进行等级分类,并且在适合杰出的、有权力或威望的人的意义上,把其中某些活动解释为"更高雅的"或"高尚的"类型。毋庸置疑,现代性的"高雅文化"的具体形成和理解方式,在很大程度上,依赖于对社会实践预先给定的、承袭下来的评价标准,作为与特殊历史发展同时发生的结果,它既代表了启蒙自身的前提,也代表了它非反思性接受的传统。但是它并没有通过赋予这些活动新的合法性标签来简单地将之法典化:从属于礼貌(politesse)和教养的事物转变成文化的(在这个词狭义的/"高雅"的意义上)事物,这种文化被强加了一种解释性的网格,服务于一种隐蔽的选择性原则。这种文化概念隐含着标准,公认为文化上独一无二的实践才能满足。通过这种方式,启蒙给新兴的高雅文化领域附加上了系统的、概念上的组织等级,既强化了进行中的过程,又赋予了它们新的方向和意义。其中最重要的标准和要求也许可以用对象化(objectivation)、革新性(innovativeness)、非物质化(dematerialization)和自律性(autonomy)①等提示词来表示。

一种实践要想具有属于高雅文化领域的资格,首先,需要在两种意义上满

① Autonomy 一词是马尔库什用来表述文化特性的一个核心概念。这个词强调现代性的文化自身就是有价值的,并且可以按照内在的标准获得评价,体现了与"他律"概念相对的意义。然而,在马尔库什涉及科学领域的篇章中,这个词则更强调科学自主的特性。因此,在全书中,将这个词根据不同语境分别译为自律性和自主性。——译者注

足创造性(creativity)的要求,一方面,它要能够被解释为生产性的,也就是说,能够产生与从业者行为和个人相分离的某物,这些产物在其存在的连续性中可以在主体间传递累积的经验、观点或能力。在18世纪和19世纪早期,我们今天用来指代各种高雅文化活动的分支和种类的所有术语("科学""哲学""艺术""文学")几乎同时经历了一种基本的语义学转向,从暗示个人性情(思维习性)或能力的特定类型,转向标志对象化的特殊活动和/或其全部产物。

然而,在这个词的另一个更严格的意义上,高雅文化活动也必须被视为创造性的:它们所生产的产品必须是新颖的,不是简单传承,而是要扩大人类可能性的范围。历史转型成一种文化社会指的是把作为遵循标准的起源(origin)的权威替换为原创性(originality)的要求,这是任何"作品",对象化被认为属于严格意义的文化领域而必须满足的。对于所有主张具有独一无二的文化重要性的事物来说,新颖性(novelty)既是基本条件,也是评价标准之一。

然而,一些新事物的创造只有作为一部作品,一种"精神"的化身时,也就是说,当结果的对象化履行了只有在观念的对象的特征中才具有的功能的时候,它才具备这种重要意义,即作为一种意义的复合体。在它们的社会解释中,具有高雅文化资格的实践已经经历了一种"非物质化"的过程:其产物的物质的现实性被视为构成基本现实性的、易懂的、透明的意义载体。文化作品只有被理解才能被占有。这种"观念化"(idealization)的过程,其开始当然远远早于启蒙运动,在主流的美术概念中可以发现它最生动的表现——从文艺复兴晚期的素描(disegno)和概念(concetto)理论,经由艺术作品本体论地位的经典概念,例如表象①(Schein),"从其纯粹的物质自然的束缚中解放出来"的感性存在②,到表现主义的艺术理论,例如贝奈戴托·克罗齐(Benedetto Croce)和柯林伍德(R. G. Collingwood),或者像萨特把艺术作品的特征描述为虚构。可能没有这么壮观,但是本质上类似的过程也可以在散文的和文学的文本实践中看到。对于这一点,人们可能会发现一种趋势,就是一部科学、哲学或文学著作(直到现代主

---

① 也可译为假象、幻相等。——译者注

② Hegel, *Aesthetics*, vol. 1, Oxford, Oxford University Press, 1975, p. 38.

义的伟大转型）真正所表达的内容与它表现和直接标题的语言中介出现了断裂。这种现象不仅非反思地体现在“科学理论”或“哲学体系”这些概念的习惯性使用上，而且还成为我们许多基本文化实践的基础，例如现代意义上的“翻译”或“引用”。

在这里我并不是试图描述这些“文化”基本标准的特征，哪怕是概述。我只想强调它们的有效性，或许最鲜明的例子要数宗教了。在大多数“因袭的”社会中，通过为现存经验赋予意义，宗教的表述和实践提供了基本的和最终的解释框架。启蒙运动的大多数代表认为这种功能是必不可少的。宗教的有效性紧密联系着至高无上来源的神圣和永保纯度的起源，尽管如此，宗教并没有进入高雅文化领域。世俗化（secularization）过程的一个重要方面，恰恰体现在这种中心文化力量功能的丧失上，这种力量有别于信仰和作为社会现实的怀疑的实际传播。

然而，我想就自律性概念至少进行一些极为概略的评注，作为其区别性的标志，它往往与现代性文化紧密相连。首先，自律性不能简单地等同于某些自成目的性（autotelic）活动的社会评价，也就是说，独自、本身就具有价值。这种理解非常普遍，并且作为最高和最纯的实践（praxis）形式的哲学（philosophia）的经典概念可以很好地提供证明。但是在前现代社会，活动通常能够被认为自成目的的，因为它们被当作满足高尚人类愿望的活动，所以它们的实行与过一种最好的、最充实的人类生活是一致的。现代的自律性概念，在一种意义上直接否定了这种思想，因为它意味着，根据全部内在的、并且完全独立于对其生产者和/或接受者的生命活动产生直接影响的标准来说，特定实践的对象化结果自身就是有价值的。在这种（否定的）意义上，文化自律性理念表达并强化了一个过程，在这个过程中，特定实践活动成为从社会脱域的（disembedded）①（通过主从关系的解体、商品化、专业化等），也就是说，一方面，不再附属于预先给定的、外部固定的社会任务，另一方面，不再内在地围绕限定的社会因素和情境并且

① 这个概念按照人们对吉登斯《现代性的后果》的理解和翻译，可以考虑译为“从社会脱域的”，表示从社会约束关系中挣脱出来。

针对某些特殊的、有限的受众群体。

这种社会解体过程被理解为解放,理解为专门适用于"精神"活动(geistige Tätigkeiten)的自由的保证,这种观念本质上属于启蒙的文化理念。文化自律性也意味着原生性(autochthony),对相关活动的决定只是由固有的、内在的因素做出,它们在变化和发展中遵循的不是他者的要求和逻辑,而是自己的。文化实践在这种理解中形成了一个领域,在这里不注重权威,只注重才能,不运用强制力,而只进行更有益的争论。它们可能是趋向实现真正有效目的的、当政的、指引的和导向性的社会变革进程,因为在其内部组织中,它们体现了也许从来不能完全实现的事物,社会发展的终极目标(telos):当每个人都遵循着"普遍的声音"的口令时,每个个体自觉的自律性与一切和谐的融合保持一致,便能够成为可能。作为社会演进目标的具体化,以及作为社会演进约束性目标的创造者,从附属于外部强加的、特殊的社会任务中解放出来的"高雅文化"活动,并不是机能缺失(afunctional)——只有通过这种方式,它们才能获得一般社会定位和融合的普遍功能,在过去,这些功能通常是由历史上限定的宗教信仰神圣化的、因而僵化的体系来执行的。

最先始终如一、全面呈现这个高雅文化领域内部构成的人正是康德(Kant),通过概念上的详细叙述,康德同时还揭露了高雅文化深刻的内在张力。因为区别于技巧文化(culture of skill)——一般而言,就是培养我们实现目的的能力并使其得到发展,包括任何种类的目的,不管是对是错——训练的文化(Kultur der Zucht),指的是培养我们自由设定活动有意义和有效目标的能力:它旨在"把意志从欲望的专制中解放出来,由于这种专制,我们依附于某些自然物,而使我们没有自己作选择的能力"①。这个"更高雅的文化"领域"使人类对一个只有理性才应当有权力施行的统治作好了准备"②,它一方面包括科学,另一方面包括美术(schöne Künste):这个领域通过它们的截然对立得以构成[尽

---

① Kant, *Kritik der Urteilskraft*, section 83, in Werke, Cassirer edn, Bd 5, Berlin, Cassirer - V, 1914, p. 512。(参见康德《判断力批判》,邓晓芒译,人民出版社 2002 年版,第 287 页——译者注)

② Kant, *Kritik der Urteilskraft*, section 83, in Werke, Cassirer edn, Bd 5, Berlin, Cassirer - V, 1914, p. 513。(参见康德《判断力批判》,邓晓芒译,人民出版社 2002 年版,第 289 页——译者注)

管在某个场合,①康德提到过人文学科(humanioria)是两者间的一种调解连接]。

科学是以理解(verstand)的立法权力为基础的,正如它逐渐从人类感觉的经验限制中解放出来,以及从自然需求强加给认知旨趣的实用约束中解放出来一样。另一方面,艺术的创造力根植于生产性的想象从理解和预先给定的概念束缚中的解放。表述和对象化的态度,以及作为经验的—现象的现实的世界观,两者是可交流的、可共享的、主体间相互约束的,但是这些态度也是彼此完全对立的。它们彼此对立,正如知识的客观性对立于感觉的主观性,正如理想地形成单一、一致系统的科学真理的统一性,对立于美的对象不可消减的、每一个都是独特和不可替代的多元性,正如概念明确的、单一的意义对立于审美理想多重的、不可穷尽的意义("想象力的那样一种表象,它引起很多思考,却没有任何一个确定的观念、也就是概念能够适合于它,因而没有任何言说能够完全达到它并使它完全得到理解")②;正如严格的、普遍的和可再现的科学方法规则对立于自由的创造力,没有确定的规则可以将之限定,并且其统一体只能以独具个性表达的、无与伦比的风格来表现。科学代表了一种集体的努力,其中甚至最重要的个人成就也会在认知的积累中被超越,因此即使最伟大的科学家也只是理性的工匠和技师(Vernunftk ünstler)③,因为他们解决的任务必须是非个人的,而由于其成就完全是科学的,他们的解决方法也是可以被他人复制的。另一方面,美术"是天才的艺术"④,一种自然的最珍贵的馈赠,具有"不可传达"⑤的技巧,美术作品只能作为可追随的典范,却不是再生产或模仿的产物。此外,最重要的,在科学中我们所遇到的自然是所有可能经验到的对象的总和,

---

① Kant, *Kritik der Urteilskraft*, section 83, in Werke, Cassirer edn, Bd 5, Berlin, Cassirer - V, 1914, p. 432。

② Kant, *Kritik der Urteilskraft*, section 83, in Werke, Cassirer edn, Bd 5, Berlin, Cassirer - V, 1914, p. 389。(参见康德《判断力批判》,邓晓芒译,人民出版社2002年版,第158页——译者注)

③ Kant, *Kritik der reinen Vernunft*, B867.

④ Kant, *Kritik der Urteilskraft*, section 83, in Werke, Cassirer edn, Bd 5, Berlin, Cassirer - V, 1914, p. 382。(参见康德《判断力批判》,邓晓芒译,人民出版社2002年版,第150页——译者注)

⑤ Kant, *Kritik der Urteilskraft*, section 83, in Werke, Cassirer edn, Bd 5, Berlin, Cassirer - V, 1914, p. 384。(参见康德《判断力批判》,邓晓芒译,人民出版社2002年版,第153页——译者注)

就它们依据经验法则处在完全相互联系的关系而言,其意义和必然性是人类洞察力难以想象的。另一方面,在艺术中,我们在想象中创造了"第二自然"(second nature),这个自然"让我们受到恩惠"①,而且它与自由发挥我们意识的基本力量和谐共处,并因此满足我们最深的、特别的人类需要。合理性—智力的与想象的二元对立至此得到了一种清晰的表述,并且在它们的两极中,它们划定了文化的合法领域——但是带有重要的附加条件。

这一伟大的重建为高雅文化实际上的表述提供了概念基础,同时也"解构"(deconstructs)了它在启蒙中的概念。如果文化是围绕着智力(理解力)和想象(以及与之相连的判断力)的直接对立而组建起来的,那么文化统一的思想怎样能够——没有它,其指导性的作用是不可想象的——得到支持?在康德的构想中,审美经验的自律性应该在理论和实践理性之间提供过渡和中介,以便证明它们的统一——事实上它的介入只产生了一种新的二元。康德认为科学与艺术之间的关系是互补性的,但是他从未说明怎样划分这两种对立的、被对象化的并且变得自律的世界观的合法领域。关于伟大文化价值领域之间不可调和的冲突,马克斯·韦伯(Max Weber)结论的前提已经被康德规定了,即使是无意为之的结果。

这个无意的结果部分原因是,康德的"训练的文化"领域的先验构成中存在一种似乎奇怪的构造性失衡。三种出众的认知力(Erkenntnisvermögen),在它们的相互作用中构成了人类意识的特殊结构,并且在它们不同的关系中奠定了人类可能对世界所持态度的基础,三种能力中只有两种具有文化的"表现":而履行了统一的最高功能并独自在道德领域里立法的理性,却不是任何独立文化活动领域的基础。或者说它是?因为用康德自己的观点来看,如果不是实践理性的文化体现,那么什么是肯定性宗教的历史形式(康德称之为 Kirchenglaube)?然而,康德没有承认它们属于更高雅的文化领域。因为,截然对立于科学和艺术,在某种"教会信仰"形式中的宗教,没有解放它潜在的先验原则,而是以相反

① Kant, *Kritik der Urteilskraft*, section 83, in Werke, Cassirer edn, Bd 5, Berlin, Cassirer - V, 1914, pp. 458 ~459.

的方式行动:也就是说,它将他律的(heteronomous)刺激动机引入道德行为领域,为了名副其实,它必须早已被认为是自律的。正因如此,还是对立于真正的文化形式,一种肯定的宗教形式"不可能普遍具有令人信服的力量"①。它的必然性只是建立在作为经验事实的"人的本性的特殊弱点"②之上,产生一种对支持的需要,以保证外部的事物全部顺应道德命令。

但是,由此康德似乎破坏了启蒙赋予高雅文化的特殊意义。因为不仅是"人类弱点"的情况,可能社会有效性问题也必然出现在关于那些只有通过文化发展才能获得它们的自律性的领域之中(真和美的领域):众所周知,从19世纪80年代中期开始,康德逐渐对启蒙的蔓延问题忧虑重重,态度悲观。更重要的是,他的概念阐述不可避免地提出问题:如果道德本身的唯一的目标和价值不能被转变成直接的文化力量,那么,文化怎样才能为我们提供社会发展的全部导向目标?直到临终前,康德在历史中为"道德培养"(moral cultivation)何以可能的问题提供了矛盾的答案。但是,这个与他的体系逻辑相对应的唯一的答案(并且是在他的系统著述中唯一发现的一个)却是否定的:对于人类遵循真正有效的、适合人性的目标的能力来说,高雅文化的培养只能提供否定性的条件,而绝非保证。它只是削弱或消除了我们按自己的选择去行善或作恶的自然愿望的专制。文化是自然与人的终极目的(letzter Zweck),但是它并没有赋予我们可以接近人类存在的最终目的(Endzweck)的指令。总之,它的自律性必须依赖于其他事物。

因此,对于启蒙的文化概念做出哲学表述并使之合法化的这一最初的和典范的尝试,事实上以这个计划的基本理念的取消而告终。不出所料,此后几乎立刻就出现了一种反启蒙的文化乌托邦,动因是要实现启蒙失败了的承诺。在这个世纪之交之前,这就已经在[黑格尔的]《德国唯心主义的最初的体系纲领》(*Earliest System-Program of German Idealism*)这个深奥的文本中得到了典型的表述。它宣告了将"理性与内心的一神论"同"想象和艺术的多神论"统一在

① Kant, *Die Religion innerhalb der Grenzen der blossen Vernunft*, *Werke*, Bd 6, p. 255.

② Kant, *Die Religion innerhalb der Grenzen der blossen Vernunft*, *Werke*, Bd 6, p. 248.

一个“新的神话”中的思想,而这种神话“必须服务于观念,必须是一种理性的神话”。① 不是要实现文化领域的分化和自律,这个纲领宣布了重新融入生活总体中去的需要;不是用价值创造的精神的自由活动取代宗教和神圣化的传统,而是计划将这些活动再神圣化(re-sacralization)。不是文化上制造“第二自然”,其最有代表性的特征是要求和唤起一种批判的距离和反思的态度,而是旨在把“第二自然”综合创造为在更高水平上向直接性(immediacy)回归。但是,让哲学成为神话,仍然只是想要“使人变成有理性的”,想要“创造一个更高的统一”,在这里“启蒙的和非启蒙的能够相互结合”,由此再也不会有“在智者和神父面前盲目的、颤抖的人”,相反“普遍的自由和平等的精神将长盛不衰”。②

从早期浪漫主义开始,这种仍然至少保留着启蒙某些目标的反启蒙,具有文化现代性历史的规律性循环的特征。其思想的某些内容甚至在后现代的理论中产生了回响:一种纲领上的融合,不仅是理论上的,而且是伦理和政治的一种唯美化(aestheticization)趋势。总的来说,人们可以在所有话语的叙述中发现一种不过是神话稀释后的版本。但是,今天,这种神话并没有以未来无所不包的统一的乌托邦名义出现。即使一些后现代主义的代表用赞颂的语气谈论差异、无意义和分散时,的确唤起了与无政府主义计划(本身是启蒙的继承者之一)的某些联系,但是这些理论总的推动力和意义还是强烈反乌托邦的。后现代提议的判断中,许多基本要素——比如,让-弗朗索瓦·利奥塔(Jean-Francois Lyotard)对所有宏大叙事的分解,或者让·鲍德里亚(Jean Baudrillard)拟像(simulacra)的盛行——在内容上与文化现代性最绝望的批判具有相似性[在海德格尔(Heidegger)或阿多诺(Adorno)那里],现在这些现象在唯美化的自我满足或顺从的幻灭的态度下得到接受。

毫无疑问,历史经验联系着一个事实,即反启蒙——或者,较少异议的说法是对启蒙的基本批判——不再呈现出再神话化(remythologization)的乌托邦形

① Hegel, “Das älteste Systemprogram des deutschen Idealismus” in *Mythologie der Vernunft*, ed. C. Jamme and H. Schneider, Frankfurt, Suhrkamp, 1984, p. 13.

② Hegel, “Das älteste Systemprogram des deutschen Idealismus” in *Mythologie der Vernunft*, ed. C. Jamme and H. Schneider, Frankfurt, Suhrkamp, 1984, p. 14.

式。但是它也不再需要表现为这样一种形式。因为，此时，不仅是启蒙的承诺——退化为在唯一的“科学世界观”基础上设计一个普遍幸福的社会神话——还有其最初计划得以表达的基本概念，也已经丧失了可信度和吸引力；不仅如此，一种“更高雅的文化”思想本身似乎已经被剥夺了实证支持。对它们的批判不需要再调用其他的可选的方案来一起抨击它们合法化的方式。通过证明这些思想不再支持当代现实，或与当代现实无关，就可以达到批判的目的。

现代主义和后现代主义已经提出了一种文化进程，这个进程似乎破坏了“高雅文化”概念在现代性中可以并已经被明确表述的条件和标准。人们可以轻松地把去对象化(desobjectivization)、再物质化(re - materialization)、新颖性与创造力的分离(divorce of novelty from creativity)以及异生性(heterochthony)的过程，说成在适当的实践和/或它们主要的解释特征中表明变化方向的趋势。

我所说的去对象化指的是一种倾向，把文化“作品”是一种自我存在的(观念的)对象的理念得以还原——要么，在硬科学中，支持也许只是由互联的电子设备信号介导的、偏离中心交流的连续过程，要么，在艺术中，支持间断的、分裂的事件，没有清晰界限的一种存在。(人们在此处也可以把一些解释包括进来，根据这些解释，甚至传统的“艺术作品”也只有在飞逝的、不可复制的适当接受行动中才能获得审美重要性。)再物质化指的是感觉蒸发的过程，要么(在科学中)它还原为一个公式的复合体，在高度专业和特殊的实验情境中，其不工作的构成似乎只是履行一种指涉职能，而不构成可理解意义的总体，也就是系统上可理解的所谓指示物的解释；要么(在艺术中)，一种对意义关系有目的的阻塞，以便自我指涉上突出象征符号，也就是传播物质中介本身，并且要达到释放其“符号的活力”的目的。毫无疑问，新颖性，保持着其文化重要性的基本标准的作用。然而，它愈发激进地要求脱离创作主体是自觉意愿原创性的来源这一理念。这不仅体现在如“作者已死”的解释的—理论的观念中，而且，在某种程度上，也表现在各自实践特征的变化中。可以发现，例如，在硬科学中，众多作者的身份是很突出的，往往包括不同专业的科学家，他们之中没有谁能拥有(至少形式上是这样认为的)驾驭整篇论文的内容和主旨的能力。在某些互文性理论中,一般而言,文化活动类似于诺瓦利斯(Novalis)①"巨大磨坊"(monstrous mill)的想象,没有建造者和坊主,只有研磨本身。

最后,是自律性的问题。当然,不仅在某些功能分化的体制网络框架内,作为专门专业化活动出现的社会学意义上,高雅文化实践是自律的。在它们的结果被社会设定为本身有价值的这个意义上说,它们同样是自律的。也就是说,只有按照内部和内在于所提到的特殊领域的标准和条件才能对它们进行评价,并不需要说明它们潜在的和"外部的"社会—实践影响。然而,文化实践这种规范的自律性却无法保证它们的原生性,这种原生性既是内部独立的决定,也是它们发展的方向。经验的自然科学就可以充分说明这点,它是实践的作用最令人信服的候选者,其动力由自己的逻辑限定——问题—产生、问题—解决范式的逻辑——并且在科学中,适当的内部评价标准得到了最明晰的表述和共识性的接受。

现代科学的合理性在根本上要受到理论结果主体间性的、经验上(实验上)可检验性/可证伪性的约束。要发挥这种作用,科学实验本身必须根据"实验报告"式的、推理的标准来解释。简略地说,它们需要一个完整的无个性说明,用于描述依当前实验室条件而定的意向行动和相互作用的复合体,换言之,这是一种程式化,把它们转变成在标准条件下发生的、拥有连贯顺序的事件,在这种境况下,实验员—"作者"(通常是许多人在复合的、等级的组合中)只是匿名的操作者,以及方法上编程操作的、疏离的观察者。为了能够履行一种可检验性/可证伪性的功能,就要提到实验报告,作为一种认知标准,只有那些,而且是所有那些如此描述的物质条件和过程才可能影响实验的结果。只有满足这些条件才能保证它的可复制性,也因此使主体间的有效性的要求成为合理合法的。

然而,很明显,一般而言,这样的标准原则上很难满足:在一种难免犯错的科学里,假定的适当条件范围是敞开的。事实上,任何实验的描述都将被理解为在非指定的、未知的、其他条件不变(ceteris paribus)的前提下提出的有效性主张。因此,任何实验报告都能够接受没有说明所有相关可能性因素和原因的

① 诺瓦利斯(Novalis),18~19世纪德国浪漫主义诗人。——译者注

异议。既然这样的批判始终都会出现,因此也就没有什么力量。只有人们可以对某些未说明的相关因素的具体本性和特征提出实质性评述时,它才是有意义的。然而,通常只有以理论论证为基础时,这才具有可能性,只有用实验数据证实在既定的解释下它与原始实验验结果相矛盾时,理论论证才变成对最初实验解释(以及支持它的理论)的尝试性证伪。但是,这需要对它进行"再实验"。然而,这种再实验是否实际上值得并可行,在高度专业化和非常昂贵的当代研究形势下,取决于限定条件,其中外部的观点和标准发挥着即便不是决定性的,也是非常重要的作用。事实上,这种"再实验"的可能性通常最终依赖于主体和组织的财政和管理决策。从科学的角度看,这些组织没有能力合理地做出这样的决策,因为通常它们的大多数成员并不是特殊研究领域里的专家。总的来说,这意味着事实上科学发展实际的决策并不是由科学合理性内部的认知标准来决定的。但是这并没有使认知标准失效——它们构成了一个标准的框架,使主体间评价和再评价那些研究结果具有可能性。但是,这些规范的特征(它们的反事实性),从科学认知结构的角度看,它们的完成需要"外部的"介入,这些同时发生的因素既依赖于自己的社会组织(研究垄断的存在/缺席),又依赖于它与整个社会权力结构的联结。科学与权力的联结内在于科学本身的机能中。科学发展的"合理性"没有内在的保障。它使"客观真理"(在康德使用这个词的意义上)理念具有可行性的条件和标准,原则上保证了结果的可修正性,这些结果是早前的、受"外部"影响的、在众多对抗性理论和解释中做出的选择,但是只有在具有"外部"的社会空间和推动力帮助其完成的条件下,它才能获得保证。

所有这些涉及"高雅文化"实践特征上不同的变化进程的因素——在不同程度上——都是片面的,无法为它们今天正在经历的复杂蜕变提供一个均衡的图景。然而,整体上,它们充分的经验事实和力量,却让源于启蒙的"高雅文化"的"经典"概念,在解释和描述这些实践是什么的方面变得不可适用,在可以并应该成为什么的理想方面变得站不住脚。今天的科学不再提供,或承诺提供一种"世界观";它们已经变成彻底单一功能的产物:一项技术的智力成分,仅仅是一种专业知识。"自由"的艺术真正从所有的功能中解放出来;它们不再是想象和理解和谐的表现,在其规则不断和无法预料的变化中,它们成为复杂的游戏和毋庸置疑的娱乐。当然,这些规则仍然为游戏者提供不同的社会象征。这些自律领域和象征—解释体系之间的联系,引导着我们的日常活动,也就是广义上的文化,似乎看起来不过是由可见的和不可见的、渗透到它们两者中的权力机制构成的。

尽管如此,启蒙打造的高雅文化的观念,对于我们来说,虽然是站不住脚的,同时却依然是必不可少的。正如所描述的那样,它是与趋向性相对抗的矫正物。它仍然发挥着微弱的、当然非救世主式的力量,使文化的发展方向保持开放性的、离心的驱动力。这种理念仍然不仅存在于批判性地质疑这些实践的功能及其与权力的关系之中,而且也存在于那些具体—实践性的自我反思的形式中。它的出现在米歇尔·福柯(Michel Foucault)看来是一种标志,是从启蒙的任务中遗留下来,今天由“特殊知识分子”来肩负的使命;[①]它同样也根植于这些实践本身之中。

仍然希望从科学中揭示这个世界的真实“面目”,使我们在其中的处境变得可以理解,允许我们不仅能判断成功的条件,还能判断我们目标的意义,保持这种希望的不仅是一群天真和被误导的民众。“终极本体论”的预期在科学实践本身之中也是有效的。因为,为了矫正早前的片面性,在科学内部和外部,理论选择不仅由半政治协商的结果以及权威者的判断从外部决定,它往往还受到科学共同体成员某种真理形态的、多种信仰的影响。上帝不会“掷骰子”,统一的域论还不够疯狂——从科学合理性的现存标准的角度来看,这种暗示和感想,甚至内心感受,不仅是外部的,还是“非理性的”,不是因为它们同时发生,而是因为它们假定真理的观念不能还原为保证性的断言。然而,当批判性的重新检验指引着科学一般发展方向的主要研究范式,它们曾经发挥过并仍然发挥着重要的作用。

无论我们时代的艺术关涉的是什么——尽管它能够讽刺性地自我反

① 参见 Michel Foucalt,“Truth and Power”,in *The Foucault Reader*, ed. Paul Rabinow, New York, Pantheon, 1984, pp. 67 ~ 73。

思——它都不是由艺术史的意识单独规定的。创造力和解释力的双重努力,以及要表达关于什么超越了艺术、什么是仍然难以言说的“思想”的要求,一次又一次地回归,打断或扼杀了越来越激进的革新要求或艺术概念本身的问题引发的形式谱系意欲发展的逻辑。如果说后现代主义艺术作品,这种最异质性的群体,不再为我们呈现封闭的意义总体性,即一种乌托邦式协调一致的审美预想,那么它们也仍然保持着挑战我们惯常的感受力的意图和冲动,要使我们体验喜悦,或更经常地体验别样的和他者的痛苦——应该说它甚至更深谙此道。想要成为一种普遍性的语言,“心灵与心灵之间的桥梁”,这种雄心壮志仍然是艺术的抱负——只是今天谁还能对这样的主张信心不减?

抱残守缺,似乎是典型的“言而无信”(bad faith)的例子。我们是启蒙的后继者;它是我们文化“言而无信”的体现,但是这种文化仍然——让精神魂牵梦绕。祛魅甚至消除它的努力当然也可以理解。然而,我深信,如果这真的成功的话,那将使我们的文化丧失其批判活力的基本动力。这恰恰是我们害怕看到的。

当代俄罗斯哲学对同一性问题的探索

Г. П. 古里科夫、М. Н. 拉索哈　著　周来顺　译

当代俄罗斯哲学是一种复杂的构成物,它既是一种社会意识形态,同时也是一种世界观。在本文中,我们所感兴趣的是作为科学的哲学。作为社会意识形态的哲学明显落后于社会事件的变化,落后于我们这一代所经历的急剧变革。哲学怯懦地、往往片面地、滞后地提出那些在社会中早就凸显、激化并具有迫切现实意义的问题。哲学失去了不久前令人信服的根据,而且不能产生出新的基础,哲学显然来不及为社会制定和提出自己的方案,并拟定出实施这些方案的途径。作为世界观的哲学失去了确定人在世界中的位置的可能性,哲学没有完成自身在社会中的定位和意义形成功能。从认识的观点来看,哲学与其说是促进科学知识产生的精神产品,不如说是信息"噪音"。在今天,哲学不再是能调整我们的意识和行为的系统,哲学更倾向于是给我们的思维带来混乱的因素。哲学不再是行为的指导,而是更为关注虚假的问题,哲学使人脱离了对智慧的寻求,并沉迷于自称的智慧之中。而在这个形形色色的观念、概念、理论和假设的共同体中,哲学家自身已经和普通的使用者一样,不能从这些形形色色

的观念、概念、理论和假设中区分出哪些能遵循现实,哪些能用于指导行为,哪些能被认为是自己的,而不是别人的。事实上,我们谈论的是丧失了科学的哲学。

当代社会突然致力于对"同一性"问题的探索——语言的、民族的、社会的、经济的、政治的、文化的"同一性"等,所有的人不知为何同时并长久地失去了"同一性"。我们所有的人都在寻找,寻找"失落的时光"。哲学试图去认知事物形成的状态。哲学和整个世界一样,提出了清晰或模糊的问题:"我们是谁,我们从哪里来,我们又将到哪里去",哲学试图找寻到已遗失了的同一性。对科学来说,确定自身的同一性首先要确定自己的研究对象。正是研究对象赋予了科学一般的特性,用以区别于日常的认识形式,并把某一科学从类似的科学群体中分离出来,以证实自己的独特存在。科学研究对象有主观—客观的存在形式。研究对象随着世界的变化和对它的认识而一同发展。我们的概念也随着科学研究对象、科学研究对象的边界和可能性的变化而改变。科学内部出现了专门研究世界某一方面认识的领域,或者说是独立的科学,自然科学或人文科学。为了使自身关于研究对象的概念与这一科学关注的中心以及已有的知识一致,任何科学都在逐渐明确自己的研究对象。在此,关于哲学研究对象的问题也不例外。这一问题是如此古老,就像人类该知识领域本身一样古老,并且在人类不同的发展时期使用不同的解决方式。我们的任务不是研究哲学研究对象概念的整个历史以及对这一问题的全方面认识。我们只是涉及其中的一方面,因此我们需要明确当代哲学研究对象的概念,并拟定这一概念的趋势,而这意味着设置初始的限制框架。

一般来说,"同一性"这一时髦的词语被翻译成等同、一致。我们将在这一意义上使用它。当代关于哲学、哲学研究对象、哲学在世界中的使命或地位、哲学在社会中的角色和意义的认识,是对自身同一性和自我一致性诸多和长期探索的结果。这种同一性可能存在于认识、思维以及思维在自身内容形成、发展和作用的历史中。哲学以概念化的形式在自身的研究对象中寻求同一性,也就是在理解自身的基础和在社会的角色中寻求。哲学研究对象的确定与哲学基本问题以及哲学基本问题的解决有着紧密联系。正是基本问题决定了哲学的问题范围、主要的分歧,并以集中的和概括的形式赋予了哲学研究对象直观的确定性。哲学基本问题不是指次要的、补充的,也就是说哲学基本问题不是指第二位的、派生的。我们认为,哲学研究对象是与哲学基本问题的定义紧密联系的,它组成了哲学已经解决的和正在解决的本质的问题域。

近年来出现了一种倾向,即拒斥、轻视、抹杀解决哲学基本问题的现象,或者对哲学基本问题进行别种解释,即不承认物质与意识的对立。遗憾的是,应该指出,这种类型的"新现象"既没给哲学自身也没给哲学自身解决问题的可能性带来任何益处。我们可能会说,哲学基本问题的作用在过去被低估了,而在今天则被哲学家们贬低了,其既有害地影响了哲学知识的结构,又影响了它的功能。我们认为,哲学基本问题在构成哲学和实现哲学中不仅是认识论的,而且还起着方法论的、社会的、语用的、预测的功能,如果说不是起着决定性的作用,也是最重要的作用。同样,拒绝的借口是虚构出来的,即前一个历史时期对哲学知识严重的"政治化"和"意识形态化"。拒绝的理由是这样一些"危险",它们在20世纪末就被揭示出来了,并且与两大体系的对立有关,与"冷战"和意识形态斗争有关。拒绝研究哲学基本问题伴随着哲学知识自身内容、问题范围、"人道化"不断更新的要求,伴随着研究中对"人"的转向、拒绝教条与其他好的建议的要求。某些观点认为,在有关克服两种制度之间的对立性,停止意识形态的斗争问题上,只剩下了哲学体系间本质的区别——唯心主义和唯物主义。这样,可以断言,"当代唯物主义承认主观因素在个别历史进程框架中决定作用的可能性。当代哲学开启了综合精神价值和传统的伟大时期,在人道主义和尊重个性原则的基础上消除了意识形态的偏见"。但在作者看来,"这并不意味着在唯物主义与唯心主义之间,能够克服关于'物质与意识'问题上的本质差异"。①

如今人类取得了如此巨大的"实力",能够处理那些更加棘手的问题,甚至能够发动全球性战争和消灭文明。但从最低程度上说,这与解决物质和意识何为第一性的认识论问题没有任何直接关系,与主观因素在个别历史进程框架中

① Основы современной философии. СПб. Изд – во《Лань》,2004,pp. 6 ~ 7.

的决定性作用也没有任何直接的关系。不应该把社会学的、意识形态的、政治的问题与认识论问题混为一谈。遗憾的是，许多哲学家被这些号召所迷惑，而转向追寻新的发现，却忘记了自身独特的历史。关于这一点，我们想提醒的是，试图把哲学简化为意识形态和社会阶级领域关系中辅助性角色的观点，在舒里雅柯夫①的著作中已经开始出现。他在20世纪初，一方面审视了“物质”和“意识”间的直接关系和同一性，另一方面审视了无产阶级和资产阶级间的直接关系和同一性。他试图把整个哲学的历史阐述为阶级斗争的历史，由此导致了他在哲学范畴的背后仅看到了它们的社会内容和意识形态的外形。建议我们的“革新者”读读列宁在其著作中对这种站不住脚的、庸俗论的观点的剖析。从列宁对这种庸俗论观点的批判开始，“舒里雅柯夫主义”②进入了历史哲学科学。遗憾的是，现在这种历史正在重演。一些“新思维”的热心者们，试图用颇有名气的舒里雅柯夫的精神，把涉及本体论和认识论问题的哲学强行塞进意识形态关系的、特殊的、狭窄的领域，从而忽略了哲学知识自身独特的问题范围，忽视了本体论和认识论问题，这种现象在解决哲学新问题的过程中显现出来。

与此同时，对哲学基本问题的忽视隐含着复杂性。拒绝哲学基本问题的解决或对它的遗忘，是对哲学发展的统一性路线的破坏。从哲学诞生之初，恰恰是哲学基本问题处于争论和总结的中心，这种争论和总结激荡着哲学界。对哲学基本问题的忽视，是对哲学自身的历史和哲学知识本身的破坏。恰恰是解决或者致力于哲学基本问题的解决，使得这种或那种知识成为哲学的，也就是说，这成为把这种或那种概念转变成哲学因素的尺度。正如化学家能从事化学研究，为此他至少应本能地判断出这个问题需要化学而非物理学来解决一样，哲学同样也是如此。有某种东西使得化学和物理学区别开来，并赋予化学自己的特性。这种特性贯穿整个化学大厦，它决定了化学之所以是化学，而非物理学。另一方面，化学认为它所特有的——保留争论的领域，这个或那个观点只是或

---

① 弗拉基米尔·米哈伊洛维奇·舒里雅柯夫(1872~1912)，马克思主义文学评论家，社会民主党人，俄国庸俗社会哲学的代表人物。他在反对艺术和文学领域中存在的折中主义和唯心主义思潮的斗争中，经常把马克思主义学说庸俗化，因而多次遭到列宁的批判。——译者注

② 舒里雅柯夫主义是指以舒里雅柯夫为代表的、20世纪初的俄国庸俗社会哲学观点。——译者注

近或远地接近真理。也就是说,每一门科学都有自己的基本问题,基本问题的提出和解决决定了是否把某问题划入该科学的领域,这也意味着与研究对象确定了联系。

为什么当哲学自身致力于确定自己的特性、阐释自己的特色时,会呈现出复杂性呢?毫无疑问,哲学知识的定义、基本属性是与任何科学基本问题的解决相联系的,哲学也是一种科学。恰恰是基本问题的这种或那种解决,使得哲学知识既不会滑向“自然哲学”追求“实证知识”的处境,从而导致远离哲学基本问题的解决,也不会提高到“科学中的科学”的地位,从而导致吸收所有自然知识或任何其他正面“科学”的启示,并对它们的所有遗漏和忽视负责。正是哲学的基本问题使得众多“专门的”哲学理论协调并组成一个整体,哲学知识的专门领域使得知识具体化、丰富化,并摆脱了一般抽象的领域。在哲学领域正像在社会领域一样,存在劳动分工,这种分工导致了哲学知识的专门化和固定于服务一般整体中的部分领域。在特定的阶段,这些整体的部分发生了分离,这些专门知识高估了它在哲学整体发展中的作用,并且在对部分问题的解决中,形成了与整体思维的对立。众所周知,整体不能机械地归结为部分的总和,它们之间拥有质的差别。部分脱离于整体,部分与整体的分离与对抗,最终导致了专门知识与哲学整体知识的分离,导致这一部分丧失了哲学的属性。因此,不论我们对部门哲学采取了多么“聪明”的定义,也不论我们在形式上怎样承认它是哲学知识,但实际上,部门知识脱离于哲学史、脱离于整体的哲学知识,最终导致部门知识丧失了整体的属性——哲学的属性。因此,我们认为哲学知识的特征之一,就是对哲学基本问题的不同解决。也因此,哲学基本问题应以某种形式进入哲学研究对象的定义之中。

众所周知,任何研究对象,包括哲学研究对象都处于矛盾之中,它包含客观的和主观的成分,主、客观之间存在矛盾,这种矛盾是认知和哲学发展的动力。思维和认知需要这种矛盾,哲学基本问题的定义也是矛盾的结果。只有从更普遍的层面上审视问题,才能解决哲学基本问题。因此,从某个孤立的、个别的人出发对研究对象的定义是站不住脚的。在解决哲学基本问题和形成知识的过程中,产生了概念和规则的定义,构造出了相应的范畴。因此,在哲学研究对象的定义中应包含基本问题的定义。承认把哲学基本问题引入哲学研究对象的定义的必要性，我们应充分考虑到，“基本的”不是“所有的”“完全的”“整体的”，但却是必要的。“意识”“思维”“主观性”在自身的发展中拥有相对的独立性，也就是说，在认知中以反面的、变换的、积极的特性影响着纯粹的“物质”。因此，在对象的定义中应考虑“所有的联系和中介”（列宁语）。

遗憾的是，以前许多哲学研究对象定义的注意力集中在它的客观方面，集中在意识关注的方面，然后把这方面推广到“自然和社会”领域的一般形式上，而假如再加上“思维”的话，也同样是从客观的、消极的方面来关注“思维”。这样的话，就忽视了主观方面，忽视了认知主体的条件、规定、定义和它的积极性。不同的哲学流派都利用这一点，把重点放在哲学研究对象的对立性、主观性方面，使之达到绝对化，达到与客观部分相分离。由此，这种和那种观点都隐含着错误，偏差。关注的重点在研究对象的两个方面（主观和客观），在它们之间存在的矛盾，这种矛盾是哲学知识发展的源泉，这种矛盾要求以哲学主要问题的形式引入研究对象的定义之中，要求在明确地解释科学知识的哲学内涵时，应首先深入哲学研究对象的定义。

从整体上看，哲学基本问题是确立哲学本质的、系统的、结构性的因素，正是基于哲学基本问题的解决（或未解决），赋予了整个哲学体系本质的特征，使它成为区别于物理学、化学或任何其他科学的哲学。为了解决自身的基本问题，哲学需要提高对物质和社会之间更为普遍的联系和关系的认知，这其中包括对它的部分——意识的认知。由于哲学制定出了相应的认知方法——概念、规则、范畴，在这些认知方法中反映着现实世界的特征。哲学创立了自身的语言体系，创立了使用这些规定和范畴的原则，创立了自己的方法论，同时，哲学本身亦是以现实世界发展的客观趋势为基础的。在解决基本问题的过程中，哲学利用相关的原则、规则、范畴、方法（方法论、证明和反驳的规则、知识的认识和理解规则）来证明自己的称职和效应。而这意味着，正是基本问题拥有功能意义，这种功能意义不仅是认识论的，而且在间接的关系和联系中，还表现为社会的、整合的、语用的、预测的功能等。拒绝哲学基本问题的解决，导致在认识领域中用“功能的”偷换原初的关系，用“属性的”偷换实体的基础，用“属性”偷换现象,从而失去了事物质的特征,导致了关系的混乱。

在哲学中,把哲学基本问题放入它的研究对象定义的建议已众所周知,其中包括哲学史研究对象的定义。特别是热尔诺夫在其奠基性著作《哲学史中的哲学研究对象·史前史》一书中,对多年的争论做了总结,并给历史哲学研究对象下了一个相当宽泛的定义,其中指出必须查明:“哲学最重要问题的各种概念:主观和客观辩证法,各种哲学的基本问题,这个问题本身,主观和客观辩证法问题,物质和精神的关系。”①他强调指出,“对于‘什么是哲学’的回答,哲学史呈现出两条主要路线的斗争——德谟克利特路线和柏拉图路线。唯物主义是哲学中的主线,发展为马克思和列宁的唯物辩证法。在哲学中不存在第三条路线,而且在理论上也是不可能的。”②他接着论述了哲学知识的发展经历了历史上唯物主义和唯心主义的复杂斗争。在具体历史条件中,唯心主义学说在其原则性错误中,也包含了如何正确地提出哲学问题,并对它们进行有趣的解决。相应的,唯心主义者创造的哲学概念虽包含矛盾,但不排除积极的社会意义。德国古典唯心主义就是个例子。归根结底,在最广泛的世界历史纲要中,唯物主义扮演着绝对进步的方向,并且伴随着建设无阶级社会的过程逐渐被视为科学的世界观。唯心主义在本质上和在社会功能上逐渐失去了相对进步的意义,“转向了维护和支持宗教”。这就是当代资产阶级唯心主义哲学的命运。

我们认为,哲学基本问题的意义如此重要,把它划为研究对象的定义的必要性远远超出了历史哲学研究的领域。哲学思想像整体的社会意识一样,在自己高度发展的状态中获得了复杂的成分和功能。这样,哲学与“社会存在”的发展之间拥有相对的独立性,对产生它的环境拥有“首要的”、逆向的、积极的、转换的属性。但与首要的、决定性的关系分离后,每一种社会意识的组成部分(其中包括哲学)就会丧失自身的积极作用和功能。对哲学某部分是必要的东西完全也可能是整体的必要部分,也就是说,进入作为完整科学的哲学研究对象的

---

① Желнов М. В. Предмет философии в истории философии. Предыстория. М., 1981, p. 142 ~ 143.

② Желнов М. В. Предмет философии в истории философии. Предыстория. М., 1981, p. 142 ~ 143.

定义。热尔诺夫给出的定义,在我们看来有一个缺陷——它过于具体化。事实上这个定义给整个哲学史的发展进行了一定的总结,成为哲学的结果,这个定义在当今条件下绝没有被超过,却不是它发展的起点。需要给它以更加抽象的、概括的定义,以被用来集中而不是分离所有的哲学知识,使之成为哲学知识选择和综合的原初基础。

为了探索哲学研究对象定义的原初起点,我们转向对这一定义进行研究的当代"解读"。在专著《社会的和人文科学的哲学》中,作者阐释了研究对象的概念。作者指出:"哲学最艰深的问题之一就是——哲学何以可能。这一问题的另一种表述形式是:作为认知和知识特殊类型的哲学研究对象、哲学的本质和功能是什么的问题。"①遗憾的是,从第一个论述开始,我们就很难与他一致。"哲学何以可能"这一问题首先是认识论问题,它涉及反映我们对世界的认识的同一性(非同一性)的问题,此外,还有世界的哪些方面是更为普遍或整体的?以及是怎样的——是在发展中的或静止中的?哲学能并且应该在自己的认识中反映这一问题,而这意味着,在间接的意义上,这也是本体论的问题。关于对象的问题——这是关于世界本身的问题,关于它的产生、发展、结构,它各部分间的关系的问题,也就是说,首先是本体论的问题,然后是认识论的问题。这样,在提出和解决这些问题的过程中没有同一性的问题。"哲学何以可能"的问题首先是本体论(对对象中)或认识论方面的问题,相应地,在第二层次上,则是认识论或本体论的问题。在此,我们不必赘言。

"中介"起着重要的作用,它把第一性的关系和联系推到第二位,把中间环节放到前面,赋予它独立性的、自足的表象。遗憾的是,作者们回避了这个问题,认为可以通过"更简单的途径"来解决。在这本书中,他们给自己设定的任务是更新对哲学的看法,把哲学视为特殊的人文学科。众所周知,在简单中隐含着复杂性,在分析作者们的概念的时候,我们会遇到这一问题。对我们来说,重要的是首先要确定的是哲学研究对象的问题,而不是"哲学何以可能"的问

---

① Философия социальных и гуманитарных наук. /Под общей редакцией проф. С. А. Лебедева. М.: Академический Проект. 2006, p. 910.

题。众所周知,在哲学史上,像任何其他科学中一样,提出了许多哲学研究对象的定义。在热尔诺夫的《哲学史中哲学的研究对象·史前史》一书中有相关论述。在《社会的和人文科学的哲学》这一著作中,作者们也同样关注了这一问题,并对一些著名哲学史中研究对象的定义进行了简要的论述,包括“存在的所有特征(属性、关系、变化和发展的规律);认识的一般理论(结构、功能、可能性);认知(或思维)发展的结构、方法和规律的一般理论;文化自我认知的一般理论;绝对价值的理论;作为生命的存在概念……”①和一系列其他的论述。作者们遵循这样的观点,认为“以上形成的各种对哲学研究对象的定义在总体上是不排斥的,而是互补的;认同和接受其中的每一个定义都有建设性的——致性的特征;它们所有的都有相同的规则和存在的权力”②。遗憾的是,我们只能部分同意这个观点。初看起来,作者们的这些观点反映了在实践中形成的有关哲学研究对象的一系列认识。但在成熟的、“建设性”的思考后,我们得出另一个结论,确切地说,哲学研究对象的定义必须是唯一的、一元论的,任何其他科学的研究对象的定义也是如此。

在今天,关于哲学研究对象最流行的定义——多是通过表述哲学复杂和悠久的历史,通过表述在哲学史上出现的和现今仍然存在的每一个流派或学派的观点,来证明自己对哲学研究对象的理解。事实上,哲学对象定义的等同性是不存在的,而且也是不可能的,因为存在过的哲学流派对哲学史的一般发展、对世界的认知与理解和对哲学知识的本质的贡献是不同的。也就是说,哲学研究对象的定义不是依次进行的“见解”,而是真理。以往存在的流派的价值是不相等同的。这是现实的事实,而不是那些哲学流派根据自己取得的成就进行的自我评价,或者是意图通过某种力量,使明显的、行不通的想法获得不应有的优先意义。如果存在地位、贡献、捍卫的观点的等同性,那么围绕哲学研究对象的争论也许就不会出现。因此,学派或者整个思维界是否承认某个哲学家或流派的

① Философия социальных и гуманитарных наук./Под общей редакцией проф. С. А. Лебедева. М.:Академический Проект. 2006,p. 602.

② Философия социальных и гуманитарных наук./Под общей редакцией проф. С. А. Лебедева. М.:Академический Проект. 2006,p. 602.

贡献是次要的因素，思想成就的确立不是靠产生这一思想的思想界自身的承认，也不是“某种力量”的命令，而是它能改造实践，能把自己的发现转化为从历史完整形式中取得的现实性本身的可能性。在实践中，不同学派的影响力是不同的。这种状况迫使哲学家们不断地转向哲学知识的本质，而它需要更加准确的哲学研究对象的定义，更加谨慎地对待不管来自哪里的改变它的企图。

因此，我们在此更加详细地、批判地审视作者们的观点。作者们试图证明“我和非我的对立”①是哲学世界观的基础。在这种情况下，哲学的成长不是出于社会实践的需要和要求，而是出于人类认识的某些特殊方面。自然，出现了这样的问题：它们是从哪里产生的，它们的必要性隐藏在哪里？什么是这种必要性的动力？它们有怎样的矛盾？他们倾向于用建设性——一致性的方法来限制哲学研究对象的理解，已引起了警惕。众所周知，一般来说，研究对象（其中包括科学的研究对象和哲学的研究对象）带有主、客观的特征，它是否具有建设性——一致性的特征，需要时间来证明。因此，一开始就把哲学和科学的研究对象限制在部分的功能上是错误的。把某种基础的客观存在隐藏在它的有限的、部分的领域，而这意味着，从科学（包括哲学）整体的发展中得出了片面的、不可靠的结论。同样，把对象的主观方面等同于它的某种同一的、契约的、公认的共同体，这意味着使整个主观领域变得贫乏。有关哲学研究对象的多元论概念本质上抛开了整个哲学史，忽视了它独特的发展。在哲学的发展过程中形成了不同的流派，赋予了哲学对象定义的多样性。但这并不排除哲学审视每一个产生于历史中并发展实践的真理性、终极性观点的哲学流派的任务，哲学的任务是清除、筛选不正确的方法、假设、思想和观点。哲学不是人类知识一劳永逸的领域，相反，它不但自我批评，而且用社会实践来检验，它也不是静止不变的。哲学是发展中的体系，从简单的、原初的形式发展为更加成熟的、完善的体系。哲学不是静止不变的。

对哲学研究对象的探讨，可行的方法是应从哲学史上哲学取得的较大发展

---

① Философия социальных и гуманитарных наук. /Под общей редакцией проф. С. А. Лебедева. М.: Академический Проект. 2006, p. 613.

模式的角度来探讨哲学研究对象。所有前辈都把它们被划入科学(包括哲学)发展的一般进程,把它们视为那些必要的,但是克服了哲学知识发展条件的哲学体系和形成的前提条件。哲学把这些前提条件化为自己的组成部分,或者作为站不住脚的部分抛弃他们。在哲学史外部,脱离产生它们的环境的条件是没有意义的。也就是说,哲学不仅应学会整合,还要在更完善的模式中去除掉以前的状态。哲学应该有自我批评和自我批评的精神。这就是说,哲学既包括成就也包括错误,只要错误被认识到和克服掉,就意味着成为哲学审视的对象,但错误是以间接的形式发挥着隶属的、次要的作用。遗憾的是,经常形成相反的情形,当历史上占优势的观点处于首要位置时,这种观点便被没有根据地夸大,并被确认为自足的根据。那样的话,作者们不是区分而是混淆了哲学直接的研究对象。哲学在自己独特的发展过程中选择、保留和发展着的间接的哲学研究对象,其中也包括那些曾被哲学证明为不成立的、未经人类实践检验的哲学研究对象,也包括那些必要的,但是对建构哲学知识来说却是辅助性的材料。而整个哲学和人类的历史证明,20 世纪所取得的社会主义是在自身存在的经典时期所取得的最成熟的模式。总体而言,在哲学(包括社会哲学)发展中存在缺点,但可以确信地说,哲学正是在这一阶段取得了最完善的形式。我们可以认为适合于哲学这一形式的定义是哲学研究对象的经典定义。

多元论方法对哲学研究对象的定义实际上不是扩大,而是限制了它认知世界的可能性。持多元论观点的作者们认为,“每一个概念都强调‘人—世界’这一系统功能的特殊方面,而这些方面不是互相引导的,或者这种引导没有显著的实践和理论意义。在理解哲学研究对象方面,多元论有自己的位置显然是不可避免的,一方面,表现总体上‘人—世界’系统的普遍特征和关系的多样性,另一方面,表现理论思维的明显的结构性特征”①。认为多元论反映“世界的质的特性”的观点是不合适的。科学(包括哲学)的知识体系,不是每一个都能在其中找到自己所喜欢的东西的“沙拉盘”。事实上,哲学史像科学史一样,是最伟

① Философия социальных и гуманитарных наук./Под общей редакцией проф. С. А. Лебедева. М.:Академический Проект. 2006,p.602.

大的发现的历史,孜孜不倦的寻求真理的历史,但也是误解的历史、智慧投机的历史、藏匿论断的历史。但在这种"质的特性"中,哲学总是试图找到某种体系,某种原初的、基础的存在,这种原初性使哲学思索成为"建设性"和"一致性"的基础。可以认为,"多样性远不能证明某些普遍的、原初的因素在所有以上指出的和哲学对象的其他可能的概念中的不在场"①。但我们需要补充指出,我们不能像在垃圾篓中那样寻求普遍性,即所有进入它的对象都具有一种属性——这是不必的。

遗憾的是,作者们建议的恰恰是这种寻求普遍性的方法。因此,作者们关于把哲学研究对象建立在"我与非我"二元对立基础上的可能性建议,遇到了反对的意见。其中包括,作者们认为,在所有这些哲学研究对象的定义中有一些观点是普遍的,即:①所有可能的(理论的)宇宙分裂为"我与非我";②以"我与非我"而不是经验的现实("人"与"世界")作为理论(先验的)的对象;"人"与"世界"并不比疏远物质的"我与非我"的含义更具本质性;3)用具体的理论内容填充"我与非我",克服整个体系的分裂。② 那么,这样的方法有怎样的特性?

1. 与客观现实的断裂。在这个定义中,整个宇宙仅仅是"理论的",亦即想象的对象。

2. 用理论内容限定研究对象,忽视它背后的对象、客观世界、"经验的现实""发展着的实践"。而这意味着,片面的建构趋于绝对化,定义脱离现实,而不是赋予它相同的定义。

3. 实际的联系与关系的"颠倒":在这里,世界仅仅是"我与非我"的疏远的含义。在这种情况下,思维是以第一位的形式出现的,而存在是第二位的。认为原初的(第一的、决定性的)是思维,而不是存在。

4. 实质上,作者们是从关于思维与存在完全同一性的定义出发的——有什么样的思维就有什么样的存在。

---

① Философия социальных и гуманитарных наук. /Под общей редакцией проф. С. А. Лебедева. М. :Академический Проект. 2006, pp. 602 ~ 603.

② Философия социальных и гуманитарных наук. /Под общей редакцией проф. С. А. Лебедева. М. :Академический Проект. 2006, pp. 603 ~ 604.

5. 试图拒绝“思维”与“存在”间的矛盾,作者们颠倒了联系与关系,以巩固“我”与意识的第一性地位。

6. 不仅如此,这不是哲学式地提出问题,而是实证科学的提问方式,也就是说实质上是将问题实证化了。

7. 因此,这不是拒绝解决哲学基本问题,而是唯心主义所特有的另一种解决方式。

8. 这不是消除唯物主义与唯心主义的对立,而是它们的另一种唯心主义的比较,达到忽视客体、物质,忽视这种划分的目的。

9. 这样一来,作者不是断绝和克服唯物主义与唯心主义的争论,而是开启了与唯物主义斗争的新阶段。

用这种“建设性的”方法,作者取得了什么结果?

1. 努力为多元论辩护,证明了它的根据不足。

2. 渴求找寻到各种方法中的普遍性,将早就众所周知的、典型的、主观的唯心主义展示给世人。

3. 站在唯心主义的立场上证实了消除唯物主义与唯心主义之间对立的必要性。

4. 在理解哲学研究对象时努力容忍极端性,开启了反对唯物主义斗争的新阶段。

5. 试图确定哲学的研究对象,而在最后完全丧失了自己论断的哲学地位,把它们降到了“实证”科学的水平。

因此,以某种抽象的“我”为准则,我们丧失了更为复杂的、重要的、有意义的整体层面,丧失了历史原初的和本质的关系。在这个作者们试图论证的哲学研究对象的定义中,获得了某种奇怪的实质:哲学家自我体验、自我理解,并且自我评价!作者们提出了一个不着边际的空谈的对象!作者们关于“自由”“我”“意识”的讨论是矛盾的、站不住脚的。作者们认为,与客体相联系的不是最高的,而是从属的,写道:“胡塞尔当时把注意力转向这种情形,并指出意识总是关于什么的意识，而非什么也不是的意识。"①胡塞尔在这个问题上是对的。但我们批评的不是胡塞尔，而是作者们的观点。由此他们要求赋予认识自由、意志和创造的属性②是没有根据的，因为意识总是关于什么的意识。在这里立刻出现了非自由、非意志，意识的创造受到了限制。也就是说，作者们的整个观念将像纸质房子一样被摧毁。

我们认为，作者们用哲学发展的"主要路线"偷换了"哲学基本问题"。众所周知，"基本的"和"主要的"是不完全相同的。如果作者们希望研究哲学对象和哲学史，他们就必须对这一类型的事物进行区分。"基本问题"伴随着哲学发展的整个路线，总是打算解决哲学中的任何一个问题。"基本的"能转化成非基本的，并重新具有现实意义。与基本的问题并存的还有非基本的问题，解决这些问题可能是相对独立的。按照作者们的逻辑，对这些问题的讨论是作为"基本的路线之一"，这些"路线"是众多的。但"基本问题"却是一个，而且只能是一个。正如我们所见，分离出"基本的路线"中的一个不是消解掉了"哲学基本问题"存在的问题，而是混淆和模糊了这一问题。可惜，因文章篇幅所限，不允许我们更详细地、批评性地评价作者们的整个概念，但以上论证足以说明哲学研究对象的定义远未完成。哲学基本问题是与哲学研究对象紧密联系的。如果哲学共同体的一部分，即唯物主义者们以这样或那样的借口遗忘这种联系，并将其束之高阁，那么形成的这一真空就会由唯心主义来填充，况且除此之外根本也没有比唯心主义更好的流派。

对我们的分析做个结论，我们或许可以给哲学研究对象下个这样的定义："哲学研究对象构成了对所有在自然界、社会和文化中处于对立的和较为普遍的关系中的联系和中介的认识，其目的是为作为自由个体的全面的、完整的、和谐的个性发展创造条件。"在这个定义中指出了对象的完整性，对象在自身内容中容纳了"所有的关系和中介"，并把哲学与具体的科学相比较。哲学关注的中

① Философия социальных и гуманитарных наук. /Под общей редакцией проф. С. А. Лебедева. М. : Академический Проект. 2006, p. 607.

② Философия социальных и гуманитарных наук. /Под общей редакцией проф. С. А. Лебедева. М. : Академический Проект. 2006, pp. 605 ~606.

心是“更普遍的关系”,在哲学中承认“本质”“物自身”的世界。而这意味着,哲学的使命在于保护、提出并回答哲学基本问题。因此,哲学基本问题是“关系”的问题,是关于这种关系的矛盾特征在哲学史中的不同回答问题。在这种情况下,这些关系转化为它们的“最普遍”的形式,而不是个别的形式,从而与主观主义和个人主义相对抗。不可否认,这些关系具有矛盾的特性,这种矛盾成为哲学研究对象发展的源泉,并把哲学从实证主义的不同形式中区分出来,在此情况下承认研究对象的客观方面(自然、社会、文化)和主观方面(这个世界的意识、哲学自身)得到发展。指出客观存在的部分——这是自然、社会和文化。我们不应该忘记,社会是自然的部分,它拥有独立的、自主的存在。思维(意识)的分离则是因为另一种原因。“意识是高度组织的物质的特性。”(列宁语)而意识作为“特性”,不可能脱离那个“事物”而存在,它呈现为某种生成物的特性。在这里起作用的是“事物与特性”的辩证法。而这意味着,意识具有某种自然的、高度组织的形式的特征。社会意识不是社会的“部分”,而是它的特性,它不作为独立的形式而存在,但有存在的间接特性。因此,把具有自己发展规律的文化作为社会的部分划分出来是更有逻辑性的,而不局限于社会的规律。这样,我们把所有的社会现象分为“文化的”和“非文化的”,而我们离了解和区分这种划分的基础还有很远的距离。

卡尔·马克思的发现应该进入哲学研究对象的定义。他说:“哲学家们只是用不同的方式解释世界,而问题在于改变世界。”①这完全属于那个现代科学正在完成的社会的、语用的功能。科学逐渐在更大程度上成为直接的生产力,更加勇敢地、建设性地干涉周围的世界——自然的和社会的世界。一旦科学(包括哲学)成为精神的生产力,它就会出现某种目标,并制定旨在完成这一目标的计划。而这个目标即人自身。但人“不是脱离于世界”的存在物,他随着世界的发展而发展,随着世界的发展而改造世界。变革这个世界最主要的、最人道的目标是为人的个性的发展创造条件,为作为自由个体的个人的整体的、全面的、和谐的发展创造条件。这些原则应该包括在哲学研究对象的定义内,应

---

① 《马克思恩格斯选集》第1卷,人民出版社1995年版,第61页。

该包括在哲学研究对象定义的主观方面。

世界正在向新的状况迈进，与此同时，哲学的价值将具有全球化的性质，而这意味着它应面临全球性的目标。为了走向全球性的高度，哲学应成为模仿的范式，成为某种特定的标准，这一方面要在实践中得到确认，另一方面为此应付出巨大的努力。哲学研究对象的新的理解不应简单地抛弃其他哲学流派对此的理解，而应联合它们形成一个统一的整体。以变革世界和人自身为目标的哲学，应致力于对这些因素的整合。

文化模式可以比较吗?

阿格妮丝·赫勒 著 杜红艳 译

让我用最简洁的话语来阐释这个问题。一般我们会因在评判中,尤其是在对政治行动和行动者的评判中运用双重标准而彼此责备。如果在具有不同文化传统和政治制度的国家采取相同的迫害和暴力行动,且某人在一种情况下谴责这些行为是“恐怖的”,而在另一种情况下将这些行为视为“适当的措施”,我们就会指责这个人运用了“双重标准”。“双重标准”的概念中含有“非正义”的意思。为什么会这样呢?根据形式正义的概念,即正义的广义概念,如果一个社会集群拥有同样的规范和规则,那么这个相同的规范应该适用于这个集群的每一个成员。“双重标准”可以这样来定义:“某种共同规范适用于两个群体成员从而使他们(即使他们仍然是不同群体的成员)成为相同社会集群的成员;虽然如此,我们仍运用不同的标准对待这两个群体的成员。”运用双重标准是非正义的,因为它与形式正义的概念相矛盾。但是对完全不同的社会集群运用不同的标准绝不意味着非正义。这可以用那句拉丁格言来表达:很多事情上帝能做而牛不行。因此,如果我们愤怒地责备某人运用了“双重标准”,我们首先必须问一问在仔细审查的情况下“双重标准”概念是否也完全有意义。而且我们得出了极其令人不安的结论,即我们愤怒地排斥的不是应用双重标准对待某种行动和行为模式,而是运用不同的标准,原因很简单,人类不是一个社会集群。没有适用于所有人类的共同的规范和规则,不论他们属于什么文化,而且因此也没有比较和排列人类行为的共同尺度,更没有一个尺度可以被每个人类成员视为绝对有效的。

然而,我们坚持谴责运用所谓的“双重标准”并不是一种无意义的口头练习。它代表一种强烈的感情的出场,我将把这种情感称为“正义感”。正义感是把不同标准转变为“双重标准”的缘由。这样做,要求人类应该变为一个社会集群,实际上是至关重要的(首要的)集群;至少有一些共同的规范和规则应该适用于所有集群和所有人类(homo sapiens)成员,而且存在一个比较和排列行为的共同标准,不论在什么样的文化氛围内。正义感不能用任何其他方式来解释,而是表达将人类解释为至关重要的(首要的)社会集群的意愿。

在下文中,我将证明极端的文化相对主义与正义感的主张相矛盾。如果我接受极端的文化相对主义,我就不能再谴责运用双重标准。极端的文化相对主义同样可以出现在精神史、文化解释学、简单的实证主义中,而且在这里我不能指出它们各自的具体特征。列举极端的文化相对主义的基本宗旨就可以了。

让我们假定所有的价值、观念、世界观、行为模式和信念都具有许多偏见,存在于相对的时空中。在一切给定时期,包括现代,有许多不同的共存的文化,每种文化都具有自身的价值、观念、世界观和行为模式,都是理所应当的“信念”。每种都彼此不同,没有办法比较它们。不仅作为整体的文化不能被排列,即使一个单独的行为模式或一个特殊文化习俗也不能与任何单独的具有相同功能的另一种文化的行为模式相比较。原因很简单,一切行为模式都内嵌于它们各自作为整体的文化中。同样的信念和同样的行为在一种传统文化中是正确的和真实的,在另一种文化中可能就是虚假的和错误的。我们甚至不能就一种行为模式是否比另一种更正确(或更好)提出疑问,因为没有共同的标准使得可以根据这种标准来进行评价。每当我们进行排列时,每当我们运用共同的标准来评判不同文化背景的人所进行的相同行为时,我们会从我们自己特殊的文化立场出发来进行评判,运用我们认为理所当然的衡量价值和标准来这样做。因此,我们会将我们的偏见强加给其他文化。双重甚至多重标准的运用比对一切文化运用共同的标准更正义。那些运用双重或多重标准的人只是把他们自己放在与他们自己的文化传统不同的文化模式中了。他们承认不同的文化传统,并且将他们自己的传统理解(解释)为一种异己的偏见体系。

这里论证的逻辑明显是不合理的。而且它提出(而没有解决)的问题毫无疑问是真实的。让我们首先分析一下逻辑谬误并且进入问题本身。任何提出一切文化都是独特的且我们不能运用任何共同的观点来比较或排列各种文化的人,以及任何认为这不仅对于整体文化是真实的,而且对于每种文化内在的一切特殊信念和行为模式也是真实的人,主张行动上(in uno actu)占有真理而且要求进行正确的(好的)评判。关于“所有文化都是独特的而且也不能根据任何标准来进行比较和排列”的主张是正确的,“不要根据任何共同的标准来比较或排列文化,因为它们是独特的”这一准则也是正确的。然而,就某些人认为这个主张是真实的以及这个准则是正确的而言,在各种文化间进行比较已经发生了。因为下文至少应该根据含义来认识。所有的文化都是独特的、平等的,在这个意义上,每种文化都包含真实的观点和正确的规范(因为这些文化中普遍的规范和观点被认为是真实的和正确的),那么那些文化就会认为所有的文化都是独特的、平等的,并会因此认为它们不应该被比较或排列就比那些不持有这种观点的文化有优势,原因很简单,即它们认为这是一个比所有其他文化更真实的观念和更正确的规范。假设西方文化属于少数允许提出这种论断的文化,那么,至少就相关的规范和观点而言,西方文化在价值上就不与所有其他文化平等,而是更具优越性。那么,最终结果是一个极度种族中心主义的主张显示了整个模型的内部弱点。然而,我想要在这个无法解决的不一致性基础上进一步探究。

让我把极端的文化相对主义的论证划分为 a)事实的陈述和 b)要求或建议。

a)这是一个超出了合理地怀疑人类文化是不同的且每种文化都具有独特性的陈述。而且虽然不是所有的关于极端的文化相对主义的批判总会伴随着我,我也接受进一步的建议,即作为整体的独特的文化也不能排列或者比较。无论什么时候,文化事实上都是按照这种方式分级或排列的,是根据许多文化中的一种文化的标准来排列的,而且评价文化的规范体系被认为是理所当然的,并被认为是"真实的"和"正确的",或者至少是"先进的",与卑劣和不完善形成对比,最终与被评估的文化的"原始性"形成对比。现在被称作"种族中心主义"的,是一切文化面对异在文化时表现出的自然态度。历史哲学只是这种"自然态度"的高度精细的和精简的版本。

极端的文化相对主义从事实的陈述中推导出要求。在我看来,从一个"实然"判断中推导出一个"应然"判断,是一个合理的程序。然而,这种情况下,事情的主旨是从事实陈述中推导出要求,并不是从已经建立的事实中推断出的。

b)事实上可以从陈述中得出,所有的文化都是独特的,它们的独特性应该被理解。然而,对它们根本不应该被排列、比较或分级的要求并不是从上述断言中推导出的。让我们简要地分析一个类似的情况。人们从不能完全理解个人。他们理解的过程原则上是无限的,而且他们的解释模式原则上也是无限的。但是,如果有什么区别的话,比较和排列个人与他们的独特性关系不大。人们通过将规范运用于个别行为和表现,运用规范作为分级和比较的尺度来比较个人。当然,个人的独特性和文化的独特性之间有区别,因为文化是规范和规则的体系。但是如果人是首要的(至关重要的)人类集群,至少会有一种每种文化共有的规范。文化将不再是独特的,但是它们能够也应该根据它们共同的规范标准来比较。因此,一方面对于一切文化独特性的认知,另一方面在各种文化模式之间进行比较的可能性,原则上并不彼此排斥。然而,排斥的是对作为整体的文化的比较、排列和分级,因为每种文化的独特性包含其他文化没有的规范、规则和行为模式的特征。

正义感反对极端的文化相对主义。如果不同的和独特的文化在任何情况下都不能被比较、排列或分级,就没有正义感,且对于那些运用"双重标准"的人的斥责也就是无意义的、无效的。但是正义感并不反对温和的文化相对主义。如果我说万物有灵论在 X 文化中占有一席之地,但是在 Y 文化中偏离真理,没有谁的正义感会抗议。可能仍旧会有反对意见认为我是错误的,甚至我对这件事的评判欠妥,但是可能不是因为我运用了双重标准所以是非正义的。因此,正义感意味着“某事”应该被比较,而不是一切都应该被比较。如果正义感表达了人类应该变为“首要的(至关重要的)人类集群”的意愿,且如果相同的正义感要求某些事情而非一切事情应该被比较,那么“善”这种意愿的目的就在于在共享的“善”的界限内顾及“善”的多元性——规范体系的和价值体系的多元性。但什么是“共享的善”,对此正义感的目的是什么?

没有必要求助于一种假定的情境,即选择为了揭露“无知的面纱之下”的东西,我们必须运用一种共同的标准,如果我们打算实践正义感的规范性要求的话。也没有必要陈述历史(过去的、当下的和将来的),甚至确定所谓的人类的“普遍性”。在当下历史阶段抛锚并迅速凝望当代历史意识,根据这种历史意识来解释经验证据就足够了。

让我问一个最简单的问题:什么时候,在什么情况下人们彼此责备运用了“双重标准”?什么时候,在什么情况下我们的正义感把运用不同标准谴责为非正义?这只发生在我们评判或者评价统治、压制、武力和暴力的行为时。如果人们在具体文化中被囚禁、折磨、杀害、羞辱,甚至歧视,那时也只有在那时正义感恰恰告诫我们要运用同样的标准对待所有人。女人是否戴面纱或者穿超短裙是一个特殊的(独特的)文化品味的问题。然而,如果她们被迫戴面纱,就不再是一个“文化独特性”的问题,而是变为了一个强制的问题。

极端的文化相对主义预备取得最终的胜利:即有用性和功能性的胜利。例如,杀害婴儿在某种传统文化中是有用的(功能性的);生活在其范围内的人们不杀害婴儿不能存活。但是在古老文化中,奴隶也是功能性的。如果我们赞同操控理论,专制主义在某些亚洲文化中也是功能性的(有用的)。此外,童工在资本主义的发展中也是极端功能性的(有用的)。但是这个论断可以对我们对当前世界的评判产生什么积极的影响呢?从中可以推导出什么实践结论呢?当置身于保卫我们当代世界的背景中时,文化相对主义最后的名片,有用性或功能性的胜利,在令人恐惧的思想中推论出几乎所有一切都被允许对一种特殊文化进行复制,因为在这方面一切都是有用的(功能性的)。很明显,由一种“客观的—相对的”疗法,一种文化的功能制度,引发了奥斯维辛,或者古拉格的“劳改集中营”。

我记得在匈牙利有一个非常著名的笑话。它产生于第一次世界大战时期，是关于第一次离开村庄参加奥地利军队的哈西德派的犹太人的故事。回到家后，他写了一本名为《四年异邦生活，他们的道德和习俗》的书。为什么这个题目有趣？原因很简单，是由于“异邦”部分的根深蒂固的信念，换句话说，非犹太的欧洲，它们的文化（习俗和道德）是卓越的文化，所以按照民族学来描述是非常可笑的。同时，如果我们去图书馆随意选择一百本四年来任何旅行者或民族志学者记录世界人民或部落人的生活经历的书，阅读对他们的主体习俗和道德的描述，我们绝不会发笑。这里，笑话转变为一项严肃的和值得尊敬的科学事业。那么，差别的基础是“内部”与“外部”的差别。只要我们处于一种文化的“内部”，按照民族学的方式来描述它就非常荒谬。当然，从内部出发嘲笑我们自己的文化可能间或服务于启蒙和自我反思的目的：伏尔泰有过惨痛的经历并从一种“外部”观点出发嘲笑法国的风俗，但仍然是从处于法国文化之中的观点出发的。就许多狂暴的、前所未闻的症状和虚伪的经历而言，道德认为内在的看来好像是外在的东西是理所当然的。如果成绩卓越的话，这种讽刺性的测验可以是一种有益的实验：它引导我们悬置我们自己的文化的规范和规则的“想当然”并因此助成这种可能性，即这些可能被“理性的合理性”所检验。然而今天，由笑话引起的娱乐慢慢消失了。以“民族学—人类学”的方式联系我们自己的文化，现在以最严肃的方式进行，而且在我看来，以这种方式进行危及了许多普遍的价值。哈贝马斯的新书《交往行动理论》恰恰反对我们的文化在方法论上的差别，尽管在我看来，他选择了错误的人来谴责。我甚至想要更深入并扩大我反对的范围。我的建议如下：能和我们一起分享我们现在的世界的文化，不能够也不应该专门以与民族学—人类学有别的方法来接近。很明显，这不是反对作为科学事业的民族学或人类学的存在和实践。但是一切文化（不管是不是我们的）的解释和理解都不能排除全部可能的评判。而且应该有一些原则，使我们可以根据一种平等的（相同的）标准来评判它们。

在我们的文化（我们存在于文化的内部）和一些异在文化之间从来没有绝对的差别（换句话说，这意味着没有文化对于所有其他文化来说是绝对秘密封闭的)。我们在笑话中提到的哈西德派的犹太人生活在非犹太人文化的“外部”,生活在具有完全不同规范和规则的一个封闭的和密封的共同体中,也总是运用不同的语言,但是同时,在某些方面,他也生活在非犹太人文化的“内部”,他是一个奥地利公民,他被奥地利军队征召入伍,等等。如果人们书写街头帮派、黑手党、新宗教团体、恐怖主义群体、族裔的人种学—人类学研究,“外部”与“内部”之间的差别就完全模糊不清了。所有这些群体都有他们自己的习俗、道德、礼节和惯例。我们已经了解,文化不能被比较。但是真的是这样吗?极端的文化相对主义者在回答这个问题时会感到不安,但这只是他们前后矛盾的证据。他们最后可能勉强认可这种观点,即只有“外部的”文化可以根据人类学方法的规则来理解。但是,正如我提到的,在这种情况下“内部”和“外部”的区别将完全模糊。一个在街头帮派中长大的孩子或者一个新宗教共同体,无论在何种情况下,都认为他们的习俗和道德是“理所当然的”。从“外部”看,他或她会把他人的习俗和道德视为外在的习俗和道德。在这种情况下,我们通常谈及“亚文化”,但是前缀并不改变事实,即它是受到严格审查的文化。当然,只要有一点常识的人就能够轻易地分辨出上面列举的各种亚文化。如果亚文化内在的风俗和道德没有进而将额外的武力、暴力和权力关系引入“主文化”,正在谈论的“亚文化”应该降低武力和暴力的数量,那么其风俗和道德可以简单地被视为不同的,而且因此被认为与利益、好奇心或者同情心有关。但是如果亚文化将更多的武力和暴力引入“主文化”的框架,比原有的还多,任何人都不可避免地会反对它并且对其宣判。我们对黑手党“家庭”、一个恐怖团体和一个族裔的评价,一切同样可以被认为亚文化的东西,因此不应该是相同的。当然,在理论上,在哲学上,人们可以说和做他们认为与自身相符的事情;人们一定只是逻辑上始终如一的。在这方面,理论家可以非常容易地对一切文化采纳一种纯粹人种学—人类学的态度:对我们自己的文化,对在夹缝中避难的亚文化,而且对所有其他文化来说都是这样。理论家不能做的是说服人们的常识遵从理论的建议。只要常识不是麻痹的,人们就没有被洗脑,那些具有常识的人就不会把他们自己的文化和亚文化的观点接受为极端的相对主义派别的表达。

要求一种共同标准就是要求分级和比较。当将不同标准转变为“双重标准”时，正义感不仅要求在评价行动、行为模式和包括统治、强制、武力和暴力在内的系统约束中运用相同的标准，而且要求从这些标准的角度出发也对文化模式和风俗进行比较和分级。正义感提出的假设在统治、强制、武力和暴力中减少了。所有那些反对运用双重标准的人一定在这种假设的引导下对不同文化进行了比较、排列和分级。很明显，所有文化都以某种方式或在某种程度上包含强制或武力或暴力的统治。当根据共同标准比较一种特殊文化和其他文化时，这种特殊的文化在某些方面一定有优越之处，而在另一些方面处于劣势。而且文化中的统治、强制、武力和暴力越少，就会比含有更多这些因素的文化优越。

上面描述的程序是正义的，而且可以为形式正义的概念所解释。根据后者，构成一个社会集群的规范和规则需要一贯地和连续地应用于该集群的每一个成员。集群成员需要通过将一般规范和规则用作排列和比较的标准来进行排列和比较。但是，如果人类不是一个社会集群，我们要在什么基础上对各种文化进行比较？事实上并非如此。

这里我们回到我们的出发点：正义感表达了人类应该变为“首要的（至关重要的）人类集群”的意愿。所有那些在行为评判中没有运用双重标准的人表现得仿佛人类是首要的（至关重要的）人类集群。尽管我现在回到了我的出发点，我处于不同的层面上。首先，我得出结论：正义感表达了某种规范或者至少是一种规范对于一切人类、一切文化应该是共同的意愿，是构成至关重要的人类集群的人类的规范。现在我们了解了上述文字，且不止于此，我们知道许多规范（或者一种规范）应该组成首要的（至关重要的）人类集群。因为我们的正义感警告不要运用双重标准，只要统治、强制、武力和暴力的行为或模式被评判或评价，作为一个至关重要的集群，人类的共同规范应该如此，即在每种文化中，他们的惯例会降低统治、强制、武力和暴力。可能有这种不同的规范。康德已经明确地表达了最极端的、最抽象的规范：人不应该被当作他人的手段。

人类不是由能够进入一种社会联系的、真实的或虚拟的、以无知为借口的单独个体组成的，或者相反。人类是由各种文化和历史组成的。个人社会化进不同的文化中并根据不同的传统构成不同的历史的一部分。在它们中有一些宝贵的东西,也有一些低劣的东西。只有文化,而非个体,能够进入一种"联系"中,从象征意义上来说,这是因为其接受了几个一般规范,尤其是嘱咐我们尊重其所有成员及其全部"外围团体"成员的生活和自由的规范。如果我们将人类视为"生活在地球上的人类的总和",我们只是掩盖了我们正在谈论人类文化总和的事实。

这个环境没有从对上述内容中暗含的一种"社会联系"的可能性或有利条件的沉思中概括出其重要性。不如说,其重要性在于此时此刻不正视它我们就不可能是正义的。事情的要点在于即使我们将几个共同的标准运用于所有文化,如果一种行为或者系统模式包含统治、强制、武力和暴力的运用的话,我们也不能只根据这个共同标准比较不同文化的个体活动者。我们也不能根据只运用这些共同标准的优缺点排列它们,即使它们事实上运用了武力、暴力等,换言之,万一运用了的话。这涉及最让人担心的问题,即运用"双重标准"的禁令在多大程度上、在什么情况下应该调节我们个人的比较。不提供一个完美的公式,我认为韦伯式的"责任伦理学"可以充当这种行为的一个指导原则。人们可能会说在适当的政治行为中,一个共同标准也应该适用于个体行动者,而且它合理。一旦一种历史哲学的构想确立,世界历史就会在我们这个时代变为事实。不管在地球的一个角落发生了什么,并且不管发生了什么之前没有过的事情,对于一切文化、一切国家的居民来说都是命中注定的结局。因为适当的政治行动的影响,不管发生在什么文化中,每种当代文化的居民的生活,一切适当的政治行为的结局都超越了文化在之前运行的框架中的界限。政治行动者不能只运用他们自己的视角主义的标准来评价,而且他们也应该根据那些引发了他们的最终行动的文化来评价。然而,如果我们运用任何其他文化而不是其自身的文化的标准来评价一个政治行动者,该评判就是非正义的,因为我们将把规范和规则运用于一个那些规范对其无效的社会集群中的一个成员。而且我们应该根据运用一切经验使文化共存的标准来评价政治行动者,不求在评价中达成共识。我们在评判中唯一正义的方式就是将合适的规范运用于政治行动者的行为,这些规范还没有构成作为首要的(至关重要的)人类集群的人类。尊重生活,而且普遍规范运用自由。政治行动者可以而且应该在他们尊重或不尊重所有人(包括他们自己在内)的生命和自由的基础上来被比较。这样说来,我只是重申了对温和的文化相对主义的要求。只有那些包含统治、强制、武力和暴力在内的行动应该被排列和比较。适当的政治行动多多少少包含这些选择中的一个;而且正是这种“多”或“少”的程度,提供了比较和排列个体政治行动者的严格标准。

我的论证归结起来:极端的文化相对主义与我们的正义感相矛盾。如果我们接受了极端的文化相对主义,则不能反对运用“双重”标准。在这种情况下,我们既不能提出正义的评判和行动的要求,也不必把种族中心主义的评价当作正义的。而且正义感不存在,因为我们谴责运用“双重标准”是不正义的。对此的明显反对如下:尽管我们拒绝运用“双重标准”,我们一定一直在运用它们。政治对手彼此谴责运用双重标准,但是他们不担心自己运用双重标准。然而,这个悲哀的事实并不拒绝“正义感存在”的论断。无论什么样的规范都应该被运用于一个社会集群的每一成员,同样的事情或者相似的事情会发生。在各方面都很容易判断他人比我们自己更正义。第二种可能的异议更严肃。人们可以说没有一种人类的概念是通过一些实质性的目的来定义的,而且这个概念本身排斥正义,鼓励从实质性的目的出发运用不同的标准。这毋庸置疑是真实的。然而,这只能证明正义感不是普遍的而并非不存在。某种应该适用于人类的规范应该是首要的(至关重要的)人类集群的意愿,而且这些规范应该嘱咐我们尊重所有可能居住于过去的文化中的人的生命和自由。它确实存在,但是并非每个人都有这种意愿。如果所有人都有,人类可能已经在事实上成为首要的(至关重要的)集群。为了使人类变为集群,所有政治联盟的人必须分享这种意愿。但是我们应该按照它们是这样来行动。不管其他人怎么样活动,我们自己不应该运用双重标准。

正义感属于实践理性,而关于各种文化独特性的理解属于理论理性的范围。尽管差别可能是模糊的,不过确实存在。正义感只在对我们此时此刻的判断和行动产生影响的时候反对极端的文化相对主义。由此推导出,将一些普遍标准运用于某种行动和结构,无论它们发生在哪一种文化中,只有在涉及对这些当代文化中的行动和结构进行比较和排列的时候是一种道德职责。人们可以运用同样的标准评价过去的和消失的文化，但这是观点和品味的问题，而不是道德职责的问题。我们只能说这完全不是从理论上模糊或者不合理地运用相同的尺度评价发生在过去文化中的某种行为的事情，我们只在自己的文化中运用相同的尺度评价类似的行为。没有人会因莎士比亚将阿基里斯(对于年轻的亚历山大大帝来说是模范)描写成一个残忍的、心胸狭隘的小丑而责备他，他的写作正是从伊丽莎白的人道主义立场出发的。毫无疑问，这是“现代化”的结果，但却是一种不断地和不可避免地影响我们的现代化。我们在学校里知道了布鲁特斯——杀掉了自己儿子的罗马人，而且或许避免评判这种人，或者我们主张“共和国美德”的现象。但是之后我们读到了约瑟夫和玛格达·戈培尔失败后毒死了他们的孩子——为了不让“孩子们成为奴隶”，换句话说，出于同样的意识形态动机，且如果我们憎恶后者的行为，我们常常回顾地谴责罗马历史主角的所谓的英雄主义。这实际上是现代化，但是我没有看到更多需要道歉的理由。历史应该从那些遭受了最多苦难的人的视角出发被重写吗？一种事实上非常值得称赞的事业，这可能是在一种普遍的原则基础上运行的“现代化”，对苦难的缓解。但是在什么基础上它可能是公然虚假或者错误的？然而，在这里我不得不重申，在评价某种文化意义上根深蒂固的行为模式中运用普遍原则是必要的，只有在处理共存于现代世界的文化时是这样。但是就当下而言，这是一种应该。